后浪出版公司

剑桥中国哲学导论

An Introduction to Chinese Philosophy

Karyn L. Lai

（新加坡）赖蕴慧 著 刘梁剑 译

信广来 成中英 杨国荣 推荐

世界图书出版公司
北京·广州·上海·西安

目 录

中文版序　西方中国哲学研究的发展与表述 ………… 成中英　1
前　言 ……………………………………………………………… 4
历史年表 …………………………………………………………… 5

第一章　中国哲学 ……………………………………………… 1
　　第一节　中国哲学的起源　3
　　第二节　中国哲学的特质　5
　　　　修　身　5
　　　　理解自我：关系与情境　7
　　　　和　谐　8
　　　　变　易　10
　　　　《易经》哲学　10
　　　　哲学运思　14
　　延伸阅读建议　16

第二章　孔子与儒家的仁和礼 ……………………………… 17
　　第一节　《论语》　18
　　第二节　仁　20
　　　　仁与爱　21
　　　　仁与儒家金律　22
　　　　仁与人际关系的培育　23
　　　　仁与伦理智慧　23
　　第三节　礼　24
　　第四节　仁与礼　26
　　　　仁为本　27
　　　　礼为本　29

1

　　　　仁礼相待　30
　　第五节　当代哲学论争中的仁与礼　30
　　延伸阅读建议　33

第三章　儒家的人文化育论：孟子与荀子 …………………… 35
　　第一节　孟子：人性之扩充　37
　　第二节　荀子：对行为的调控　41
　　　　礼与法　43
　　　　正名　45
　　第三节　天道与人道　47
　　第四节　个人修身与社会平治　50
　　第五节　性格发展与技艺培养　51
　　延伸阅读建议　54

第四章　早期墨家哲学 ………………………………………… 55
　　第一节　墨子十论　58
　　第二节　集体之善的最大化　59
　　第三节　法　65
　　延伸阅读建议　72

第五章　早期道家哲学：《道德经》的形而上学 ……………… 73
　　第一节　道家哲学的起源和早期道家文献　75
　　第二节　道之为实在：探寻新的实在　77
　　第三节　对反：相反相成　85
　　第四节　德与个人的整体性　88
　　延伸阅读建议　94

第六章　早期道家哲学：道，语言与社会 ……………………… 95
　　第一节　道，语言和社会教化　97
　　第二节　无为　100
　　　　无为与为政　103
　　　　无为与为学　106
　　第三节　自然与无为的伦理学　109
　　延伸阅读建议　113

第七章　名家与后期墨家 ··· 115
第一节　名家的论辩　118
惠　施　119
公孙龙　123
第二节　后期墨家　129
辩　131
言，名与命题　134
科学论述　137
实践兼爱：效益主义道德　140
第三节　中国早期的语言哲学　142
延伸阅读建议　145

第八章　庄子哲学 ··· 147
第一节　《齐物论》中的认识论问题　151
第二节　对庄子怀疑论的诸种诠释　159
第三节　技艺的培养　164
第四节　《庄子》哲学的意蕴　174
延伸阅读建议　177

第九章　法家哲学 ··· 179
第一节　三个基本主题：法、术、势　182
法：准则与刑法　182
术：管理臣下的技艺　186
势：权力　190
集大成者韩非　192
第二节　法家哲学中的论争　195
人　性　195
民：普通民众的角色　196
善人与善法　198
臣：官吏体制　201
隐密，权力与知识控制　202
治国与人文发展　204
延伸阅读建议　206

第十章 《易经》及其在中国哲学中的位置 …………… 207
第一节 《易经》的经与传 209
第二节 汉代的综合与关联思维 211
第三节 关联思维：《易经》的精神 220
观察的首要地位 221
整体及周遍的视角 222
辩证互补的二元论 223
关联思维与感应 225
对卦义和其对应关系的诠释进路 228
恒变与常动 232
《易经》之为行动指引 236
第四节 《易经》的影响 238
延伸阅读建议 239

第十一章 中国佛教 …………………………………… 241
第一节 佛教思想要义 243
第二节 佛教传入中国 249
第三节 公元5、6世纪的中国佛教 255
三论宗 256
唯识宗 257
天台宗 258
华严宗 260
禅宗 263
第四节 中国佛教 269
延伸阅读建议 270

后 记 ………………………………………………… 271
征引文献 ……………………………………………… 275
译者感言 ……………………………………………… 291
出版后记 ……………………………………………… 295

中文版序

西方中国哲学研究的发展与表述

近年来中国哲学在海外的研究已经达到了全面发展的程度,就以我创办的英文《中国哲学季刊》四十年来的耕耘来说,几乎每一个重要的中国哲学课题都有专门的研究,而每一个重要的中国哲学家也都得到相应的学术关注,更值得称述的是英文《中国哲学季刊》积极地主导地开拓了从中国哲学观点论述哲学命题或课题的研究方法,也推行了从西方哲学及现代哲学分析重建中国哲学的思考,目的在于深入地从不同观点理解与开发中国哲学的资源,同时也深入地引领中国哲学走向现代或后现代的现代。也许传统的中国哲学学者会提出这样或那样的质疑:中国哲学能够有其自己的特质吗?如从西方哲学语言加以论述不就消解了它的特质了吗?西方分析的语言如何能表达含蓄体验的中国哲学思想呢?中国哲学的境界能够为西方哲学家所领悟吗?

回答这些哲学问题的关键在分辨哲学思考的内涵、形式、层次与方向的问题,在如何超越中西历史的语境来发展基于人的,尤其是基于现代人的,深度对生命与真实与价值问题的思考能力。哲学的思考永远是开放的,学习的, 回顾过去以趋向未来的,批判现实以建构理想的,永远是要在历史中认识现在、规划未来。也就是永远像一只浴火重生的凤凰在展翼欲飞。从一个世界的角度看哲学,无论中西,都面对着横贯中西、穿越古今的问题与要求。西方哲学的发展是如此,中国哲学的发展又何尝不是如此的呢?《中国哲学季刊》的创立本来就是在这样的反思的基础上建立的,是走向中西交流与促进中西沟通的。所谓中西比较也是从这个观点出发的,并没有为比较而比较的比较哲学,比较哲学的意义与价值都在开放与开展哲学的思考,解决人类存在于生活的自我理解、相互理解以及对真伪是非、可信不可信的知识与价值的问题。

基于以上所述,《中国哲学季刊》可说见证了中国哲学在西方发展的情势。四十年来中国哲学在海外与国际的发展显然不是偶然的,而是一个哲学理性与一个哲学理想的推动与发酵。其影响所及的最大成果就是中国哲学在英语世界中作为一个学科的建立。平心而论,这也是我五十年致力中国哲学重建在英语世界发生影响的一个引以为傲的成果。有此背景的了解,如何把中国哲学作为一个哲学学科的内涵表述出来是有重大意义的,如何把近年来海外中国哲学有关课题的分析与比较综合的方法与个别成果表述出来也是一项十分重要的时代工作。在这两方面具有一般代表性并具有导论特色的著述之一的就是赖蕴慧(Karyn Lai)博士的这本由她英文原著翻译出来的《中国哲学导论》。首先要指出,赖博士是研究中国思想史出身的,早期的关注是老子哲学,因之对西方学者研究老庄与道家的观点与方法是熟悉的。由中国早期思想史走向中西比较哲学反映了她对中国哲学在西方尤其美国方面的关注,不但把她最有心得的文章寄给了《中国哲学季刊》得到赏识,而且被邀请作为2006年该学刊第五期的组稿人。她也积极参加了国际中国哲学学会,得到授权在澳大利亚的新南威尔士大学成功地主办了第十三届国际中国哲学会议。

赖蕴慧博士的这本书的内容虽不能说涵盖中国哲学所有重要部分,但却呈现了中国哲学中最基本的哲学课题,重点放在先秦的儒、墨、道、法、名诸家的论述方面。从一个历史的角度看,这五家的论述中自然也是最重要的中国哲学的奠基精神所在。此处只说本书的特点:本书的特点乃在运用了西方哲学的分析理念以及比较哲学的观点来讨论中国哲学中基本的命题,是把古代的中国哲学家当做现代学者来讨论的。为此就必须做出对中国哲学家合理而又深刻的解说与诠释,才能提出有意义的问难与适当的解答。由于这本书基本上是一本大学教科书,我们不能期待它对每一个课题都有详尽的讨论,但却可以从中看到分析方法的运用以及对逻辑思路的彰明。当然作者并不想刻意地把中国哲学的命题形式逻辑化,其目的在于提出新的见解或相应的或不同的看法。这也是和传统的中国哲学的史的论述不同的,因此也不同于中文著述中许多重要的学术观点,当然参考中文的资料也是较少的。

在海外中国哲学的大背景下,也许这并非弱点,而是特点。此一特点也有其优点的部分,那就是提出了一些新的基于西方学界讨论的观点与解析,与当今我说的英语世界的中西比较哲学的主流中的论辩密切接轨。举例来说,讨论孔子的礼与仁的概念与意义,作者所关注的是如何把两者结合起来形成一个可以挑战西方伦理学的理想伦理模型。又如对道家的"道"的讨论,发挥了道作为方法与过程的性质,而不是仅仅重视道的统一性的含义。也就是把所谓真与求真之道的密切关系显明出来,凸显了西方把真理与方法对立起来的观点。我必须说,作者的这一批评倒是与伽达默尔的观点相合。但如果我们进一步看,道的方法性不一定能帮助我们达到道的本体性,但我们往往未能认识道的方法性却正是道的本体性的一部分。作者对法家也有涉及时代性的讨论,主要指出君与臣在管理上的冲突问题,是有现代管理学的意义的。至于对后期墨家在逻辑上与科技上的贡献,作者也十分关注,讨论得也比较精细。显然,没有当代中西方学者对墨家逻辑与科学思想的研究做基础,这样的讨论是难以想象的。作者对佛学的讨论则更偏向于历史的陈述。

此书最有特色的,也是最受我的学术观点影响的,是第一部分对《易经》的表述。此书英文原稿在2007年为英国剑桥大学出版社接受审稿之时,我被邀请作为审稿人。我当时就指出一本对中国哲学叙述的书是不可以忽视《易经》的地位的。我对赖博士说,《易经》是中国哲学的源头活水。我于1986年在山东大学举办的国际易学大会的主题演讲中就提出了这一观点,当时就受到大批学者的支持。嗣后我在多处发挥,我的论述也见之于2006年我在北京大学出版社出版的《易学本体论》一书。我更向赖君指出《易经》的哲学框架是中国哲学发展的原型与理解的基础。我很高兴赖君接受了我的观点(另有英文《中国哲学导论》也受到我的影响,却未表明出处),因而在她书中体现了《易经》作为理解模型的说明。她在导言中说明了,并在第十章里论述了易学在汉代中国哲学中的影响。显示出我的这一观点的重要性。

最后,我必须说这是英语世界中一本具体表现中国哲学精神的好书。可以雅俗共赏,尤其可以作为有志沟通中西哲学与致力中国哲学现代化与世界化(这是我提出的重建中国哲学的一本书名)的学子们参考的对象。我在此郑重地大力推荐!

成中英

2012年9月19日序于夏威夷大学主校区,檀香山

前　言

　　本书涵盖了早期中国哲学中不同的哲学传统，并专注考察各流派的概念、主题、推理与论说方法。它向读者介绍了不同流派的基本观念，思想家之间的论争，不同流派之间的交互影响，以及历来至今对于这些观念的诠释。章节的安排尽可能反映中国哲学发展的时间顺序。正文前列有一张**历史年表**，给出了与所选思想家相关的重要年代信息，读者亦可由此了解这些思想家在时代上的关联。年表很简略，只列出本书所论及的思想家和时期。这张一览表或许有助于读者找到某位思想家与其他思想家相关的历史脉络。正文在必要之处也给出了年代信息。

　　每章结尾处提供了简短的"**延伸阅读建议**"，介绍最重要的一手与二手文献，它们是中国哲学研究者应当熟悉的。书末附有更详尽的参考文献，分为"原初文本"与"二手文献"两类。

　　由于章章相扣，所以建议读者循序阅读。首章颇为要紧，它介绍了中国哲学的基本主题与论说方法，作为往后章节的铺垫。在适当的时候，读者不妨重温首章的某些讨论。

　　书末附有《后记》一篇，读者可以借此稍稍了解开展中的中国哲学研究，以及一些有待进一步探索的颇有意思的领域。

历史年表

中国历史时期	思想家	年　代
夏		约公元前 2070 年至前 1600 年
商		约公元前 1600 年至前 1046 年
周		公元前 1046 年至前 221 年
春秋		公元前 770 年至前 476 年
	管仲	公元前 723 年至前 645 年
	孔子	公元前 551 年至前 479 年
	邓析	卒于公元前 501 年
	子思	公元前 483 年？至前 402 年？
	墨子	公元前 468 年？至前 376 年？
战国		公元前 475 年至前 221 年
	告子	公元前 420 年？至前 350 年
	庄子	公元前 369 年？至前 286 年？
	孟子	公元前 372 年？至前 289 年？
	公孙龙	生于公元前 320 年？
	惠施	公元前 370 年？至前 310 年？
	杨朱	约公元前 350 年
	商鞅	卒于公元前 338 年
	慎到	公元前 390 年？至前 315 年？
	申不害	卒于公元前 337 年
	荀子	公元前 313 年？至前 218 年？
	邹衍	公元前 324 年？至前 250 年？
	吕不韦	公元前 291 年？至前 235 年？

续表

中国历史时期	思想家	年代
	韩非	公元前280年？至前233年
	李斯	公元前280年？至前208年？
秦		公元前221年至前206年
汉		公元前202年至公元220年
	贾谊	公元前200年至前168年
	董仲舒	公元前179年？至前104年？
	刘安	公元前179年？至前122年？
	司马谈	卒于公元前110年
	司马迁	公元前145年至前87年？
	班彪	公元3年至公元54年
	班固	公元32年至公元92年
	班昭	公元45年至公元117年
三国		公元220年至公元280年
	王弼	公元226年至公元249年
晋		公元265年至公元420年
	郭象	卒于公元312年
	道安	公元312年至公元385年
	慧远	公元334年至公元416年
	鸠摩罗什	公元344年至公元413年
	道生	公元355年？至公元434年？
北魏		公元386年至公元534年
南北朝		公元420年至公元589年
	菩提达摩	公元470年至公元543年
	智顗	公元538年至公元597年
	吉藏	公元549年至公元623年
	杜顺	公元557年至公元640年

续表

中国历史时期	思想家	年代
隋		公元581年至公元618年
	玄奘	公元602年至公元664年
	弘忍	公元601年至公元674年
	神秀	公元606年？至公元706年？
唐		公元618年至公元907年
	慧能	公元638年至公元713年
	法藏	公元643年至公元712年
	神会	公元670年至公元762年
	韩愈	公元768年至公元824年
	李翱	约卒于公元844年
五代十国		公元907年至公元960年
宋		公元960年至公元1279年
元		公元1271年至公元1368年
明		公元1368年至公元1644年
清		公元1644年至公元1911年

第一章 中国哲学

《中国哲学导论》考察早期中国哲学的主要哲学概念、主题和文本,其时间跨度大致从孔子所处的公元前6世纪到汉代(公元前202—公元220年)。从传世文献可看出这一时期蕴含反省和系统化思想的元素,可以说是中国哲学的起源。本书所讨论的哲学只是选取了中国早期有代表性的思想论争。我们的宗旨不是百科全书式的,也就是说,不是要把中国哲学的主题与文本网罗殆尽。相反,本书只挑选了一些有代表性的课题。这样,我们可以更加深入地探讨当时思想家集中争论的许多问题,而这些问题在今天仍有其意义。

　　本书力图把以下二者很好地结合起来:一方面阐明中国哲学学科的一般精神与风格,一方面确定每个哲学流派的特点。讨论的学说涉及儒家、墨家、道家、法家、名家与佛家。我们将集中探讨概念、主题、概念框架、哲学推理的要点、各流派的论说方法以及它们之间的论争与分歧等等。理解各流派的特质和它们之间的分歧同样重要,因为这将使我们注意到那些并肩发展的不同流派之间的对峙及共同因素。

　　虽然佛教只是在我们所关心的时段的末尾处才传入中国,但若不讨论佛教的一些关键概念,未免有失责之嫌。佛教在传入中国之后经历了诸多演化,到公元6世纪左右开始逐渐形成中国佛教的鲜明特色。中国佛教同时也成为有影响的学说,并塑造了中国哲学随后的发展。佛教的诸多特征已经融入现存的中国传统中,尤其是在道教与宋明理学之中。因篇幅所限,我们不可能把宋明理学也纳入本书的讨论范围。宋明理学是儒学的发展,自十世纪始成为突出的哲学运动。不过,宋明理学的若干源头或许可以一直追溯到汉代儒学。宋明理学的很多讨论注目于形上学或元哲学问题。本书对此不得已舍之,诚为憾事。要想囊括宋明理学的讨论,我们对中国哲学的论述在时间跨度上可能不得不至少再往后延伸1100年。不过,本书的讨论有望帮助读者很好地理解中国哲学的基本概念框架及基本关注,从而足以理解中国哲学的后续发展。

本书的另一目标,是把握不同哲学流派在思想上的相互影响和相互借鉴。尽管这也会牵涉年代问题,但首要的关注点在于将不同的哲学主题融贯地陈述出来。换言之,主题层面的融贯优先于年代顺序。例如,本书对《易经》的讨论相对靠后,因为有影响的《易》注出自汉代思想家之手,虽然早在汉代之前《易经》的许多观念就已经萌芽。

本书也尝试着将中国哲学的特征跟西方哲学的类似方面进行比较。此举旨在阐明中国哲学的特质,而非陈述或解释中西之间的差异何以如此。我们也会注意到现当代中外学者关于中国哲学的一些当下争论。这些学者中,很多人受到不同哲学传统的深刻洞见的感染,热心地致力于展示这些洞见的当代意义。他们对中国哲学的兴趣,超乎研究文本本身而指向具有实践重要性的问题。这些学者既是这些传统的继承者,又是它们的推动者。

本书应该和原典的精读配合起来。如果没有办法阅读更多完整的文献,读者至少要备一本可靠的原始文献读本,比如狄百瑞的《中国传统文献选编》(*Sources of Chinese Tradition*)(Vol. 1:1999),或者陈荣捷的《中国哲学文献选编》(*A Source Book in Chinese Philosophy*,1963a)。

第一节 中国哲学的起源

经过春秋(公元前 770—前 476 年)战国(公元前 475—前 221 年)长期的动荡,封建制的周朝(公元前 1046—前 221 年)覆灭了。在那大动乱的时代里,很多原本出身特权阶层的人失势之后不得不另谋生计。他们中很多人看到了动乱的原因,并提出如何纠正治理的对策。春秋时期,士阶层兴起。士向当权者建言献策,并效忠于各自的卿大夫(Hsu 1965)。孔子以及他的很多学生即是士的代表(Hsu 1965:34 – 37)。尽管失去了先前的特权地位,士仍然很快重新获得社会地位,成为显赫的社会与文化精英。有能力的士摆脱了对卿大夫的依附,开始发挥出比卿大夫更大的作用(Hsu 1965:8)。结果,当权者争相拉拢最有能力的谋士(Hsu 1999:572 – 583)。

有识之士散居四方,正是在这样的气候之下,我们看到了系统探究在中国的发端。士提出了治理社会的各种主张。政治形势的迫切性塑造了这一时期的理论:诸多讨论注目于伦理道德、政治社会和良好的统治。《庄子》,这部编纂于公元前4—前3世纪的道家文献,这样描述当时的思想蕃育:

> 天下大乱,贤圣不明,道德不一。……譬如耳目鼻口,皆有所明,不能相通。犹百家众技也,皆有所长,时有所用。虽然,不该不遍,一曲之士也。(《庄子·天下篇》)
>
> The empire is in utter confusion, sagehood and excellence are not clarified, we do not have the one Way and Power... There is an analogy in the ears, eyes, nose and mouth; all have something they illuminate but they cannot exchange their functions, just as the various specialities of the Hundred Schools all have their strong points and at times turn out useful. However, they are not inclusive, not comprehensive; these are men each of whom has his own little corner. (*Zhuangzi*, Chapter 33, trans. Graham 2001:275)

学者已经用"百家之学"刻画当时的观念多样性及论争精神。① 所谓"家"指的是早期思想者所组成的思想团体。不过,中国思想史早期对"学"的分类极不系统。史家司马谈(卒于公元前110年)是最早区分早期中国思想流派的学者之一。他把诸子学说归约为六家:

(1) **阴阳家**:以阴阳两大原则为基础,特别是把它们应用于宇宙论;
(2) **儒家**:文士或学者的学派。它包括狭义上的"儒家",即孔子学派(Confucianism);
(3) **墨家**:由武士和匠人组成,组织严密,纪律严明,创始人为墨子;
(4) **名家**:这一派思想家讨论的话题涉及名与实的关系;
(5) **法家**:注重法令,强调"法"是社会控制的主要工具;

---

① 参见 Fung 1952:132 – 169。

(6)**道德家**：这一家在争论形上学及政治社会哲学时强调"道"与"德"。(Fung 1948:30 – 31)

司马谈的六家分类法相当随意，其中三家（阴阳家、法家与道家）依学说主张，一家依追随者的社会特征（儒家），一家依学派的自称（墨家，源自创立者的名字），一家依探索的领域（名家）。这种复杂性从一开始便一直是中国思想论争的一个重要品性。在多种观点相与竞争的背景下，观念的论证和辩护很重要，整合不同视角的思想亦同样重要。接下来，我们来看一看中国哲学的诸多特质。

第二节 中国哲学的特质

修 身

中国早期思想家认为，学习旨在改善自我以及社会。他们探讨了不同的修身概念。儒家认为，学习和德性培养是同一过程的不同面向。他们相信，有修养的人才有资格引导他人。这一观念对中国社会影响广泛，其重要且持久的遗产之一则是科举考试制度，这是一套从优秀学者中选拔官吏的体系。该体系基于以下信念：熟悉经典文献的学者同时也将擅长于治理国家。科举制度存在了 1300 多年，从隋代（581—618 年）一直延续到清代（1644—1911 年）。①

德智统一的信念或许带有强烈的儒家色彩，不过，其他学派也在思考修身的问题。墨家的《墨子》一书中有一整篇专门讨论修身。在那一专篇里，作者讨论如何发展出利天下的责任感（Schwartz 1985:158）。哲学意义上的道家在《道德经》、《庄子》与《列子》等文本中倡导以直觉的方式体验道，过一种不受世俗言行习见玷污的生活方式。道家传统的修身要求袪除社会的诸多影响，根据自然无为的原则养护生命。除道家之外，另有宗教意义上的道教，在汉代开始盛行。道教一心追求长生不老，它对"道"做了宗教意义和

---

① 当然，更确切地说，科举制度延续到了清代末年，即 1905 年。——译注

神秘主义的解释。道教的修身包括玄妙的修行,严格的身体规训,以及炼丹探索(Robinet 1997;Kohn 1993)。杨朱(约公元前 350 年)常常被描述为"利己主义者",因为他主张"为我"哲学。他的修身观注意到身体,要求自我免受社会的杂染与腐蚀。①即便是辩者,他们看似争论一些有关语言与实在如何联结的抽象话题,但始终会考虑如何为当权者出谋划策,提供实用的建议(Graham 1989:75 – 95)。

早期思想家不只认为理智探究必须学以致用。更重要的是,对学习的追求内含着道德意义。这意味着,道德概念常常用动态的、情境的术语加以阐明,以便把握修身的发展本性。在后面的章节中,我们将会看到,中国哲学对伦理的讨论几乎总是涉及实际应用层面上的问题;这些问题可能由于人的能力不同,因个体、因阶段而异。但这并不意味着中国哲学家不考虑抽象问题。他们确实也有思辨的一面,包括对逻辑难题的沉思(尤其是在辩者那里)、隐喻、类比、富有启发性的比拟等等。不过,总而言之,他们较少关注对一般性的或规范性的标准和原则的讨论。或许正因为在伦理讨论中极重视经验和实践,这一主导性倾向致使康德贬低中国哲学:

> 整个东方找不到哲学。……他们的导师孔子在其著作中的教导不外乎为君王所设计的道德学说……还举了一些中国先王的例子……但德性概念和道德概念从来没有进入中国人的头脑……要抵达善的观念……需要[某些]研究,但[中国人]对它们一无所知。②

但是,我们必须明白,中国哲学中的伦理学进路并不始于以下任务,即

---

① 按照儒家孟子的解释,杨朱的学说提倡自私自利。孟子对杨朱进行了激烈的批评,认为后者不愿意担负社会责任与公民职责。相关讨论参见 Graham 1989:53 – 64。
② 赫尔穆特·冯·格拉泽纳普(Helmuth von Glasenapp):《康德与东方宗教》(*Kant und die Religionen des Osten*),《哥尼斯堡大学年鉴附录》(基青根 – 美因[Kitzingen – Main]:霍尔茨纳[Holzner]出版社,1954),第 105—106 页。译文转引自秦家懿(Julia Ching):《中国伦理与康德》('Chinese Ethics and Kant'),《东西方哲学》(*Philsophy East and West*),Vol. 28, no.2, April 1978。秦着重讨论早期中国哲学与康德哲学在结构与机制上的根本差异。

决定对的或善的道德原则,或者用康德的话来说,"抵达善的观念"。以修身观之,"善的观念"是一静态概念,因此不能满足人们在不同发展阶段的需要。① 再者,个体对道德能力的发展速度各异,程度各异。中国早期思想家认为,即使存在行为和行动的规矩,但特定个体总是得令它们适应具体应用的情境。对中国早期思想家来说,基本的问题不是设计行为的规范或标准,而是它们如何由不同的人应用于不同的情境。在中国哲学中,首要的道德问题不是"应当做什么",而是,"什么是最好的生活方式"。

理解自我:关系与情境

依中国哲学,个体本质上是由关系构成的情境化自我。这是说,自我的形成有赖于很多因素,包括自我与重要他者的关系,以及自我在历史、文化、社会与政治情境中的经验。人们很少将个体理解为独立而超然的道德主体,或者根据独立自我的理想范式评价个体。依照中国哲学的自我图像,关系与环境在很大程度上决定了个体的价值、思想、信念、动机、行为与行动。

对中国哲学中不同思想流派稍加检阅便可以看到,上面说的一般特征体现在不同的哲学之中。较早的儒家集中讨论统治者,即天子的责任。对民众来说,天子是上天的权威代表。儒、墨二家早期的争论主要集中在社会—政治情境中的人伦关系。儒家稍后(战国时期与汉代)的讨论也涉及天、地、人三者关系。道家超乎人伦关系而关注道。《道德经》和《庄子》这两个主要的道家文本将人与自然界加以类比。它们强调,重要的是要理解各自情境中的一切事物、过程、因果联系及动力。汉代的宇宙论认为在天人之间存在联系,这是一个儒道二家都详加解释的通行主题。《易经》用于占卜,它的编纂大约可以追溯到公元前9世纪。汉代学者重新解《易》,以强调天人一体和天人对应之说。(Schwartz 1985:358-370)。我们将看到,不同的哲学对自我实现的理解大相径庭,这也往往导致了深层的分歧。然而,它们对生命、对存在的基本理解是相近的,即,个体必然处于关系之中,必然坐落于情境之内。后面的章节将考察这种生命观如何呈现在各种学说之中:对于好的人生来说,良好的关系至关

---

① 关于社会生活与个体的生活目标、个人品性的发展方式等实质问题,诸家的看法各不相同。对于这些问题,我们在接下来的章节中将会结合不同学派的哲学详加讨论。

重要,一个稳定的社会也是如此,它要求其个体通过协商与他者建立关系。

自我首先在于它与他者的关系,自我深嵌在情境之中,从当代眼光来看,这样的自我观将会引起人们对于个体地位的关注。比如,这样理解的自我会不会淹灭在关系之中?人生的目的难道就是承担不能承担的任务,即在做母亲、女儿、职员、教师、姑姑、甥女或妻子等等之间变换?这一自我图像几乎完全系于它的角色。① 同样,人们还会关注这样的自我观是否关联着儒家社会或中国社会的集体主义观点,与之相对的,则是个人主义社会允许并鼓励责任心、创造性以及自我的其他表达(相关讨论参见 Tu 1972:192-193)。人们认为,中国哲学一般说来倾向于关注集体利益而非个人利益。这样的看法不无道理。但是,我们必须反对以截然二分的方式,即,要么个人主义要么集体主义的方式标识意识形态的做法。中国哲学的各家学说没有留意与个人利益或志趣有关的事情,这样的说法未免失之偏颇。中国哲学的确思考特定个体与事件的细节,只是它们常常给人这样一种感觉:要把仅仅属于个体利益或志趣的事情抽离出来极其困难。

在随后的讨论中,我们将看到,中国哲学的立场既不是"集体主义"也不是"个人主义"。相反,中国哲学倾向于设想主体或个体间的相待相依,对个体利益与共同利益之重叠的讨论甚多。这一点提醒我们,仅仅从自私自利或屈己为他的角度想问题都是矫揉不实的。这一点适用于人与人之间的关系,人与自然物的关系,以及人类在自然和社会环境中的位置。中国哲学并不缺乏个体成就的观念。不过,个体的成就、创新、智谋与其错误与缺点一样,都只能从个人在制约环境中的位置出发才能得到恰当的理解。当然,这并不是说环境优先于个体,因为个体可以变换其环境。这样,个体并不先于整体,反之亦然。

和 谐

对于早期中国思想家来说,社会的和谐与稳定是头等大事。中国哲学

---

① 杜维明探讨了对儒家思想的这一理解,并且反对它对儒家思想的简单化理解。参见杜维明:《儒家论学会做个人》('A Confucian Perspective on Learning to be Human'),载(1985)*Confucian Thought:Selfhood as Creative Transformation*,Albany:State University of New York Press,pp.51-66。儒家伦理关于角色的讨论,参见 58 页及以下。

首度勃兴的"百家争鸣"时代就是一个社会动荡的时代,持续五百年之久。思想家殚精竭虑,劳心探究何种制度、方法或途径可以确保稳定与和平。按照儒家的理想社会观,良好的关系是社会稳定的根本。从家、国关系看,家是小宇宙,国是大宇宙,后者包含良性的人际关系,导人向善的制度,其治理者则是仁君圣王。墨家不赞同儒家之说。他们担心,儒家注重私密关系,这将诱发结党营私而非利他主义。墨家认为,从国的立场看,有必要培育兼爱,即人人关心他人。儒家的路子提倡培育特殊关系,它实际上滋生了对特定群体的忠诚。在墨家看来,其后果显然是家、国之间的战争。墨家确信,实现和谐的途径在于法制化。他们相信,有法很重要,有法才能确保人们有同等的待遇。换言之,法是有利于社会—政治稳定的重要建制。在这些方面,法家赞同墨家对法的看法,但他们对法之目的、实施的理解却大不相同。墨家试图通过"法"实现利他主义,法家则把法视为控制百姓的工具。法最终服务于巩固统治者的权力。辩者同样重视统一,这种关注是从早期墨家那里而来的。辩者的宗旨,在于通过解决分歧来确保学说与信念的统一。他们相信,争论的根源在于概念及其运用没有界定清楚,因此,一旦澄清词语和词语所指对象之间的关联,争论就可以解决。

在早期思想家之中,道家特立独行,对社会秩序与齐同心怀疑虑。道家哲学信奉多样性与多元化,常常思及自然界中的自然种类与事件,在解释事件和进程时质疑人类中心论和化约论。道家哲学文本表达出一种现象混杂不可预测的感觉;诸种事件挑战着人类厘清、掌控与操纵现象的企图。《庄子》看起来甚至赞颂不同个体与观点间的差异所造成的驳杂凌乱。不过,和谐依然是道家哲学的一个重要旨趣。当然,与其他哲学不同,它并不认为整体和谐的前提条件是消除个体差异。在道家看来,其他思想家统一差异、将之系统化的努力事实上只会导致分裂与混乱。与之相反,以道家观之,和谐乃不同观点之间活泼的交流。尽管与其他思想流派之间有着根本分歧,道家哲学同样追求在多元之间最终实现和谐共处。《道德经》不断提到,道无所不包。《庄子》也特别关注任何问题的解决方法是否会勉强把多样性同一化。中国哲学的整体视角有很多在哲学上值得注意的特点。从总体的角度看,不同个体、存在者与群体间的关系是不可化约的。换言之,总体不止是部分的总和;对总体的恰当描述必须考虑到个体、个体与他者的关系,以及它们在总体中的位置。

变　易

中国哲学安顿个体事物之间的连续性和相应性。此一进路,在不同的哲学流派中有不同程度的阐明,而在战国后期及汉代的论争中表现得最为淋漓尽致。当时人们致力于系统阐明宇宙自然秩序(包括日蚀、月蚀、地震、星体的位置、气候、天气和四季)和人世事件之间的关系,包括人的健康、社会建制、政治领导等。这一时期,人们重新诠释《周易》,深入探究其中那些与占卜实践相关的预设。顾名思义,《周易》主要讲"易",也就是变化,以及变化在不同领域之间的影响力。以《易》观之,变化并非离散或独立的现象。周遭环境的变化,总是或直接或间接地影响到个体。这是说,个体在很大程度上受到它所不能直接控制的因素的制约。同样,个体对他者的影响也不是显而易见或可直接量化的。这就是感应说。所谓感应,实则凝结了很多想法,如个体自性之相待,个体受外在因素的影响,外在因素的不可直接控制,个体影响他者的能力,等等。当然,个体看上去易受外界影响的脆弱性不能仅仅从消极的一面理解。变化也可以有积极的影响。进而言之,相互转化的可能性无穷无尽,个体就不应该只追求合乎自身利益的东西。与己相关的他者的福祉,更宽泛意义上的良好环境,这些都极可能构成有益于个体的善。

变化的概念跟和谐的概念密切相关。前一节说到,中国哲学家以不同的方式思考和谐:一致、着意的统一、合作、整合、秩序、稳定与平衡。当然,这些进路对整体及其内部动力机制的理解甚为悬殊。中国哲学致力理解事物间的相互影响、关联、变化,以及它们对和谐的影响。智者预知变化,也知道如何应对得宜,从而取得有益的结果。

《易经》哲学

《周易》以"变易"为名,系心生活中情境的变化,情境对个体及其环境的影响,个体如何应对变化,从而即使不尽取其利,也可将损失降到最低。就此而言,它体现了中国哲学的实用导向。从性质上看,并非整部《周易》都是哲学文本。其中最古老的部分写于公元前9世纪,实为卜筮而作。它既然用于实际的占卜活动,难免零碎,缺乏严格的系统。《周易》文本有意思的是背后的隐义:关于世界的预设、世界不同部分间的关联、事物间的关系、因果联系的复杂性、流变世界中人的位置,以及个体行为与反应的重要。

战国及汉代的思想家关注《易经》,努力挖掘其中的深意。附于《易经》的传注深入反思《易经》及其方法与应用。这些传注如今已经成为《易经》传世文本的一部分。本书第十章将对它们进行更加细致的探讨,尤其着眼于秦代之后中国哲学的演进。《易经》以及同时代其他一些富于生发力的文本,它们所贡献的观念和主题推动了宋明理学的发展,同时也是接纳佛教思想以及促进佛教后续发展之具。

我们在这里有必要将《易经》中所蕴含的若干主题提出来加以讨论。理由有二:这些主题广泛呈现于中国哲学各领域的学说,同时它们也建构了中国哲学的显著特征。事实上,《易经》这部书涵括了中国哲学之思的各种要素及概念框架。因此,认识这些要素将有助于我们正确评价中国哲学中的论辩。在第十章更加细致地探讨之前,我们在这里先简略勾勒一下《易经》哲学的一些重要特点。下面讨论的七大特点将在第十章加以展开。

(1) **观察的首要地位**。《易经》强调,对于反思来说,观察是一个至关重要的因素,甚至,观察可能还在程序上先于反思。《易经》中的预测与规定均以观察为基础:观察世上的联系,运动和变化。人们通过观察感知样式、规律性和关联性。与《易经》的这一思路接近,不同派别的思想家都将观察作为各自的出发点。例如,思想家沉思社会、政治和伦理生活,正是对社会中的腐化与自私现象做出回应。基于自身的经验,他们提出了不同的理想和解决方案。思想家,尤其是后期墨家反思语言以及语言与实在的关系,着意考察语言这一文明产物如何能够反映丰富多元的世界。概言之,在早期中国哲学关注的各种领域中,一个明显的特质是注重经验,从对世界的经验与观察开始。

(2) **整体及周遍的视角**。人们对《易经》中的卜辞加以诠释,从而使它们可以适用于特定的情形。不过,卜辞必然要把特定的事件置于更大的情境之中。对更大情境的意识,这是更一般意义上的中国哲学的显著特征。不同的哲学理论都关注整体。所谓整体,可能是人类社会、道、天地,或者宇宙。中国哲学尽管承认个体是经验的主体,但它同时强调,很重要的一点是要认识到,只有在背景性的境域之中,经验才能得到充分理解。就此而言,中国哲学将自我理解为植根于情境之中的存在者,而特定的文化与历史传统则是自我的构成要素之一。这种对自我的理解为不同的哲学派别所共享。着重涵摄性和整体性的视角还有一个值得注意的重要表征,那就是没有(预设)完全独立或超越于现世生活之上的实体或存在者。中国哲学固然设想整体——不管是在人类社会的意义上还是在宇宙的意义上——但我们看不到它涉身抽象理论上的绝对者或普遍者,一个发布或操控世界秩序的绝对者或普遍者。即使道这一概念有时会被描述为超越者,但它并没有脱离或独立于现世生活。由于中国哲学持一种宽阔周遍的视角,它也就倾向于从涵摄的角度理解整体性。

(3) **辩证互补的二元论**。依照《易经》的概念框架,高与低这组对立的概念是互补的,其他如动与静、刚与柔等等也是如此。用这些概念对子加以解释的变化呈现为类似于四季更替的态势,一个阶段代替另一阶段,后一阶段又在适宜的时节替代前一阶段。道家哲学将这种二元互补发挥得淋漓尽致。(当然,二元互补并不限于道家。比如,儒家就强调关系的互惠面向。) 道家哲学所阐述的评价概念既采用二元对子的形式,自然要质疑惯常用以标识成功或幸福的那一元。二元互补亦显见于道家的论辩。一个突出的例子:庄子与辩者辩①,后者试图通过将名固系于实,即决定名在真实世界中所指称的事物,以此来解决争论。庄子反对这种非此即彼(也就是说,依照排中律)的逻辑。与之相对,他认为,辩证地评价不同观点之间的对立将会更有获益。

(4) **关联思维与感应**。关联思维采取一种宽泛的视野,认为某一领域的事件和情境平行于或有助于解释另一领域的事件和情境。早期中国哲学有一个例子:乱国与病体相关联,二者都因成员之间缺乏合作而处于失和状态。感应则是更为特殊的关联,它实际上假定了某些因果联系。感应与关联思维都是汉代整体性思维的特征,它们也只是到了汉代才得到充分发展。不过,在此之前已经出现关联思维的端倪。例如,儒道两家都把天地间的合作共济或更质朴的对应关系置于一侧,呼应另一侧的社会—政治领域。在

---

① 第七章讨论了辩者的哲学观点。

儒家那里,我们也可以看到一种更加特殊的相应关系,即家、国这两个不同层面的和谐之间的相应关系。战国时期人们相信日食或月食等天象兆示了某些即将发生的人事,荀子感到有必要加以驳斥。由此可知,人们对于天象与人世幸福之相关性的信仰在当时广为流传。

(5)**对卦义及其对应关系的诠释进路**。这一点虽然跟《易经》在卜筮活动中的应用特别相关,但我们也可以看到诠释进路对中国哲学有更广泛的重要意义。例如,中国哲学反对萦心于普遍有效的规范或真理。这不是说中国哲学不讲原则或价值,而是说中国哲学更愿意认为规范或真理本身只有初步的重要性,更重要的是如何根据相关的环境要素进行调整或修正。至于在特定的环境之下哪些是相关要素,则要因时而异,待解释而定。在众多文本所反映的思想家看法之中,我们不难看到它们关注日常生活的具体性、情境性以及实践性。由此,我们可以注意中国哲学在反思和学问方面的独特性:涵泳不同作者的洞见,解释之,并将之应用于身边的情境之中。实际上,这种让前贤洞见变得合乎时宜的办法在当代中国哲学研究中广为应用,但同时人们对它也颇有争议。

(6)**恒变与常动**。这一特点与上面一点相关。上面一点强调了诠释相应于情境要素的开放性,而这里则着意于变易的不可避免性,甚至其迫切性。《易经》所呈现的态度是预期变化,并探寻未雨绸缪、应对变化的办法。早期思想家对社会—政治动荡所引发的社会层面的恒常变易有敏锐的觉察。不同的思想流派百家争鸣,但彼此间又存在共识:匡正时弊的规范和理想必须适应新情境下的不同需要。诸家之中,唯有早期儒家(荀子例外,虽然他是儒家)孜孜于崇古。

(7)**判断对行为的指导性**。人们试图找出卓有成效的行事方法,这样的愿望推动了卜筮的产生。不仅《易经》,而且一般意义上的中国哲学都有讲究实用的明显取向。以改善伦理与政治状况为指向,早期思想家对这些领域中的各种问题进行了广泛思考。在很多方面,中国早期思想家的内驱力来自矫正社会的迫切需要。就此而言,辩者不断遭受批评,因为他们沉湎于为辩而辩,对实在的生活方式毫无现实意义可言。不过,我们将会看到,即使是辩者关于语言的争辩、关于语词及复合语词的意义的争辩,也都源自现实的关切。关切现实事务的倾向在各家讨论基本方略时表现得最为清晰。

儒家的基本方略是处理与他者的关系,培养人们作为社会成员而有意义地生活的技艺。道家强调无为,讲究顺而不逆;也有一些道家信徒热衷于发展有利于延年益寿的宗教技艺或炼金术。法家的政治方略明确赞成君主驾御臣民。也有一些诸如《孙子兵法》那样的讨论军事方略的文本。另外值得注意的还有,中国哲学关注修身,大批思想家津津乐道于道德修养、身体健康、超人的技艺,以及精神上的满足与心理上的安宁。

这里所简述的《易经》哲学的七个要素,本书后面还会对它们进行更加细致的讨论。现在我们把注意力转向中国传统哲学运思的若干特征。

哲学运思

论说与论辩是中国哲学的显著特点。自中国哲学发端的春秋时期开始,思想家便不得不直面观点的多元性与差异性。J. J. 克拉克(J. J. Clarke),这位考察西方思想史不同阶段对道家观念的接受与诠释的学者,认为有一个关于多元性背景的论述不容忽视:

> 这些论辩必须……放在一个更大的范围内来看:宽容的态度与多元主义的态度早已渗入中国文化生活的很多层面。这种文化态度直到晚近才为西方所接纳。(Clarke 2000:27)

克拉克指的是公元4世纪以降相对立的释道二家之间的论争。不过,在此之前已有儒、道、墨之间的论争,各派的思想家相与诘难。从公元前3世纪开始,出现了思想家相聚而争鸣的情形。著名的有稷下学宫。① 所谓"稷"乃是战国时期齐国都城的一处城门。持不同见解的学者获得资助,云集于稷门

---

① 关于稷下学宫的组织,存在一些争议。倪德卫(Nivison)等学者认为,稷下是一个专门的学术机构(1999:769-770)。此外,他们还认为许多有影响力的思想家包括荀子(公元前313?—前218年?)和慎到(公元前390?—前315年)都属于稷下学宫。倪德卫还指出,稷下学者被禁止担任政治职务,他们只有建言献策的权利。然而,席文(Sivin)却认为,将稷下学宫当作一个正式的学术组织的看法缺乏有力的证据(1995b:19-26)。

附近。广招贤士的是齐威王(公元前356—前320年在位)。思想家的集聚(比如在稷下)与思想的激发促进了综合方法的发展。综合方法是汉代哲学的根本特征。从诸多不同的学派中吸收洞见,并把它们统入一个有活力的理论,这样的方法直到今天依然是中国哲学的核心特征。综合的进路明显不同于分析,后者注重理解特定理论背后的假设,论证其基本概念与观念的合理性。分析的方法力图将论证的基本要素区分并独立开来,而综合的方法则要把来自不连贯、甚至可能是相左的理论的观念整合在一起。随着综合思维的广泛应用,其结果是,很多中国哲学家吸纳了来自自身传统以外的东西。中国哲学家方东美如此把握综合精神:"从家庭传统上说,我是儒家;就脾性而言,我是道家;在宗教和性灵方面,我是佛家。"(Fang 1981:523)

因此,研究中国哲学了解思想史非常要紧,这样才能抓住不同传统之间的相互影响。在理解中国哲学的时候传统这一观念尤其突出,部分原因在于综合方法的运用甚至一直持续到今天。历史上的观念或者成为新学说的基础,或者被重新解释,或者被应用于各种论辩,或者被后人借为己用。这些进路对中国哲学内部不同派别的影响造成了论题、概念与观念的层层累积。因此,清楚刻画某一思想流派与其奠基者相联的原汁原味的特质绝非易事。所以,比起谈论清晰明确界定的各"家"哲学,更有意义的做法是谈论不同的哲学传统。

中国哲学论说方式另一突出之点,在于偏好暗示性与启发式的意象、典范、类比、隐喻及例证。运用这些论说手段,不是为了描述、解释的精确性或表达的清晰性。论说时运用暗示、例证等方法,反映出中国哲学的关注点落在观念的阐明,注意挖掘观念隐含的意蕴以及探究它们的实际应用。论说方法跟理智探索的旨趣密不可分。频繁使用暗示性的方法,这样的进路意味着把解释与理解的重任付予读者。诚然,读者在阅读文本的时候总是要带入自己的观点。不过,一个充满诸如隐喻、类比的文本将鼓励甚至可能会要求读者的个体反省。因此,我们就不会惊讶于《庄子》阅读者的如下评论:《庄子》具有一种将读者吸入讨论并激其反思的力量。当然,并非只有道家文献有此特色。儒家的《论语》同样促使读者提出问题,考虑问题的不同进路与不同答案,想象对话发生的情境,反思信念与行为的理据。对每位读者来说,阅读这些文献首先是一种反思行为。

当然,这不是说中国哲学不关心理论基础或哲学真理的阐明。不过,它们不是中国思想传统的唯一关怀,而且,对某些中国思想传统来说,它们也不是那么要紧的目标。请看一例。《庄子》第一章为《逍遥游》(Graham 2001:43-47),它传达了这样一个信念:反思活动(即沉思和反省)具有自足的价值,即,它以自身为目的。反思活动不是委身于某个目标——如果有某个目标的话。① 反思活动被视为目的本身,而非仅为达到真理的手段,这就产生了很重要的问题:哲学运思的本性是什么?哲学在人类生活中居于何种位置?这不仅是挑战哲学旨在求真这一特定的哲学观,而且还凸显了批判性反思在人类发展中的中心地位。循此精神,它也激励读者反思中国哲学的思想内容,此外可能还要借用中国哲学的运思方式,从而能够更深入地理解中国哲学以及个人的知识与信念。

延伸阅读建议

Fang, Thomé H. (1981) *Chinese Philosophy: Its Spirit and Its Development*, 2nd edn, Taipei: Linking Publishing.

Fung, Yu-Lan (1947) *The Spirit of Chinese Philosophy*, translated by E. R. Hughes, London: Routledge and Kegan Paul.

Fung, Yu-Lan (1948) *A Short History of Chinese Philosophy*, edited by Derk Bodde, New York: Free Press.

---

① 这也许要归因于中国哲学缺乏对形而上问题的兴趣,也就是说,没有兴趣讨论终极真理或最高实在。也可能出于一种认识论上的原因:即便有最高实在,也不可能知道它是什么。

第二章 孔子与儒家的仁和礼

面对春秋时期的混乱局面,孔子(公元前551—前479年)忧心如焚,主张推行社会伦理改革。他的主张包括断绝权力交易和消除当权者的剥削行为。他认为,发起并引导改革进程的,应当是受过良好教育,具备伦理智慧,足以垂范的君子。

作为这些观念的倡导者,孔子被奉为儒家学说或儒家传统(Confucian tradition)的奠基者。儒者有很好的修养,他们希望宣扬并实现伦理政治的理想。历史地看,儒家构成了当时士阶层的一部分,当时的大趋势是士人积极从政、为执政者出谋献策。①

儒家教育旨在培养合乎道德和礼仪的生活方式。一些儒者把严格的宫廷礼仪扩展到社会领域和家庭生活。鉴于此,有人说孔子是拥护传统宫廷礼仪的保守主义者。有意思的是,孔子也自称"述而不作"(《论语·述而第七》)。但是,从根本上讲,他真的以传统礼仪的倡导者自居吗?

第一节 《论语》

《论语》是记载孔子思想的主要典籍。此书并非出自孔子本人之手,而是由他的弟子及再传弟子编撰而成,其校勘工作在孔子逝世后大概历时七十年。传世的本子极有可能在西汉时期(公元前202—公元9年)写定。②

---

① 士人从政在战国时期蔚然成风。尤其是公元前512年—前464年间,学而优之士开始在政治舞台上扮演着比国君更为活跃的角色(Hsu 1965:8)。据说孔子和他的很多弟子都属于士阶层(Hsu 1965:34-37)。诸侯国之间的竞争迫使执政者选拔有才干的人做官(Hsu 1999:572-583)。
② 在印刷术尚未发明的时代,学人阅读、记诵《论语》,然后凭记忆重写《论语》。这样一来,完全可以想象会出现一些彼此略异的版本。通常认为,今本《论语》是张侯本。

近年来,另一个出土的《论语》本子备受学者关注,它被认为比今本更早。①

《论语》有499个不连贯的小段落,常有重复和矛盾之处。由于经多人之手而成,书中对重要概念的解释也不一致。或许我们可以区分相对权威的段落(反映孔子的思想)和其他后人篡改或羼入的段落。② 也可以把《论语》视为一座宝库,我们可以从中洞见儒家思想史乃至中国思想史。当然,不少当代学者——尤其是哲学家——把《论语》看成是一部开放的书。他们继续致力于重新诠释《论语》并把书中的思想应用到当下。

《论语》所体现的孔子是一位兢兢业业、尽心尽责、头脑敏锐的思想者。很多段落记载了诸侯大夫等向孔子讨教为政乃至人生问题,从中可以看出,孔子如何在考虑并平衡各种因素的基础上作决定。初读《论语》的人常常感到诧异的是,孔子的决定不是基于某种基本的规范原则或标准。例如,据《论语·子路第十三》,孔子希望父子互隐其过:

> 叶公语孔子曰:"吾党有直躬者,其父攘羊,而子证之。"孔子曰:"吾党之直者异于是。父为子隐,子为父隐,直在其中矣。"
>
> The Governor of She in conversation with Confucius said, "In our village there is someone called 'True Person.' When his father took a sheep on the sly, he reported him to the authorities."
>
> Confucius replied, "Those who are true in my village conduct themselves differently. A father covers for his son, and a son covers for his father. And being true lies in this." (trans. Ames and Rosemont Jr 1998a: 166-167)

有人觉得不知道该如何解释孔子这位赫赫有名的儒家伦理奠基者怎么

---

① 1999年出土了一部简本《论语》,被认为是最早的抄本。它出自河北石家庄一座具有2000年历史的(汉代王侯)古墓。此墓及墓葬可追溯至公元前55年。(译者按:原文如此。似有讹误。这里所说的简本《论语》实际上应当是1973年在河北定县[现名定州]八角廊村西汉中山怀王刘修墓中出土的定州汉简《论语》。)

② 参见 The Original Analects: Sayings of Confucius and His Successors, Brooks and Brooks (1998)。

会做出这么不道德的指示,《子路》篇的这一段文字也常常因为赞成说谎而遭人嫌弃。不过,如果我们继续思考这一段落,就会发现还有很多问题有待探询:当时怎样惩罚偷窃?一只羊价值几何?邻居受到多大影响?儿子揭发父亲偷窃会有什么后果?如果不揭发呢?等等。儿子的处境相当尴尬,不容易找到解决方案。揣度这些问题的"正确"答案徒劳无功。我们应该关注更深刻的问题,诸如元伦理层面的追问:家庭以及忠诚在伦理生活中的位置、关系的伦理意义、庇护他人的的要求、孔子进行道德考虑的方法与尺度等。

从现实的角度看,孔子告诉诸侯如何为政的话是什么意思,或者,孔子就餐时的坐姿如何,这些在今天对我们来说关系不大。或许我们不应该指望《论语》为我们的伦理困境提供标准答案。相反,我们读《论语》,是为了理解早期儒家所理解的伦理思考过程的复杂性。假若如此,我们就可以理解儒者是怎样学习古代文献(《论语·泰伯第八》第八章,《学而第一》第十五章,《述而第七》第十八章,《泰伯第八》第三章),从而从古代圣贤的经验中学到东西。也就是说,理解为什么以往有些人的行为令人钦佩,而有些人的行为则不合格(《述而第七》第二十二章)。从这个角度看,《论语》是一部他人日常行为条例的汇总,而不是一部权威言论总集或一部综合系统的哲学书。作为行为得体手册,《论语》可以用来启发和鼓励我们反思自己的行为和信念。

根据这样的方法论,我们来进一步检讨儒家思想的两大基本概念:仁和礼。二者集中体现了儒家重修养的人文主义理想。要想理解儒家思想,离不开理解这两个概念及其相互关系。

第二节 仁

孔子之前的文献只是偶尔提到"仁"。① 按照最初的用法,"仁"指某种雄性或阳性品格,特别指君王所具有的此类品格。例如,《诗经》中有两首关

---

① 陈荣捷全面探讨了孔子之前"仁"的用法(1955:295-319)。

于打猎的诗,"仁"用来形容两个猎人("洵美且仁"①)。在《尚书》中,"仁"指的是君对民仁慈。然而,到了儒家那里,"仁"逐渐变成了一种具有人道特征的道德品质。这样,我们就不会感到奇怪,"仁"在早期儒家哲学中有很多不尽相同的用法:一般意义上的人道,人所独有的人性特质,或者作为人类基本美德的恻隐心。"仁"涉及很多方面,但最基本的乃是指人的一种天生的性情,或者说,一种过集体的社会政治生活的倾向。这层含义也反映在汉字"仁"的写法上:"仁"由两部分组成,左边是个"人"字,右边是个"二"字。这意味着"仁"指的是人与人之间的关联性。因此,"仁"常被英译为"benevolence"(良善)、"love"(爱)、"humaneness"(仁慈)、"humanity"(人道)、"human-heartedness"(人心)、"compassion"(恻隐)或"sympathy"(同情)。② 然而,《论语》中的"仁"涉及多个层面,最近的一些英译都避免把它等同于任何一个英文词。我们接下来就讨论仁的不同面向。

仁与爱

何谓仁者?"子曰:'爱人。'"(《论语·颜渊第十二》)理雅各(Jame Legge)(1815—1897 年)是一位在华基督教传教士,也是较早把中国典籍译成英文的汉学家,他曾试图把儒家的仁与基督教的爱等同起来(Legge 1893-1895,vol.1)。孔子的"仁者爱人"之说把仁解释为一种普遍的、无区分的爱,这一点可能正符合理雅各的意图。然而,《论语·里仁第四》有言:"唯仁者能好人,能恶人。"这是说,仁者评价他人时做出了区分。不仅如此,孔子还明确说了他厌恶哪几种人(《论语·阳货第十七》第二十四章)。一者提倡博爱,一者有区分地评价他人的品质,二者之间是否有抵触?孔子还说,要用正直而非恩惠回报怨恨,这时我们也能感觉到一种相当严厉的审判意味:

或曰:"以德报怨,何如?"子曰:"何以报德?以直报怨,以德报德。"(《论语·宪问第十四》)

---

① 英译:"handsome and *ren*"(Schwartz 1985:51)。——译注
② 陈荣捷认为,孔子是把仁理解为一般美德的第一人(1975:107)。

Someone said, "What do you say concerning the principle that injury should be recompensed with kindness?" The master said, "With what then will you recompense kindness? Recompense injury with justice, and recompense kindness with kindness." (*Analects* 14:34, trans. Legge 1991:288)

孔子在这里毫不含混,要求公平对待公正或正确之事。孔子对道德品格的批判性评价似乎调和了他的博爱观。

仁与儒家金律

金律把(道德的)人作为起点。它预设了人们在欲望和利益方面具有普遍共识。《论语》中的"恕"常译作"reciprocity"(互惠)或"mutuality"(互相性),它把握住了黄金律的精髓:关系很大程度上是互让互惠的(《论语·卫灵公第十五》第二十四章)。《论语·里仁第四》第十五章指出,"恕"和"忠"一样,具有根本的重要性:

子曰:"参乎!吾道一以贯之。"曾子曰:"唯。"子出。门人问曰:"何谓也?"曾子曰:"夫子之道,忠恕而已矣。"

The Master said, "Zeng, my friend! My way (*dao* 道) is bound together with one continuous strand."...

Master Zeng said, "The way of the Master is doing one's utmost (*zhong* 忠) and putting oneself in the other's place (*shu* 恕), nothing more." (trans. Ames and Rosemont Jr 1998a:92)

"忠"通常译作"conscientiousness"(尽责)或"doing one's best"(尽力)。然而,这样的译法无助于理解为什么"忠"要和"恕"相配。或许,如果用作为(*being* one's best)而不是行动(*doing* one's best)翻译"忠",就可以更好地看出二者的关联。简言之,要尽忠而完善一己之成,就必须培育互惠关系(恕)。照此思路,关系丰富自我,从而壮大、拓展自我。就此而言,忠和恕可视为同一过程的两个方面,从而成为"一贯"之道。

《论语·颜渊第十二》第二章及《卫灵公第十五》第二十四章说道:"己

所不欲,勿施于人。"这正是道德金律的一种表现形式。它所含的否定形式有时称作"银律",因为它要消极一些:它不求好的或道德的行为,但求不要伤害别人(Allinson 1985:305 - 315)。按孔子哲学,培育互惠互益的人际关系是美好生活的有机组成部分。个体和社会相与共生而非互相排斥:身正为范的个体有益于其他社会成员(《论语·雍也第六》第三十章)。儒家的理想社会是一个理想的大家庭:圣王是国—家(nation - family)的慈父(《论语·泰伯第八》第六章)。一个人首先是在家庭环境中学习恕道。

仁与人际关系的培育

仁的培养始于家庭关系、家人间的情感和特定义务。换言之,一个人最初从家庭成员的互动中学习人与人之间的系属关系。故而孝(孝敬父母)与悌(敬爱兄长)乃是仁的根本(《论语·学而第一》第二章)。仁强调情感系属的差异性(《论语·为政第二》第二十四章),这一特点与前文所述的仁之为博爱大相径庭。

行文至此,我们或许有必要停下来想一想:仁之本,何谓耶?也许它是说,重视情感——尤其是我们对家庭成员的情感系属——是人性基本的本质特征。这种解释把孝乃至更宽泛的家庭关系视为人类存在的首要事实。另一种解释:这里的"根本"意味着我们首先是在家庭环境中发展道德。在这种环境里,一个人学会忠诚、同情、商谈、爱、关心、博得同情、表达悔意、平衡不同的忠诚,以及给各种义务排定优先次序(《论语·里仁第四》第十八章)。一个人在家庭中学会的技能对于他今后与他人的交往来说至关重要。倘若《论语》所言不虚,即家庭关系在一个人的成长岁月中起主导作用——家庭关系以很多重要而微妙的方式塑造一个人——那么,当代道德哲学就应当认真考虑这些影响主体道德生活的首要因素。

仁与伦理智慧

《论语》中举了很多例子,说明"仁"如何展现于儒者君子的生活之中。比如,它跟五种品德有关:恭、宽、信、敏、惠(《论语·阳货第十七》第六章)。仁为六德之一(其余为智、信、直、勇、刚)(《论语·阳货第十七》第八章)。践行仁的情境有多种:家庭、公众、社会(《论语·子路第十三》第十九章)。

仁者言行相顾;孔子深恶言过其行(《论语·颜渊第十二》第三章,《子路第十三》第二十七章,《里仁第四》第二十二章,《宪问第十四》第二十七章)。一生行仁难乎其难(《论语·卫灵公第十五》第十章、第九章)。为此,一个人必须博学而近思(《论语·子张第十九》第六章,亦可参见《为政第二》第十一章)。实践智慧的精髓在于这样一种能力:向他人学习,由此反思自己的情况,进而把这些洞见付诸行动。仁者对自己的行为自信满满:

子曰:"知者不惑,仁者不忧,勇者不惧。"(《论语·子罕第九》第二十九章)

The Master said, "The wise (*zhi* 知) are not in a quandary; the authoritative (*ren* 仁) are not anxious; the courageous are not timid." (*Analects* 9:29; trans. Ames and Rosemont Jr 1998a:132)

这段简洁的文字突显了仁者的淡定。儒家学者柯雄文(Antonio Cua)对仁者令人钦慕的性情有一恰如其分的描述:"仁者生活安泰,这与其说确证他不会犯错的判断与权威,倒不如说体现了他对自己应对困难及变动不居的情势的能力满怀信心的态度。"(Cua 1971:47)如果《论语》读得更加透彻,读者就会感觉到仁的深度和宽度。仁可能是人一辈子至高的道德成就。当然,要想更加全面地把握"仁",就需要考察《论语》中的其他关键概念。

第三节 礼

"礼"也具有相当大的弹性。它可以指中国古代或现代社会的行为规范条文,也可以指这些条文在日常生活中的具体实例,或者指一概念。在儒家之前的文献中,它用来指祈求超自然的保护和庇佑的宗教仪式。人们相信,仪式上的牺牲祭品可以影响到神灵的意志(Skaja 1984)。包括庆丰、感恩等在内的很多祭祀仪式只能由天子来执行。不过,到了春秋战国时期,"礼"的外延逐渐扩大。比如,它也用来指诸侯的宫廷庆典仪式(Dubs 1966:116)。

我们可以发现,这些不同的内涵,《论语》都有所涉及。《论语》中的

"礼"有时指宗教仪式(《论语·八佾第三》第十七章),有时指有修养的人的举止行为(《论语·颜渊第十二》第一章)。另一个用法则是指老百姓在日常交往中举止得体(《论语·为政第二》第三章)。礼给人一种保守的感觉,部分原因在于它跟古代的行为规范有关。不过,《论语》中礼的运用并不一致:有时候,它显得特别顽固(《论语·八佾第三》第十七章);有时候,它又是可以变通的(《论语·子罕第九》第三章)。

礼的标准可以引导人们在父子(《论语·为政第二》第五章)、君民(《论语·八佾第三》第十八章)、君臣(《论语·八佾第三》第十九章)等各种关系中举止得当。"礼"根据一个人在特定关系中所处的位置,制定出不同的标准以规定得体的行为。这样一来,个体就会熟悉在人际关系中的不同义务和情感。在理想状态之下,不断依礼而行,就会越来越体会到人际关系的价值。此外,礼还具有审美的向度,它把礼仪风度引入了人际交往(《论语·泰伯第八》第二章)。我们还要注意到,《论语·为政第二》第三章包含了反对整齐划一的思想:

> 子曰:"道之以政,齐之以刑,民免而无耻;道之以德,齐之以礼,有耻且格。"
>
> The Master said, "Lead the people with administrative injunctions (*zheng* 政) and keep them orderly with penal law (*xing* 刑), and they will avoid punishments but will be without a sense of shame. Lead them with excellence (*de* 德) and keep them orderly through observing ritual propriety (*li* 礼) and they will develop a sense of shame, and moreover, will order themselves." (trans. Ames and Rosemont Jr 1998a:76)

孔子认为,礼与法是两种极不相同的治国措施。由避免刑罚而生的动力是次一等的。刑罚文化把人变"机灵"了,学会花言巧语,以此逃避惩罚。① 相反,儒家的礼必须付诸行动(《论语·学而第一》第三章,《里仁第四》第二

---

① 陈汉生认为,刑罚导致自我保护,而礼则引向顾及他人。这一说法颇有说服力。陈汉生对诉讼用语的功能的分析很有见地(1992:64-65)。

十四章,《宪问第十四》第二十、二十七章)。除此之外,刑罚还有"一刀切"的弊病。①

《论语》有很多地方都强调礼务必敬(《论语·八佾第三》第二十六章,《阳货第十七》第二十一章)。孔子还说,馈赠者或演奏者的诚意真情是礼乐的基础:

> 子曰:"礼云礼云,玉帛云乎哉?乐云乐云,钟鼓云乎哉?"(《论语·阳货第十七》第十一章)
> The Master said, 'Surely when one says "The rites, the rites," it is not enough merely to mean presents of jade and silk. Surely when one says "Music, music," it is not enough merely to mean bells and drums.' (trans. Lau, 1979a:145)

如果缺乏适宜的内在情感,即便赠人玉帛那样的厚礼也毫无意义。关于乐的譬喻同样意蕴丰富:敲钟击鼓不成乐。音乐演奏要有意义,离不开适宜的情感。这些适宜的情感实际上是仁本身的表达吗?

《论语》有很多地方都暗示了仁礼二者关系紧密:一个人对仁的关切必须有智慧地体现在活生生的情境之中。学者杜维明曾说,儒家的修身是关于"学会做人"(1985:51-66)。这里,重要的是反思礼的规范力量。行为规范如果是僵化的,它就会窒息个体性。儒家哲学有没有为个体挑战现状留出空间? 这取决于怎样理解仁礼关系,以及何者居先。

第四节 仁与礼

仁与礼,何者居先?《论语》中有不同的看法。跟门人子游、子夏相关的对话往往重礼,而跟曾子、子张和颜回相关的对话则重仁。(Schwartz 1985:130-134)。这一分歧后来被称作"内外"之争。"内"代表仁的本质,指人性

---

① 在中国历史上,亲属关系必须得到法律机构的认可,这种做法一直延续到明清时期。一些学者把这种现象称为"法的儒化"。参见 Ch'u(1965:267-279)。

中内在的、可能与生俱来的道德感。相反,"外"代表礼的精神,指从外而内的社会性规范引导、同时在某种程度上限制内在自我。这一争论与西方传统中的天性—教育(nature – nurture)问题及其在道德修养问题上的意义相似。在儒学思想体系中,自然的(内在的)道德倾向与(外在的)道德教化,何者更为根本?孔子曾经机智地指出,过分强调任何一方都是不对的。他说,质(基本的天性)和文(教化)都是必要的:

子曰:"质胜文则野,文胜质则史。文质彬彬,然后君子。"(《论语·雍也第六》)

The Master said, "When one's basic disposition (*zhi* 质) overwhelms refinement (*wen* 文), the person is boorish; when refinement overwhelms one's basic disposition, the person is an officious scribe. It is only when one's basic disposition and refinement are in appropriate balance that you have the exemplary person (*junzi* 君子)." (trans. Ames and Rosemont Jr. 1998a:107 – 108)

无论是"内在"道德还是"外在"道德,《论语》都没有绝对支持。不过,我们有必要详尽考察更多篇章,以便更好地理解仁、礼及其对当代相关论争的启示。

仁为本

孔子曾说,仁优先于礼:

子曰:"人而不仁,如礼何?人而不仁,如乐何?"(《论语·八佾第三》)

The Master said, "What has a person who is not authoritative (*ren* 仁) got to do with observing ritual propriety (*li* 礼)? What has a person who is not authoritative got to do with the playing of music (*yue* 乐)?" (trans. Ames and Rosemont Jr 1998a:82)

乐有两个方面,一是表演,二是内在的情感(仁)。同样,礼的践行既包含行为层面的技艺,又包含人类情感的表达。如果缺乏适宜的人类情感(仁),礼乐都是无意义的。在这里(以及在其他一些章节中,包括《为政第二》第八章,《八佾第三》第三、十二、二十六章,《阳货第十七》第十七、二十一章,《子张第十九》第十四章),为礼的伦理与动力基础是仁。孔子生动地总结说,机械地遵循礼毫无益处:

> 子曰:"居上不宽,为礼不敬,临丧不哀,吾何以观之哉?"(《论语·八佾第三》)
>
> "What could I see in a person who in holding a position of influence is not tolerant, who in observing ritual propriety (li 礼) is not respectful, and who in overseeing the mourning rites does not grieve?" (trans. Ames and Rosemont Jr 1998a:88)

西方道德哲学常常认为,道德主体的意向比行为上的遵循具有更加重要的伦理意义。可能受此影响,当代一些研究儒家的学者把这一点跟孔子强调仁,即道德主体的"内在"担当相提并论。杜维明是这一观点的知名支持者。他认为,对人类福祉(他把它等同于仁)的担当是儒家伦理的大本。因此,行为规范不能凌驾于仁,因为前者是偶然的,受历史与社会因素的影响。他有一段很有意思的文字,其中提到了中国现代作家及评论家鲁迅(1881—1936年)的议论:

> 明清时期,不少寡妇自杀,希望以此表明自己的行为合乎贞节之礼。有见于贞妇的愚昧,鲁迅把这种礼称之为"吃人"的礼。他的说法相当有道理。(Tu 1968:37)

在杜维明看来,仁可以救礼之失。在礼教不再可取或戕害人性的情况下,仁的作用是支持对人性的担当。仁是大本,因此可以称作较高序列的概念:"作为内在道德,仁不是由礼这种机制从外面引发出来。仁是较高序列的概念,它赋予礼以意义。"(1968:33)换言之,仁提供了评估礼教的标准。杜维明试图在儒家哲学与当代讨论之间搭起桥梁。然而,尽管他对儒家思想的阐述非常具有启发性,但他以"仁"为"内在道德"的解释有待商榷,因为这一解释容易给人这样的印象:仁的培养是由一个自律的、自由意志的主体所指导的过程。此外,如果用"道德"界定仁,那么它的范围就被缩小了。① 最后,把仁说成是较高序列的概念,这容易误导人们忽视礼在儒家传统中的重要意义。

礼为本

我们或许也可以说,礼是儒家的基本概念。和仁相比,礼的践行更加形之于外,可加以规范。从实践的角度来看,正是通过守礼、行礼来学习仁(参见《论语·颜渊第十二》第一章)。亨利·斯卡亚(Henry Skaja,1984)认为,礼是儒家的根本概念,它在精神、教育以及政治等方面都发挥作用。这是说,随着个体越来越遵循礼的约束,礼便有了教化个体的效果。因此,民众顺应礼的引导,社会就会井然有序(《论语·学而第一》第二章)。但在斯卡亚看来,最重要的一点在于,礼是人类情感的通道,是"人类精神的客观化"。(1984:49-50)他认为,修身的过程首先要理解为社会化的过程:

> 礼原本仅指"仪式"或"祭祀仪式",孔子把它提升到了一般生活层面。礼变成了必要的社会化过程本身,这一过程注重教育与自省,人在其中成为人,即,成为社会中的一员。(1984:62-63)

不过,我们也要注意到,倘若礼在儒家思想中居于根本位置,儒家的修身就可以化约为一个社会化过程。事实上,人们往往批评说,在儒家那里,社会压倒了个体。例如,《论语·学而第一》第二章可能意在证明,要建立一个有序的顺民社会,规训人心是正当的:

> 有子曰:"其为人也孝弟,而好犯上者,鲜矣;不好犯上,而好作乱者,未之有也。……"(《论语·学而第一》)

---

① 在后来的一篇文章中,杜维明似乎不再把仁视为"人的道德"以及一个独立于"礼"的较高序列的概念(1972:187-201)。他说,"仁——尤其是作为综合性的美德——赋予礼以意义,但另一方面,没有体之于礼的仁也是无法想象的"(188)。

> Master You said, "It is a rare thing for someone who has a sense of filial and fraternal responsibility (*xiaodi* 孝弟) to have a taste for defying authority. And it is unheard of for those who have no taste for defying authority to be keen on initiating rebellion..." (trans. Ames and Rosemont Jr 1998a:71)

以礼为本,这一观点可能强化了儒家作为保守的传统主义的面貌。

仁礼相待

关于仁和礼,最有说服力的观点是,二者相待互依密不可分。这是说,二者中的任何一个单独就其自身而言毫无意义。照此观点,仁仅仅形诸礼的践行。仁礼相待,信广来(Shun Kwong-Loi)已经说得很清楚。① 他以语言的使用来比况二者关系。例如,理解了时态概念,就能够正确使用各种时态。反之,能够正确使用和时态有关的语法结构则表明掌握了时态概念。同样,深刻理解人类情感的人能够以适宜的方式表达情感;一个人能够如此表达情感,即意味着他在情感上成熟了。因此,信广来认为,就语言的使用而言,掌握时态的用法对于掌握语言共同体中的时态概念既必要又充分。一个人不能振振有词地说,他只掌握了其中一个。同样,不同时理解礼所传达的人类情感,就不能说已经完全掌握了礼;一个常常不能向他人传达仁的人没有资格自称仁者。信广来对仁礼关系的分析颇有创见。从哲学上讲,它引出了其他一些重要问题,比如,改善礼的判准或基础何在?对于中国哲学中的观念,当代学人能否在进行批判性考察的同时让它们在当代争论中展现活力?信广来的仁礼分析堪称典范。

第五节 当代哲学论争中的仁与礼

尽管我们希望在诠解《论语》文本的时候引入创造性因素,但我们还得保持《论语》作为一部战国文献的完整性,二者必须平衡。出于各种显而易见的原因,人们倾向于强调仁。但是,我们应该牢记,礼在《论语》的哲学思

---

① Shun(1993)。

想中扮演着重要角色,而且,在中国历史上,礼的践行实际上构成了儒家思想的主导面向。略微换种说法,在实际发生的中国历史上,对儒家思想的理解很大程度上取决于对礼的理解。

然而,当代英语世界对礼和仁进行了饶有趣味且富有洞见的探讨。有些学者取分析的进路,批判性地细究各种概念,阐明它们在当下的生命力。[1] 近来,很多学者将注意力转向《论语》中的"义"(适宜)。[2] 他们认为,"义"为儒学中的道德推理增加了另外一层东西。作为"适宜"或"恰当","义"在实践活动的考量中起到了特殊的作用,因为它反映出儒家思想关注伦理的适宜性而非规范性。也就是说,强调的是在特定境域中做"恰当"的事,而非一味地遵循规则或规范。像这样的伦理比较分析对于不同哲学传统间的哲学探讨与对话大有裨益。尤其是在伦理学和道德哲学层面,学者们注意到,和传统的西方道德哲学相比,儒家哲学更注重相际的社会情境,更关注具体的伦理实践。最近出现的一些启发人心的思想交会还包括,比较儒家的仁和女性主义伦理中的关爱(care)、探讨中国哲学传统中的环境与生态思想等等。[3]

当代仁礼诠释的另一进路,则强调在当代社会—政治条件之下它们对于修身的意义。郝大维和安乐哲的讨论引导了这一领域的论争。他们把"仁"解释为"成人"(person-making),尽管有时被指为过于后现代,但它对于民主语境下的儒家思想讨论已经很有影响力。[4] 另一项颇具意义的社会—政治哲学讨论是:仁和礼在东亚国家文化与社会持续发展中的位置。有一个典型的例子:在人权获得根本重要性的全球化语境之下,儒家哲学的位置在哪里,能否继续发挥作用?另一个问题:儒家哲学是怎样影响了亚洲

---

[1] 参见 Kwong-loi Shun(1993),Antonio Cua(1971,1973,1979,1989,1996a,1996b),Philip Ivanhoe(1990),Benjamin Schwartz(1985),Angus C. Graham(1989),Karyn Lai(1995)。史华慈和葛瑞汉的论文集在中国思想史的框架内阐述中国哲学观念。二者都对中国思想研究这一领域作了很好的介绍。

[2] 参见 Hall and Ames(1997),Kim-Chong Chong(1998),Karyn Lai(2003b)。

[3] 参见李晨阳所编的女权主义系列论文(Li Chenyang,2000),以及另一部讨论儒家生态思想的论文集(Mary E. Tucker and John Berthrong,1998)。

[4] 参见 Hall and Ames(1998,1999),Sor-Hoon Tan(2004),Joseph Grange(2004)。

价值论争中的观念及话语?①

仁和礼一起构成了儒家哲学的核心,对二者相互关系的深入理解揭示了儒家思想的很多基本要素。对仁和礼的研究促使我们进一步追问,如何在社会—政治的关系情境中以德润身?这个问题非常重要,它关联着我们如何理解自我、如何理解关系。在儒家看来,培育互惠互益的关系对于自我及其认同来说必不可少。这种注重相待的自我观质疑划一规范和过度概括,关注如何在活生生的实践中实现人类之善。儒家哲学提醒道德哲学家,有必要仔细考量注重相待的自我观,以及它如何由关系所建构。

另外一个和自我定义相关的问题在于:社会与伦理规范对个体的影响。儒家认为,必要时可以抛弃已经过时甚至有害的礼。但做此决断的尺度在哪里?在儒家看来,把握这一尺度至为要紧。从事道德修身的个体怎样才能和社会规范保持批判的距离?现行的规范是否仍然合宜适用,要想对此做出明智的裁断需要何种技能?这些问题进而引发更深层次的问题,诸如道德规范如何而定、由谁来定,以及在特定的社会中如何制度化。当然,这些也是十分重要的当代问题。

最后,儒家哲学是否体现或造成了"集体主义"的意识形态,这也是一个值得进一步思考的问题。集体主义与"个人主义"形成对照,而后者是自由民主社会的标志性特征。但是,如果更加透彻地理解儒家思想就会看到,它实际上对社会—政治组织中的"集体—个人"描述模式提出了挑战。事实上,儒家注重相待的自我观坐落于仁与礼的交叉口,不能简单地描述为体现社会—政治组织的集体主义进路。无论是对于社会福祉还是对于个人幸福,特定关系的培育都是至关重要的。一个人能否成功地处理关系,能否平衡相互冲突的需求与义务,这跟他幸福与否密切相关。儒家注重相待的自我观把自我放置在复杂的关系网络之中,因此,儒家哲学为群中之我(self-in-community)绘出了一幅复杂的现实主义图画。

---

① 参见 De Bary(1991,1998),De Bary and Tu Weiming(eds.)(1998)。

延伸阅读建议

Confucius：The Analects，translated by Dim–Cheuk Lau(1979)，Harmondsworth：Penguin Books.

The Analects of Confucius：A Philosophy Translation，translated by Roger Ames and Henry Rosemont Jr(1998a)，New York：Ballantine Books.

Chan，Wing–tsit(1975)'Chinese and Western Interpretations of *Jen*(Humanity)'，*Journal of Chinese Philosophy*，vol. 2，no. 2：107–29.

Fingarette，Herbert(1972)*Confucius：The Secular as Sacred*，New York：Harper and Row.

Tu，Weiming(1985)*Confucian Thought：Selfhood as Creative Transformation*，Albany：State University of New York Press.

第三章 儒家的人文化育论：孟子与荀子

儒家的正世之方非常简单且理想化：良好的政治从有才之君的道德修身开始。《论语》多次承认，此种正世之方鲜能推行（《述而》第二十六章；《子罕》第十三章）。然而，修身思想对中国社会与文化影响深远。中国的科举制度鲜明地体现了教育产生道德智慧的思想。科举制度始于汉代（公元前202—公元220年），一直延续到1905年。它通过儒家典籍考试选拔成绩优异者，其理念是精通经典的士人必定道德高尚，足以实行善政。

儒家的修身观具有重要的当代意义。这是因为：其一，它强调道德品性是政治的基础。这一点很要紧，因为它要求政府对其治理负责。相对于不能保证君主必定有才或有德的世袭制，这是一个积极的转变。其二，它突出了教育在社会发展中的位置。最后，儒家道德哲学对于当代道德哲学来说具有重要意义，这跟它的许多关键特性有关：关注性格的发展，人际关系在道德生活中的核心位置，道德发展的渐进性（即关注一个人在其道德生命不同阶段所培养的不同道德境界），以及个体发展和社会—政治进展的统一。

对于人的道德能力，以及如何培养这种能力以使之在社会成其果效，儒家持乐观的、实用的态度。儒家期望一个更好、更加道德的社会，它的核心就是修身理论。面对战国时期百家争鸣的局面，孟子（公元前372？—前289年？）和荀子（公元前313？—前218年？）两位儒学大师不得不捍卫孔子的思想。他们为孔子思想辩护的主要做法是建构人性论，阐明原初的人性需要进一步发展。

孟子主张人性本善。恶归结于各种外因诱使人偏离了本性，在此情形下，需要通过纠偏来恢复放失的本善之性。相反，荀子认为，从道德上讲人性本恶，需要加以纠正以避免人类处境恶化。围绕人性原初状态及其培养问题，儒学内部及儒学之外的其他学派之间展开了激烈的争论。孟子和荀子之间的分歧推动了孔子之后的早期儒家哲学发展。

第一节 孟子:人性之扩充

相传孟子是孔子之孙子思(公元前483? —前402年)的再传弟子。①他是儒家第二套经典"四书"的作者之一。② 他的哲学带着乐观的人文主义品格,相信人性具有内在的善。于此,他建构了仁政学说。孟母三迁这则有名的故事说明,孟子哲学的乐观品格归因于他对母爱的深刻体验。孟子哲学的要义,一言以蔽之,曰"性善"(《孟子·告子上》第六章)。至于其他对道德与人性之关系的看法,孟子都加以驳斥:

> 公都子曰:"告子曰:'性无善无不善也。'或曰:'性可以为善,可以为不善。是故文、武兴,则民好善;幽、厉兴,则民好暴。'或曰:'有性善,有性不善;是故以尧为君而有象;以瞽瞍为父而有舜;以纣为兄之子且以为君,而有微子启、王子比干。'今曰'性善'。然则彼皆非与?"(《孟子·告子上》第六章)
>
> Kung-tu Tzu [Gongduzi] said, 'Kao Tzu [Gaozi] said, "There is neither good nor bad in human nature," but others say, "Human nature can become good or it can become bad, and that is why with the rise of King Wen [Wan] and King Wu, the people were given to goodness, while with the rise of King Yu and King Li, they were given to cruelty." Then there are others who say, "There are those who are good by nature, and there are those who are bad by nature. For this reason, Hsiang [Xiang] could have Yao as Prince, and Shun could have the Blind Man [Gu Sou] as father, and Ch'i [Qi], Viscount of Wei and Prince Pi Kan [Bi Gan] could have Tchou [Zhou] as nephew as well as sovereign." Now you say human nature is good. Does this mean that all the others are mistaken?' (*Books of Mencius* 6A:6, trans. Lau 1979b:247)

---

① 参见 Wing-tsit Chan 1963a:49。
② 儒家经典"四书"由朱熹所定,包括《大学》、《论语》、《孟子》和《中庸》,在元明两代为科举考试的基本科目。

与孟子不同的人性观包括：

一、道德并非内在于人性。

二、人初生之际有如白板。一个人变好还是变坏取决于他所受到的影响。

三、有些人生而性善，有些人生而性恶。

观点一与观点二之间存在微妙的差异：前者坚决要把道德与人性脱钩，后者关注人在外界影响面前的可塑性和易变性。观点三明确否定了孟子性善说的普遍性。当被要求阐明性善论立场时，孟子先从驳斥告子（公元前420？—前350年）所主张的道德并非内在于人性的观点开始。① 在接下来的辩论中，他用了不少比喻说明道德本性的内在性——比如，水往低处流乃是其内在本性（《孟子·告子上》第二章）。孟子似乎认为，这些比喻足以支持他的观点，但实际上它们只是阐明而非证明。

观点三主张道德品质或倾向因人而异，按照孟子的理论这也是成问题的。对于孟子来说，内在之善的普遍性很要紧，因为他主张所有人不论其出身地位均有成圣的潜能②：孟子大胆地宣称，"圣人，与我同类者"③（《孟子·告子上》第七章）。他用人们共同的经验——嗜美味、乐悦音、好好色——来支持他的论点，即善也是人所共有的特性。出身地位与道德修为（乃至于参与仁政）不相干，这是孔孟哲学以及孔孟个人生活的根本主题之一。孔孟都是没有高贵血统的普通人，这便不难理解他们为什么要强调这一点。

孟子同时也要为道德人性寻找超越的基础。他将其视为人性善的根

---

① 信广来详细分析了孟子与告子的论辩，包括其中的哲学细节（1997：87 – 94）。告子的背景和社会关系鲜为人知。信广来花了诸多笔墨讨论告子的哲学背景（ibid. 123ff.）。

② 陈汉生指出，孟子的人性论比起《论语》中的人性论要远为乐观（Hansen 1992：71ff.）。

③ The sage and I are of the same kind. (*Books of Mencius* 6A：7；trans. Lau 1979b：249)

源,并主张天与人的统一①:

> 孟子曰:"尽其心者,知其性也。知其性,则知天矣。存其心,养其性,所以事天也……"(《孟子·尽心上》)
>
> For a man to give full realization to his heart [*xin*] is for him to understand his own nature, and a man who knows his own nature will know Heaven [*tian*]. By retaining his heart and nurturing his nature he is serving Heaven... (*Books of Mencius* 7A:1, trans. Lau 1979b:287)

孟子并不是要探索宇宙或精神问题,而只是把天这一概念用作人性能力和潜能的超越基础。不过,要慎用"超越"讲孟子的人性论。孟子试图以天为性善的根源,一个较之人自身更为基本的根源;就此而言,我们可以说天是性善的超越基础。然而,在另一种意义上,天和人性相互交织、相互依存而非独立自足:存心(之善)养性同时就是事天。这段引文告诉我们,心是理解孟子人性论的线索。孟子哲学中的心通常译作"heart",但它不仅是一种生理器官,而且包含了一套能力。② 这组能力既是人的内在特性,又是人的外在特性(《孟子·公孙丑上》第六章;《离娄下》第十九章;《告子上》第八章)。同时也要注意到,孟子并没有(像柏拉图那样)把情感同道德考量区分开来;因此,心这个词最好还是译作"heart-mind"。心是理智、认知和情感之所在。孩童知亲之爱而报之,又由爱其亲进而爱他人(《孟子·尽心上》第十五章)。在孟子那里,情感、道德触觉和道德思考密不可分。在他看来,道德修养的任务就是让放失之心重焕生机。

孟子列举了心的四种表现:仁(同情),义(正义感),礼(基于对不同关系及等级的承认而来的尊重),智(智慧)(《孟子·公孙丑上》第六章)。与

---

① 孟子将性奠基于天之上的做法与《中庸》的主旨有相通之处。《中庸》是一部儒家经典,也是儒家"四书"之一,相传为孔子之孙子思所著,尽管其中有些内容似可追溯到更早的起源,但有些内容的起源则晚至汉代初期。杜维明在《中庸》的基础上对儒家修身观作了形而上学及宗教学的诠释(Tu 1976)。

② 现代汉语中,心既可指理智—道德能力意义上的"mind",又可指"heart"意义上的身体器官。

其通常的做法一样,孟子没有说明何以把这四者挑出来作为心之基本特征。陈汉生认为,孟子人性论的一个问题,不在于四善端并非人类心理之普遍特性,而在于它们过于特殊:孟子并没有充分证明,他所挑的这些特性内在于人的天性。①

《孟子》书中心与性频繁互参,因此往往很难说清楚二者的差异。② 这在一定程度上反映出,孟子认为心是人之根本。但是,具有重要哲学意义的问题在于,孟子的"本"善,究竟是天赋的为善性向,还是强调拥有一种可加以发展的能力。

第一个论断较强:善是天赋的性向。这一看法的本质,孟子举过的一个例子把捉得很好:任何人见孺子将入于井,必感怵惕而欲救之(《孟子·公孙丑上》第六章;亦参《孟子·告子上》第十章)。自发行善——这里包含了对性善的自然主义和决定论解释。③ 孟子的性善论是否可以这样理解?赞同者将面临一大难题:如何说明贪婪、自私和罪恶。另一方面,这一理解又很难全然否定,因为还是可以在孟子的某些议论中找到支持证据。

第二个论断较弱,主张人有能力发展善感,即对善的感知。如果这项能力——也可能不止一项能力——不加以恰当培养,就很容易被社会的不良影响压倒。在那段有名的关于牛山之木的议论中,孟子以林木的养护况喻对人性的道德修养(《孟子·告子上》第八章)。这一况喻的要点在于,修养必须持之以恒,毫不松懈。

上述两种解释都可以在《孟子》中找到文本依据,于是一些学者取了中间道路,认为性有二义。④ 性既是处于端倪状态的能力,又是这种能力的不断修养。葛瑞汉结合"性"的字源解释其含义。"性"从"生",既表出生又表生长。葛瑞汉还提到了汉语概念常有的含混性:

---

① 陈汉生写道:"经验层面的问题,与其说是他的理论因为过于乐观而行不通,倒不如说他的理论因为对何者为内在之善的判断过于特殊而行不通。"(1992:168)
② 史华慈指出,"孟子处理人的问题的核心实际上不是性而是心"(1985:266)。亦见 Schwartz 1985:288ff.;Ch'en,1953;Ahern 1980:183;Graham 1967。
③ 参见 Creel 1953:88。
④ Schwartz 1985:266, Ho Hwang 1979:201-209。

尤其是孟子,他似乎从未回顾出生之顷;他总是朝前注视着持续生长所带来的成熟状态。这一点跟人们在尝试理解早期中国思想中的概念时获得的一般印象相合。比起相应的西方概念,这些概念更加灵动,一旦译为英文就变得僵化了。①

孟子人性论始于一个积极的论断,即人皆有善端,终于一个乐观主义的愿景,即一个伦理的平治社会。由于所用的比喻常引人质疑,孟子哲学在很多方面显得扑朔迷离。尽管如此,他的思想主旨、他对仁政的向往在当时战乱的年代应该颇具吸引力。此外,他的著作为哲学、人类学和道德心理学的讨论提供了丰富的材料。

第二节　荀子:对行为的调控

荀子行文严谨,常常被誉为心思最细密的早期儒学哲学家,即使儒家之外的学者也承认他的思想力量。他在学派云集论道的稷下学宫很受重视。归于他名下的《荀子》计三十二篇,其中涉及的论敌包括法家申不害、慎到,道家庄子,墨家墨翟,还有著名的名家如公孙龙。不过,荀子不是简单否定诸家观点。相反,他以儒家信念为本,从不同的哲学流派吸收综合了很多他认为重要的思想因素。

比如,孔子否定刑罚有教化之用(《论语·为政第二》第三章;《论语·颜渊第十二》第十三章)。但是,荀子要现实一些,他承认刑罚的威慑力,因为在他看来,光是正面的引导并不足以改变社会。跟孟子对人性的积极评价不同,荀子的观点是出了名的悲观主义。他专门写了《性恶篇》。针对孟子"孺子将入于井"的例子,荀子举了一个反例:兄弟二人争财,两人没有一个不自私自利。他指出,这种自私无处不在,有必要通过一种高度调控的社

---

① A. C. Graham(1990b) *Studies in Chinese Philosophy and Philosophical Literature*,7.《说文解字》也强调,"性"的意义从"生"而来。它还进而指出"性"从"心"的含义(502)。这些含义合起来,表示心的修养或持续生长。《说文》对"性"的这一解释可以看出孟子哲学的影响。

会—政治措施来加以改变。他的论述始于一个寒气逼人的假设——人性本无道德之善:

> 人之性恶,其善者伪也。今人之性,生而有好利焉……生而有疾恶焉……然则从人之性,顺人之情,必出于争夺,合于犯分乱理而归于暴。(《荀子·性恶篇》)
>
> Man's nature (*xing*) is evil; goodness is the result of conscious activity. The nature of man is such that he is born with a fondness for profit... He is born with feeling of envy and hate... Hence, any man who follows his nature and indulges his emotions will inevitably become involved in wrangling and strife, will violate the forms and rules of society, and will end as a criminal. (*Works of Hsun Tzu* 23: 'The Nature of Man is Evil' trans. Watson 1963:157)

荀子不仅仅讲人性是不包含道德的,他还强调了人性会主动地自私,并和社会秩序背道而驰。人们常常批评荀子主张性"恶"论——的确,英语世界在翻译他的人性论的时候,通常把"恶"译作"evil"(罪恶)。但荀子哲学并没有"evil"一词因犹太—基督教传统而浸染的"堕落"之意。细读这段文献会发现,荀子所关注的是自私而非与生俱来的"evil"。荀子在这里似乎想说,人性生而自私,自私又会带来我们所不希望看到的后果。自私导致争斗与仇恨,不仅给社会而且给自私者本人带来消极的后果。这是有害的,不利于社会的。

孟子和荀子之间的分歧引出了重要的哲学及伦理学问题。观点之异或许可以归于对性的不同理解。① 二者在道德修养的方法上也不相同。孟子倡导培育有利于社会的行为,而荀子则认为,威慑反社会的行为才是当务之急。在孟子看来,道德修养主要是理解放心的问题以及如何求其放心(《孟子·告子上》第十一、十二章)。因此,孟子明确说,心之官则思(《孟子·告

---

① Ch'en 1953,Ahern 1980,Munro 1969,A. C. Graham(1967;1989:250ff.).

子》第十五章)。① 相形之下,荀子所提出的程序内容更加广泛,强调严格的践行,注重向外部学习:善乃是社会正理平治所致(《荀子·性恶篇》)。荀子认为,道德修养究其本质在于遵循礼法等行为准则。孟子哲学把仁政摆在重要位置,荀子的体系则需要一位起法正以治之的圣王。

礼与法

荀子反对那些只着重培养关怀之情及助人行为的教育:

> 今人之性恶,必将待师法然后正,得礼义然后治……古者圣王以人之性恶,以为偏险而不正,悖乱而不治,是以为之起礼义,制法度,以矫饰人之情性而正之,以扰化人之情性而导之也……(《荀子·性恶篇》)
>
> Now the nature of man is evil. It must depend on teachers and laws (fa) to become correct and achieve propriety (li) and righteousness (yi)... The sage-kings of antiquity, knowing that the nature of man is evil, and that it is unbalanced, off the track, incorrect, rebellious, disorderly, and undisciplined, created the rules of propriety and righteousness and instituted laws and systems in order to correct man's feelings, transform them, and direct them...
> (*Works of Hsun Tzu* 23: 'The Nature of Man is Evil' trans. Chan 1963a:128)

礼鼓励正面的(利他的)行为。法,作为通过惩罚加以贯彻的刑法系统,挫败负面的行为。礼法互补,共同服务于社会—政治秩序(《荀子·王制篇》)。它们前后相随,礼鼓励利他的倾向,法阻止自私的倾向。荀子仔细考察了礼的起源和应用;他以雄辩的笔触写道,礼的推行可以创生均衡和克制:

> 礼者,断长续短,损有馀,益不足,达爱敬之文,而滋成行义之美者也。故文饰、粗恶,声乐、哭泣,恬愉、忧戚,是反也,然而礼兼而用之,时

---

① 艾文贺指出,每种哲学包含了不同的学习方法(Ivanhoe 1990)。孟、荀之间的哲学差别一直贯穿于中国思想史的发展,而在新儒家思想中表现得尤为明显(参见 Hansen 1992:380, note 16)。

举而代御。(《荀子·礼论篇》)

> Rites [li] trim what is too long and stretch out what is too short, eliminate surplus and repair deficiency, extend the forms of love and reverence, and step by step bring to fulfilment the beauties of proper conduct. Beauty and ugliness, music and weeping, joy and sorrow are opposites, and yet rites make use of them all, bringing forth and employing each in its turn. (*Works of Hsun Tzu* 19: 'A Discussion of Ritual' trans. Watson 1963:100)

礼有助于标识每个人在关系网络中的位置,因此它是实现社会和谐的工具(《荀子·致士篇》)。研究中国思想史的德效骞(Homer Dubs)如此论述荀子之礼的范围和多重价值:

> 礼表达人的情感,又使之和谐优美,因此它成为一种适合于所有人的模式。它整合容貌、嗓音、食物、服饰和居所,使情感能透过它们得体地表达出来。作为一种模式,礼帮助那些不尽哀或过哀的人,犹如达到黄金分割点。借助礼,堕落的儿子不至于变得禽兽不如,多愁善感的人不至于自伤其身。礼通过所习得的品格美化一个人的原初本性,而这些品格不可能自动获得。(Dubs 1966:146-147)

德效骞对荀子哲学中礼的描述抓住了荀子的平治思想。荀子所讲的礼和《论语》、《孟子》中的礼有微妙的差别。《论语》主张仁(仁爱的情感)、礼(仁之表达)相联,《孟子》将仁和礼与道德区分及实践智慧统一起来。在《论语》、《孟子》中,礼主要跟人类道德情感的培养联系在一起。但荀子把礼和法摆在一起,从而为前者输入了更强的顺从意味。这一点大大偏离了儒家思想:在孔子看来,礼与法背后对善及社会发展的理解根本不同。孔子说,他固然善于听讼,但听讼毕竟是下下之策(《论语·颜渊》第十三章)。葛瑞汉这样概述孔子的观点:"孔子承认法归属于政府治理,但是,治理国家越是成功,依靠法的机会也越少。"(1989:14)相形之下,荀子实现道德秩序的进路更加综合,它对人性的预设也更加谨慎。荀子建议对行为进行外在调控,这比起孟子天真而理想的人文主义似乎更加可行。

正 名

　　荀子与名家论辩名实关系,于此展现了其思想的另一面向。我们在下一章将会看到,名家公孙龙强调名的绝对性,赋予它们一种类似于柏拉图式共相的地位。① 自公元前4世纪以降,名实之辩便成为哲学家关注的重要论题,所讨论的问题涉及形上学、认识论、语言哲学和伦理学。孔子致力于用名来建立义务规范关系(《论语·颜渊》第十一章、第十九章,《子路》第三章)。对于孔子来说,正名主要不是讨论名实之间的抽象理论关系,也不是像通常的英文对译"rectification of names"所意味的那样去修正名称。在儒家哲学中,正名是一种伦理理论,讨论人的行为如何才能与其特定的名称相称。社会—政治领域中的角色和其他个人或私人领域中的角色之间没有明确的区分。正名不仅适用于那些"公共"的社会—政治角色的义务,也适用于直接的个人或私人关系中的义务。这些关于源自关系的道德要求的讨论,为其与当代西方道德哲学近来所关注的相似问题进行比较提供了有趣的根据。② 孔子似乎认为,存在一些基本的规范性实在,语词必须与之相应,并且进而将其传达出来。但荀子反对这种看法。他认为,名称的起源根本不神秘,因为它们的意义完全是约定俗成的:

　　　　名无固宜,约之以命,约定俗成谓之宜,异于约则谓之不宜。名无固实,约之以命实,约定俗成谓之实名。(《荀子·正名篇》)

　　　　Names have no intrinsic appropriateness. One agrees to use a certain name and issues an order to that effect, and if the agreement is abided by and becomes a matter of custom, then the name may be said to be appropriate, but if people do not abide by the agreement, then the name ceases to be

---

① 公孙龙强调名的绝对性,赋予它们一种进一步延续儒家正名说之基本假设的地位,同时主张在名实之间做出明确区分。参见 Y. P. Mei(1953)的译本。
② 社会—政治领域中的角色和其他个人或私人领域中的角色之间没有明确的区分。正名不仅适用于那些"公共"的社会—政治角色的义务,也适用于直接的个人或私人关系中的义务。这些关于源自关系的道德要求的讨论,为其与当代西方道德哲学近来所关注的相似问题进行比较提供了有趣的根据。

appropriate. Names have no intrinsic reality. One agrees to use a certain name and issues an order that it shall be applied to a certain reality, and if the agreement is abided by and becomes a matter of custom, then it may be said to be a real name. (*Works of Hsun Tzu* 22: 'The Rectification of Names', trans. Watson 1963:138)

在荀子看来,一个社会的统治者和领导者肩负着更多教育民众的责任。① 他深刻意识到当权者的广泛影响力。通过确定语词的意义来创立准则,这是一种强有力的工具,它可以影响和控制全体民众。荀子的观点别具匠心:政府治理不是去鼓励民众消除欲望②,而是管理民众的期望,由此达到"无万物之美而可以养乐……夫是之谓重己役物"③。

面对社会—政治动荡问题,孟子和荀子的对策基于相反的预设。和早期儒家信徒一样,孟子相信人性本善。在此基础上,他乐观地认为,只要人的善端得以呵护,社会就会繁荣昌盛。但是,荀子觉得人生而自私,因此有必要坚持诸如礼法等准则措施。然而,在荀子那里,社会—政治制度规驯下

---

① 无道昏君可能会利用正名的办法来操纵老百姓。这一点并非无足轻重。荀子对此可能略有思考。他说,那些擅作新名、弃旧名而"使民疑惑"的人是"大奸",应当加以惩罚(*Works of Hsun Tzu* 22: 'The Rectification of Names', trans. Watson 1963:140)。

② 荀子说:"凡语治而待去欲者,无以道欲而困于有欲者也。凡语治而待寡欲者,无以节欲而困于多欲者也。有欲无欲……非治乱也。"(《荀子·正名篇》)

All those who maintain that desires must be gotten rid of before there can be orderly government fail to consider whether desires can be guided, but merely deplore the fact that they exist at all. All those who maintain that desires must be lessened before there can be orderly government fail to consider whether desires can be controlled, but merely deplore the fact that they are so numerous... the possession or nonpossession of desires has nothing to do with good government or bad. (*Works of Hsun Tzu* 22: 'The Rectification of Names' trans. Watson 1963:150)

③ [Although] one may not be able to enjoy all the most beautiful things in the world... yet he can still increase his joy... This is what it means to value the self and make other things work for you. (*Works of Hsun Tzu* 22: 'The Rectification of Names' trans. Watson 1963:155 – 156)

的民众却有一个前景光明的社会:道德训练与道德发展可以有效地克服沉湎于自私的倾向。华兹生(Burton Watson)比较了荀子所讲的原初之性与其后续发展:"荀子认为,论述开端的命题一片黑暗,与此形成鲜明对照的是,通过学习和道德训练而可能获得提升的光明前景几乎没有止境。"(*Works of Hsun Tzu*, Watson 1963:5) 早期儒家相信,所有人都有可能达到道德上的至善。在这一方面,荀子也不例外。他毫不含糊地指出,修身对于每个人来说都是真实的可能性。他满怀信心地写道:

"涂之人可以为禹",曷谓也?曰:凡禹之所以为禹者,以其为仁义、法正也。……然而涂之人也,皆有可以知仁义、法正之质,皆有可以能仁义、法正之具。(《荀子·性恶篇》)

The man in the street can become a Yu. What does this mean? What made the sage emperor Yu a Yu, I would reply, was the fact that he practiced benevolence and righteousness and abided by the proper rules and standards... Any man in the street has the essential faculties needed to understand benevolence, righteousness, and proper standards, and the potential ability to put them into practice. (*Works of Hsun Tzu* 23 'The Nature of Man is Evil', trans. Watson 1963:166 – 167)

孟子和荀子相信普通老百姓都可以成圣,这在等级森严的社会条件之下无疑是激进的。两人都公开肯定人人平等。他们的平等观不仅质疑人生而不平等的信念(即,由于有些人与生俱来的权利或高贵血统而导致不平等),同时也抨击现实存在的不平等。他们挑战世袭的权威,并用道德精英取而代之。《论语》、《孟子》、《荀子》有很多章节明确批评当时存在的社会—政治结构和当权者。他们提出的政治模式需要一项人类社会大工程。

第三节 天道与人道

早期儒家没有为他们的政治理想提供充分的论证。尤其要注意的是,理想政府的结构、包括创建礼和正名的背后道理究竟是什么,这一点早期文献并没有讲清楚。我们知道,孟子把仁政的基础置于仁君的能力和直觉之上,但也是仅此而已。我们已经在《孟子·尽心上》第一章看到,这种直觉最终根基于天。孟子认为,重要的是要把人类幸福奠基在一种根本性的源泉之上。为了说明修身的必要性,他需要把两种东西关联在一起:天和人。其方法是,把天视为人之善(确切来说,是人心之善)的根源。修身的任务就是利用这种天赋来促进人类幸福。

在《中庸》这篇影响深远的儒家文献中,我们可以看到天人相协思想的进一步发展。①《中庸》论述人和宇宙和谐,探讨如何达到"中"(equilibrium)与"庸"(commonality)。《中庸》的基本价值是诚(sincerity),所谓"诚者,天道也"。人的至诚把天、地、人三者带到一起。只有通观《中庸》二十二章,我们才能领略其学说的宏阔:

> 唯天下至诚,为能尽其性;能尽其性,则能尽人之性;能尽人之性,则能尽物之性;能尽物之性,则可以赞天地之化育;可以赞天地之化育,则可以与天地参矣。(《中庸》)
>
> Only that one in the world who is most perfectly sincere is able to give full development to his nature. Being able to give full development to his nature, he is able to give full development to the nature of other human beings and, being able to give full development to the nature of other human beings, he is able to give full development to the natures of other living things. Being able to give full development to the natures of other living things, he can assist in the transforming and nourishing powers of Heaven and Earth; being able to assist in the transforming and nourishing powers of Heaven and Earth; he can form a triad with Heaven and Earth. (De Bary and Bloom 1999:338)

---

① 传统上将《中庸》归在孔子之孙子思名下。然而近来学界将其归为秦或汉初之作,尽管部分内容有着更早的源头。狄百瑞、卜爱莲的文献汇编包括文本的翻译和评注(De Bary and Bloom 1999:333-339)。

若要充分理解早期儒家关于人性的论辩,我们可以考察杨朱的人性论。孟子坚决认为,杨朱的自利主义对社会有害,因为它可以为了照顾自我而宣布断绝与君主的关系,所谓"杨氏为我,是无君也"(《孟子·滕文公下》第九章)。按照《列子》(约公元 3 世纪)的描述,杨朱是极端自私的人,拔一毛而利天下,不为也(Graham 1978:16;《孟子·尽心上》第二十六章)。基于这样的理解,人们常常不会认真对待杨朱学说。然而,葛瑞汉指出,上述理解极有可能是错的;事实上,杨朱思想无论对于理解人性还是对于理解修身都非常重要。依照葛瑞汉,《吕氏春秋》这部成书时间较早的文献(约公元前 240 年)阐述了另一种个人主义思想(Graham 1978:16 – 17)。这一学说的要点包括,保全天之所命,滋养它,不要妨碍它。这并不必然意味着自私过度,相反,它倡导"滋养我们于初生之顷得之于天的重要趋向和自发倾向并让它们达到和谐"(ibid.:17)。

如果葛瑞汉是对的,那么,杨朱学说较之早期儒家更加强调天与人之间的密切关联。杨朱认为,我们必须谨防外界因素扰乱本性。在孟子哲学中,外界因素却有多端:有些因素不利于人类幸福,而有些因素,比如仁慈的君王,则会培育和谐,有助于人类发展。后一种积极的因素必须加以鼓励,个人必须接受仁君的引导。因此,葛瑞汉论及杨朱与早期儒家的争论,云:

> 天,这种力量让万物成其所是,它决定人无法控制的意外幸运或不幸,也决定人身上不以其意志为转移的天赋。勿庸质疑,天同时也颁布了我们应当如何生活的法则……[在儒墨那里,]一种形而上的疑惑首度进入中国思想。天与人之间、事实与应然之间裂开了一道口子。如果天站在杨朱一边,那么,儒墨的道德将栖身何处?(Graham 1978:17)

在荀子哲学中,天人之间的裂缝甚至还要大。《天论》一章专门探讨了天。他把天的权限框定为自然秩序,天不会干预人类世务。同时,《天论》还破除迷信——比如,日月之食,气候变化——从而推动人类对社会—政治事务的积极责任。荀子强调天、地、人的统一,这一点与其他儒家学者并无二致。但是,荀子的与众不同之处在于,天、地、人三者并非相互重叠,而是彼此界线分明。荀子哲学特别强调人类在规划、建构国家方面的主动性。

第四节　个人修身与社会平治

早期儒家的人道之政均试图把民众的需要摆在首位。不幸的是,对儒学的诸种通行阐释往往忽略了这一重要主题,丝毫没有提及领导阶层的道德义务。儒家致力于学习和修养,并信心满满透过社会—政治的基本制度改善人类生活。儒家特别是孟子认为,理想社会的基础,是政府为民众服务,只有这样的政府才堪称典范。

在早期儒家那里,修身基本上是一个受指导的过程,也就是说这过程得由道德和政治权威人士协调。事实上,在孔子看来,道德能力和政治能力这两个方面在统治者身上密不可分。针对于此,批评者常常担忧儒家思想的集体主义品格,因为把(国家或家族等)集体的福祉置于优先地位的做法必定会压倒个体的利益和需要。考虑到中国历史上发生的事情——如果儒学思想至少的确是部分原因的话——这种担忧并非无足轻重。对于当代儒家来说,重要的问题在于,是否可从儒家哲学中找到支持自我基本的完整性的思想因子。杜维明等学者试图通过对修身的重新诠释来找到答案。① 杜维明认为,修身并不只是把自己卷入关系角色之中:

> 自我是关系的中心,这一直是儒家学说的焦点。一个人协调人际关系的能力的确是修身的题中应有之义。但是,何者居于优先地位是很清楚的。修身是协调人际关系的前提;如果人际关系只是表面上的和谐,缺乏修身这一必不可少的要素,那么,人际关系的协调在实践上行不通,同时它所指向的目标也是错误的。(1985:55-56)

杜维明试图减轻人们的忧虑:儒家的修身只是一个文化适应过程。然而,我们必须小心翼翼,不能因为这样的做法而把修身概念弄得七零八落:

---

① 柯雄文也许是英文世界中研究儒家道德理论和道德修养最有见地和多产的当代哲学家。赫尔伯特·芬格莱特对儒家思想的诠释(Herbert Fingarette 1972,1979,1983)也提供了另一种使儒家之礼重获新生的有趣方式。

区分第一序和第二序的优先权或先决条件,即自我居首而关系次之。更确切地说,儒家的自我首先是一种处于关系中的自我(a related self);这是说,培养良好关系,自我终究是受益者。实际上,杜维明自己在另一篇文章中也打破了自我与他者、个体与集体的截然二分:

> 儒家的自我转变,既不是基于独立的自我控制,也不是基于集体的社会制裁。它的真正基础在于我们可以称之为"居间"的东西。……儒家的重要思想从来不是用"非此即彼"的命题来表达的。相反,一个本真的人既要真诚面对自我,又要真诚面对他的社会性。(1972:192-193)

按照儒家哲学,关系是个体身份的有机组成部分。这样理解的自我本质上是一关系体,它在互惠互利的关系中焕发生机。这种自我既非抽离的价值中立者,亦非斯多亚式的、自我否定的利他主义者。儒家哲学强调,人与人之间的基本关系是道德学说的核心。据此,修身乃是个体在关系网络中的伦理—社会实现。这一儒家理论的可行性取决于众多个体对互享幸福之关注。已有学者用音乐会来况喻儒家社群的合同协作本质。每位演奏者都起了重要作用,演出好不好,不能光看单个演奏者有没有做好自己的工作,而且还要看演奏者合作得好不好。① 儒家相依的自我值得注意,它为我们理解人际互动与人际关系在个体生活中的核心地位提供了丰富的洞见。相依的自我观是对自我的现实描述,而且,它对于理解行动、意向性、责任、义务、选择和道德等概念具有重要意义。

第五节 性格发展与技艺培养

踏上修身正途的人具备一种独立于外界规范的内在资源。《论语·子路第十三》第二十三章提到,作为儒家的典范人格,君子②并不追求与他人相

---

① Sartwell 1993,Fingarette 1983,Lai 2003b。
② 传统意义上,"君子"一词指男子才可能有的成就:社会政治地位和道德修养。在孔子所处的时代,"君子"一词明确将女性排除在外。不过,为了做到性别中立,我在这里将"君子"译为"paradigmatic person"(典范人格)。毕竟如今并非所有与儒家君子相关的理想都是女性所不可企及的。

似,尽管他的目标是与他人和谐共处:

> 君子和而不同,小人同而不和。
> The chun tzu [junzi] seeks to be harmonious (he) but does not attempt to be similar (tong). The small man, by contrast, seeks to be similar and is not harmonious (trans. Lau 1979a:122).

无论是从孔子本人的成长历程来看(《论语·为政第二》第四章),还是从君子的成就来看(《论语·卫灵公第十五》第二十一、二十二章),我们都可以感觉到,君子跟习常的规范与期许保持着距离:

> 子曰:"可与共学,未可与适道;可与适道,未可与立;可与立,未可与权。"(《论语·子罕》第二十九章)
> The Master said, "You can study with some, and yet not necessarily walk the same path (dao 道); you can walk the same path as some, and yet not necessarily take your stand with them; you can take your stand with them, and yet not necessarily weigh things up in the same way." (Analects 9:29; trans. Ames and Rosemont. Jr 1998a:133)

君子是目光如炬的思想者,他用批判的眼光估定社会中的信念、规范和实践。他创制标准而非依循标准(《论语·为政第二》第一章,《颜渊第十二》第十九章)。他对道德差异十分敏感(《里仁第四》第三章)。对于君子来说,

> 道德生活不是展现为一组对特定行为的法院式裁决。相反,它展现为关系和技艺的发展,展现为德性的提升。不断提升的德性使他有可能在适当的时机、以适当的方式令事物趋向于善。这一观点很有意义,它跟西方对道德的通常思考大不相同。或许因为司法模式深入人心,西方哲学家把可裁决的行为视作恰当的道德单位。(Neville 1986:191)

要想获得道德考量的技艺必须进行多方面的训练。它包括培养一系列能力,它们具有如下特征:

(1)通过阅读和思考激发一个人的感知力,磨练批判技艺(《论语·阳货第十七》第九章)。

(2)自省与他人的交往(《论语·卫灵公第十五》第六章,《学而第一》第四章),诸事留心(《子张第十九》第六章,《季氏第十六》第十章)。

(3)观察他人的行为举止。孔子有察人之明(《为政第二》第十章),从善者及不善者那里均有所得者(《述而第七》第二十二章)。

(4)不断实践,持之以恒(《颜渊第十二》第一章,《子张第十九》第五章),展示自己的基本原则。这一点体现在"信"这一概念之中。它通常译作"sincerity"(真诚)或"trustworthiness"(可靠)。信是儒家修身的有机组成部分(《学而第一》第四至八章,《子罕第九》第二十四至二十五章,《颜渊第十二》第十章,《宪问第十四》第三十七章),孔子曾将其比作车上套牲口的横木上的销栓,没有它牲口就无法拉动车子(《为政第二》第二十二章)。

我们不能高估君子相对于传统文化的独立性。君子遵守共同体的规范(《宪问第十四》第二十九章),体贴他人,明白哪些是具有道德意义的情境因素。因此,道德发展包括了羞耻感教育,那是一种在做错事,尤其是"于别人的眼皮底下"犯错之时感到不安的内在意识。① 君子学识渊博,深刻理解种种生活处境。他经验丰富,并且善于从他人的经验中学习。他拥有道德判断所需要的巧思。当代学者倪德卫(David Nivison)认为,修身的核心问题在

---

① 早期儒家文献中术语的区分不甚明晰。"羞"与"耻"这两个概念虽然都与羞耻相关,但它们之间还是有着微妙的区别:羞体现的是内在的道德调控能力,而耻强调的是被"揪出来"时的难堪之情。然而这种难堪之情也可能内在化,使人在没有旁人在场时也会感到耻。《论语》的主要概念是耻,孟子则讨论羞,特别是把它跟恶放在一起讨论(Lai 2006:74-76)。相比之下,荀子并没有将羞耻作为"内在"调控加以关注,尽管在他看来羞耻与"荣"相对,而后者是一个与人的完整性密切相关的概念(Cua 2005:205-243)。

于道德感知力的教育。他把道德感知力称为"德":

> (儒家伦理)所关注的,不是如何定义善或对,也不是如何决定何者为善为对;这些事情看起来不成问题。真正的问题似乎在于,如何成为有德之士;这是说,儒家道德传统从一开始就把重心放在修身,放在一个人如何把洞见传递给学生或使学生改变。(1999:750)

正如孔子时代的学者可以从《诗经》中学到很多,当代阅读《论语》的人可以思考它在不同章节所呈示的各种技艺。这些章节让我们感觉到不同道德困境的复杂性与迫切性。每一个情境都会有道德份量各不相同的问题,有相互冲突的义务要求我们履行。这些洞见让读者知道,需要理解与他者关系中的不同义务、忠诚和关系距离。尤其是在艰难的社会环境之下,忠诚与支持网络对于良好的关系来说必不可少,它们也有助于个体渡过难关。这些洞见如果付诸实施,无疑将推动人们培养某些基本的伦理反思与思考技艺。

延伸阅读建议

Mencius, translated by Dim-Cheuk Lau(1979), revised edition, Hong Kong: The Chinese University Press.

Hsün Tzu: Basic Writings, translated by Burton Watson(1963), New York: Columbia University Press.

Xunzi: A Translation and Study of the Complete Works, translated by John Knoblock, vols. 1-3. vol. 1(1988) books 1-6; vol. 2(1990) books 7-16; vol. 3(1994) books 17-32, Stanford: Stanford University Press.

Chan, Alan(editor)(2002) *Mencius: Contexts and Interpretations*, Honolulu: University of Hawai'i Press.

Cua, Antonio(2005) *Human Nature, Ritual, and History: Studies in Xunzi and Chinese Philosophy*(Studies in Philosophy and the History of Philosophy), Washington, D.C.: Catholic University of America Press.

Shun, Kwong-Loi(1997) *Mencius and Early Chinese Thought*, Stanford: Stanford University Press.

第四章 早期墨家哲学

墨子(公元前468?—前376年?)激烈批评儒家之道。他可能研究过儒家哲学,同一个与子夏、子游之徒有交往的儒士集团之间互有影响。子夏、子游之徒读书习礼,培养贵族生活方式。儒家的这些面向墨子是反对的。据说他称颂孔子,却拒斥他所遇到的儒士。① 墨子还拒斥儒家的很多观念。他不同意儒家依靠君子实现良好的社会—政治状态。相反,他主张一种更富有参与性的进路来达到集体福利的最大化:每人都当兼爱,即每个人平等地彼此关心。墨子认为,社会—政治动荡的根本原因在于个体的自私品格;绝大多数人都不会真正关心与自己没有直接关系的他者。儒家把事情弄得更糟,因为儒家鼓励人们优先考虑家族关系,这不啻于宣扬一种重差别搞党派的文化。

直到最近,学界还是相当贬低墨学及其影响。比如,陈荣捷这位有影响的中国哲学家就认为,"从哲学上讲,墨家很肤浅,不足称道"。② 人们倾向于把墨家理解为对儒家的批评,而且是拙劣的批评。但是,像史华慈、葛瑞汉和陈汉生等学者对墨子哲学的各方面进行了更加广泛的研究,指出墨家哲学影响了在其之后的中国哲学的发展形态。③ 陈汉生认为,墨子是"先秦时期前半阶段最重要的哲学家"。④ 墨子反对儒家的复古主义,对礼制持批判态度,并以是否有改善人类生活的实效这一标准来评论儒学。他批判儒家思想,要求捍卫传统的人为自己的论断做出恰当的辩护。他坚持论证要充

---

① 参见 Schwartz 1985:133;138 – 139。
② Chan 1963b(*The way of Lao Tzu*):212。陈汉生(1992:95 – 96)引用并讨论了这句话。冯友兰的名著 *Short History of Chinese Philosophy*(1948)认为,墨家哲学是对游侠生活方式的一种延伸,因而反映了这些游侠亲密无间的组织生活的各个方面。
③ Schwartz 1985,Graham 1978,1989,Hansen 1992。
④ Hansen 1992:95。

分,要遵循一系列标准。"辩"需要论证,这一观念有赖墨子而立。他提出判定一切伦理行为或实践的"三法"或三个标准:本之者(过去的实践)、原之者(百姓的经验)和用之者(效用)。墨子首先把"三法"用于伦理问题。当然,他关于判断的可证实性和可辩护性的讨论对于后来的思想发展、尤其是认识论和语言哲学的发展至关重要。在墨子以前,中国古代的论辩几乎完全集中在伦理、政治和形而上学问题。后期墨家推进了墨子思想,他们对语言和逻辑的探讨影响深远。他们将哲学探究中的很多重要因素引入早期中国哲学论争,其中特别突出的是评论的批判性和客观性。有鉴于此,一些学者不无遗憾地提到,由于某种原因,墨家哲学在中国哲学随后的发展中黯淡无光。

墨家著作尽管有所散佚,现存的篇章还是相当完整地呈现了早期墨家哲学的思想图景。这些收在《墨子》一书中的作品,出自墨子的学生及受其思想影响者之手。行文有重复冗长之处。一些学者解释说,这是由于墨家的受教育程度和社会地位不如儒家。① 在现存的五十三篇(原为八十三篇②)中,第八至三十九篇是一系列论文,反映了早期墨家思想的核心内容,包含十论:(1)"尚贤",选拔贤能之士;(2)"尚同",取法居上者的标准;(3)"兼爱",无偏私的关心;(4)"非攻",反对侵略战争;(5)"节用",用度要节俭;(6)"节葬",丧葬从俭;(7)"天志",上天的意图;(8)"明鬼",解释鬼神;(9)"非乐",对乐的否定;(10)"非命",反对信命。在此之外尚有第十一个主题,"非儒",即反对儒家。

有意思的是,十论每一论都有三篇不同版本的文章。它们的作者似乎归属于三个不同的墨家团体。就内容而言,它们很可能是对墨子言论的回忆;这或许也可以说明为什么文章中重复之处甚多。口头语比起书面语更容易出现重复。③

---

① 参见 Hansen 1992:95-98。
② 原文如此。《汉书·艺文志》:"《墨子》七十一篇"。——译注
③ 葛瑞汉认为,根据这些团体在主张上的差异,墨家文本可以分为"正统派"、"妥协派"和"保守派"(1989:36;51-52)。

第一节 墨子十论

十论相当清楚地呈现了墨子的思想。十论又可分为五组,每组主题相同:

(1)和(2),即《尚贤》与《尚同》:价值多元的不受约束状态令墨子担忧。在他看来,多元性导致争斗,因此要求将"义"作为唯一的标准加以推行,以此避免天下之乱。义的基本尺度在于社会之利害。墨子确定了三种集体之善:财富、人口众多、社会——政治秩序。那些堪称行义典范的人应当委以治国的重任("尚贤")。墨子还勾勒了一套细致的赏罚等级制度来推行义。老百姓若仿效贤者,也就是说,效法居上者的所见所行,则天下是非清正。其最终的结果,则是社会——政治井然有序。

(3)和(4),即《兼爱》与《非攻》:墨子主张,每人当兼爱众人,这是根治损人利己的机会主义及侵略的良方。这些文章中的某些论证很有说服力,原因之一在于,它们来自墨子致力于集体福祉的亲身经历。通过清楚的逻辑论证,墨子公正地权衡了侵略战争的得与失:失去的是生命,那是过于高昂、无法承担的代价。他将自私归诸"别"的态度,即明确界划我与他者。他强调实行兼爱:"爱人若爱其身。"(《兼爱上第十四》)其言也简,其义也丰。

(5)和(6),即《节用》与《节葬》:墨子运用功效这一基本标准来评估这两种(儒家)活动。在他看来,厚葬久丧是不合理的。(父母亡故,守丧三年。居丧期间,人事皆废,劳作亦休。)墨子承认这些丧葬礼仪广为通行,但同时他也指出,以这样的习俗为根据,只是"便其习而义其俗"①(《节葬下》),也就是说,径直将习俗等同于适宜("便")、正当("义")之举。

(7)和(8),即《天志》与《明鬼》:墨子认为,义自天出。天意展现在

---

① They confuse what is habitual with what is proper, and what is customary with what is right. (Chapter 25:"Moderation in Funerals",trans. Watson 1963:75).

良好的社会—政治秩序之中。墨子举了很多天意的例子，证明其有利于对待他人。墨子的天是公正关心一切人幸福的典范行为主体。天以利民为意，这是客观的、可证实的度量标准；它犹如轮人之规、匠人之矩。人类的一切言行必须度之以天所立的客观标准。由此首创之举，墨子不仅脱离了依赖权威人物的传统做法，而且还将公正性与客观性概念引入了早期中国哲学。

(9)和(10)，即《非乐》与《非命》：在墨子看来，与乐与命有关的信念会劳民伤财，放逸无度，当加以抛弃。乐固然可喜可乐，但它毕竟不是更具实质意义、关乎生计之事。与丧葬礼仪相似，乐虽是习俗却鲜有用处。乐是亏夺民财供少数人穷奢极欲。在这些思想中，墨子很少想到美学与文化追求在人类幸福中的位置。他描画的社会与共同体生活图景充满"骨感"，只剩下必不可少的要件了。当然，在战乱的情形之下这是可以理解的。在反对"执有命"的论证中，我们也可以看到他痛恨任何不利于推动经济生产力的行为。墨子拒绝命定论，因为它鼓励人们放弃自己的工作，从而无法促进利益最大化。比起早期儒家文本，这些文字更加明显地凝结着一种节俭严峻的工作伦理——虽然中国人民的勤劳节俭常被归因于儒家工作伦理。

《墨子》一书余下的篇章通常分为四个部分：提要（第一至七）；逻辑学（第四十至四十五，包括《经》及《经说》）；语录（第四十六至五十）；军事（第五十一至七十一）。它们出自后期墨家之手，因此常被视为后期墨家或新墨家的经典。这些篇章的论题涉及认识论、伦理学、逻辑学、语言哲学、几何学、军事谋略和力学。其中《经》及《经说》特别重要。《经》广泛探讨了语言、语言的意义、语言与认识论的关联诸问题。后期墨家哲学将在第七章加以讨论。

第二节　集体之善的最大化

那些企图吞并其他国家的人，皆出于私心。墨子对此十分担忧。在他看来，很显然，战争荼毒生灵，是悲剧是罪恶，远非好战之所得能够弥补。墨子的论证基于以下假设:正确的伦理评价必须考虑到一切相关方面的善恶总和。因此,战争固然可以让一些人获利,但却让更多的人遭受苦难。墨子指出,社会—政治失序的罪魁祸首显然是"别",即偏私或自私:

> 姑尝本原若众害之所自生,此胡自生?此自爱人利人生与?即必曰非然也,必曰从恶人贼人生。分名乎天下恶人而贼人者,兼与?别与?即必曰别也。然即之交别者,果生天下之大害者与?是故别非也。(《墨子·兼爱下》)
>
> When we inquire into the cause of these various harms, what do we find has produced them? Do they come about from loving others and trying to benefit them? Surely not! They come rather from hating others and trying to injure them. And when we set out to classify and describe those men who hate and injure others, shall we say that their actions are motivated by universality or partiality? Surely we must answer, by partiality, and it is this partiality in their dealings with one another that gives rise to all the great harms in the world. Therefore we know that partiality is wrong. (Chapter 16:'Impartial Concern', trans. Watson 1963:39)

墨子关注公利的最大化,他的思想代表了一种早期的素朴的效益主义:天下所有人的幸福是其伦理学的基本驱动力。兼爱此一概念为集体之善的实现提供了基本伦理原则。这一概念的深义非通译"Universal Love"所能道尽。学界一致认为,"兼爱"之"爱"并不是一般跟"love"相关的那种亲近爱怜的情感。葛瑞汉认为,墨家的爱是一种不带感情的意向,因此"Universal Love"这个译法既过于温暖又过于含糊。说它过于温暖,因为兼爱不是一种带感情的爱;说它过于含糊,则是因为未能把捉"兼"这个词所隐含的公正无私之意。① 这个词的翻译必须抓住墨子诉诸公正无偏以实现集体幸福的思想:葛瑞汉建议译作"concern for everyone"(关心每个人)(Graham 1989:41 – 42)。兼爱之思充分反映出墨子这位富有批判精神的思考者在元伦理的层面

---

① Graham 1989:41。史华慈也讨论了有关"兼爱"翻译问题的争论(1985:148 – 150)。

反思自己的理论。他认为,理解和推行一种效益主义伦理的关键在于公正性。儒家关系伦理扎根于特定人际关系的培养。相形之下,兼爱表达了一种强调公正无私的伦理的本质,这种伦理要求在某种程度上腾离一己之利与私人关系。儒家当然不是不关心社会秩序和集体之善。但是,依墨子之见,儒家的方案错失了方向。通过私人关系的培养来实现集体之善,这条路完全行不通。

如果我们把墨子的思想跟孟子的加以对照,上述分歧就可以看得非常清楚。第三章已经指出,孟子强调特定人类情感——最初是赤子对父母的爱——对于培养泛爱人类之情的中心意义。孟子用了"推"这个词,明确认为人类的同伴之情可以扩而充之。他援引文王故事,文王关心自己的家族,推而广之,则是关心百姓:

> 老吾老,以及人之老……天下可运于掌。《诗》云:"刑于寡妻,至于兄弟,以御于家邦。"言举斯心加诸彼而已。故推恩足以保四海,不推恩无以保妻子。古之人所以大过人者无他焉,善推其所为而已矣。(《孟子·梁惠王上》)
>
> Treat with the reverence due to age the elders in your own family, so that the elders in the families of others shall be similarly treated... do this, and the kingdom may be made to go round in your palm. It is said in the Book of Poetry, "His example affected his wife. It reached to his brothers, and his family of the State was governed by it."—The language shows how king Wan simply took his kindly heart, and exercised it towards those parties. Therefore the carrying out [*tui*: extension of] his kindness of heart by a prince will suffice for the love and protection of all within the four seas... The way in which the ancients came greatly to surpass other men, was no other but this:—simply that they knew well how to carry out, so as to affect others, what they themselves did. (*Books of Mencius*, 1A:7:12, trans. Legge 1893 – 5:143)

将一个人特定的关系亲属感推而广之,由此培养出对他人的关心,墨子对此进路深表疑虑。在中国哲学中,"推"这种论证策略近乎类比推理:把已经成立的论证或实例应用到相关相似的情形。但是墨子不认为"推"可以用到下述特定场合:培养特殊情感,对一般人的普遍关心,此二者没有相关的相似性。培养特殊关系不是滋生出偏私之"别"吗?墨子指出,偏私在侵略战争中暴露无遗:

> 君自爱也不爱臣,故亏臣而自利……贼爱其身,不爱人,故贼人以利其身……诸侯各爱其国,不爱异国,故攻异国以利其国,天下之乱物具此而已矣。察此何自起?皆起不相爱。(《墨子·兼爱上》)

> When the emperor loves only himself and not his minister, he benefits himself to the disadvantage of the minister... As he loves only his own family and not other families, the thief steals from other families to profit his family... As he loves only his own state and not the others, the feudal lord attacks the other states to profit his own. These instances exhaust the confusion in the world. And when we look into the causes we find they all arise from want of mutual love. (Chapter 14: 'Impartial Concern', trans. Mei 1929: 79)

"仁"在墨子哲学中仍有一席之地(《兼爱》、《天志》),但它已经不再像在儒家哲学中那样居于中心地位,而只是用来指称普通意义上的仁爱。儒家把"仁"视为一个动态概念,既用以指特定的关系亲属感(亲情之仁),又指对他者的同情(同情之仁),而后者乃是前者结出的丰硕之果。实际上,修身就是互益关系的晕圈不断拓展的过程(《论语·雍也》第三十章)。墨子固然承认同情之仁有助于实现社会秩序,但他并不认为这得通过培养特定的亲属感。仁体之于孝悌,但孝与悌乃是专门教人区别对待家族之外者。墨子不相信亲情之仁可以成功地发展为同情之仁。换言之,别根本不能变成兼:

> 儒者曰:"亲亲有术,尊贤有等。"言亲疏尊卑之异也。(《墨子·非儒下》)

> The Confucians say: "There are degrees to be observed in treating relatives as relatives, and gradations to be observed in honoring the worthy."

They prescribe differences to be observed between close and distant relatives and between the honored and the humble. (Chapter 39: 'Against Confucians', trans. Watson 1963:124)

墨子否定儒家之"推",其论证颇有说服力。另一方面,孟子正确地指出,亲情纽带(尤其是父子或母子关系)是人类生活的基础,理应加以鼓励(《孟子·尽心上》第十五章)。《孟子》明确提及儒墨之争的张力。《孟子·滕文公上》第五章,墨者夷之认为,很难相信可以从亲情之仁发展出同情之仁,而且二者从根本上讲是不相容的。孟子回应说,人之同情只有一"本",即一个基础,而夷之却认为它有二本。孟子所谓的"一本",可能就是心①,而夷之的"二本"除了心之外还有功效。依孟子之见,墨家错将兴趣放在同情之仁的功效之上。当然,如果进一步追问,为什么说墨家考虑同情之仁的功效是错的,孟子的回答必须诉诸某种功效之外的东西。换言之,假若孟子坚持说,墨家强调同情之仁的功效之所以是错的,乃是因为它有害于社会,或者因为它在实现社会秩序方面不如儒家的亲情之仁有效。这样一来,孟子本人也就接受了功效概念,即何者有利或有害于社会。墨子对功效的考虑促使人们批判分析儒家的信念及其实现社会—政治秩序的进路。亲情之仁经受不住功效的检验。墨子比较了"别"(也就是亲情之仁的基本原则)与"兼":

谁以为二士,使其一士者执别,使其一士者执兼。是故别士之言曰:"吾岂能为吾友之身若为吾身,为吾友之亲若为吾亲。"……兼士之言不然,行亦不然,曰:"吾闻为高士于天下者,必为其友之身若为其身,为其友之亲若为其亲。"……然即敢问,不识将恶也家室,奉承亲戚,提挈妻子,而寄托之? 不识于兼之有是乎? 于别之有是乎? 我以为当其于此也,天下无愚夫愚妇,虽非兼之人,必寄托之于兼之有是也。(《墨子·兼爱下》)

---

① 倪德卫认为,孟子的"一本"就是心。心既是"我们真正想做之事[动机]"的所在,也是"我们应当做的事和能够正确认识到我们应当做的事[认识到的义务]"的所在(David Nivison 1980:742)。

Suppose there are two men, one of them holding to partiality, the other to universality. The believer in partiality says, "How could I possibly regard my friend the same as myself, or my friend's father the same as my own?"... [The believer in universality] would say, "I have heard that the truly superior man of the world regards his friend the same as himself, and his friend's father the same as his own."... Now let us ask, to whom would he entrust the support of his parents and the care of his wife and children? Would it be to the universal-minded man, or to the partial man? It seems to me that, on occasions like these, there are no fools in the world. Though one may disapprove of universality himself, he would surely think it best to entrust his family to the universal-minded man. (Chapter 16: 'Universal Love', trans. Watson 1963: 41 –42)

墨子令人信服地论证了同情之仁的功效，以及亲情之仁在较大的范围内可能是有害的。而且，墨子对功效的重视固然有说服力，但并非没有意识到兼爱概念的脆弱性。他知道，要求民众思虑无私和行事公正是不现实的期望。他有一项主张响应这一点，但却颇为薄弱——这主张就是一个人对他人的关心将会激发他人做出类似的反应。如果一个人公正地对待他人，这会激发他人以同样公正的方式行事（《墨子·兼爱下》）。

比较儒墨两家对"仁"的不同看法非常重要，因为它可以帮助我们更好地理解"仁"这一中国哲学的关键概念。仁在儒家哲学中扮演着重要角色，儒家对人性及美好生活的描绘离不开仁。仁在墨家思想中不再那么重要，当然，墨家关于集体之善的理论仍然保留了仁。儒墨两家分有共同的乐观精神，都将道德教导视为政治的一大职责。这可以说明，为什么有时人们将两家相提并论，并把它们的争论标示为"儒墨"之是非。但这一点不应当遮蔽两家仁说的重大差别。在墨子那里，人的存在简约到只剩下基本要素。他所列举的社会之善没有包括美学及文化的追求，同时仅仅从经济的角度衡量礼乐。甚至连兼爱制度也似乎充满无情的算计，因为支撑它的是居上者所立的标准。前文讨论墨子"尚同"时提到，只有一个标准，一个居上者所立的标准，它可以消弭一切观点之差异。墨家的居上者完全致力于社会公益事业,并推行赏罚制度以确保功效最大化。墨家对个人的幸福鲜有考量,因为它认为实现集体的幸福自然会使个人获益。虽然这一想法似乎过于素朴,墨子以集体之善为焦点这一特点仍有必要认真考虑。兼爱说要求的不仅是毫不含混的非暴力,而且是积极帮助他者并关心他者的幸福。墨子哲学中的"利"译作"benefit"(利益)甚当,但它在儒家那里含义要窄得多,专指"individual profit"(私利),因而遭到儒家断然拒斥(《论语·子罕》第一章;《季氏》第十章)。但是,墨子对是非标准的讨论,以及他对功效的强调都颇具说服力。

第三节 法

墨子提出了一种霍布斯式的自然状态假说:人们的意见纷然杂陈,混乱无序,结果则是社会上产生人与人之间的分歧与敌意。他认为,见解的不一是社会—政治不稳定的罪魁祸首:

> 今此何为人上而不能治其下?为人下而不能事其上?则是上下相贼也。何故以然?则义不同也。若苟义不同者有党。(《墨子·尚同下》)
>
> Why are the superiors now unable to govern their subordinates, and the subordinates unwilling to serve their superiors? It is because of a mutual disregard. What is the reason for this? The reason is a difference in standards. Whenever standards differ there will be opposition. (Chapter 13:'Identification with the Superior's Standard', trans. Mei 1929:72)

在墨子看来,不稳定的根本原因在于各种价值的滋生。我们在后面会看到,同样的问题也让庄子感到忧虑,但他的解决方案集中在如何包容多元的观点。相形之下,墨子认为政府的职能是"统一、同化帝国境内的道德"(Graham 1978:13)。墨子试图用惟一一种可以一统天下的标准取代各种不同价值。墨子把一统天下的规则称之为"法",即标准。在早期中国哲学中,法这一概念含义甚丰,可以是规范标准或原则,也可以是标准的一种模式或实例,甚至还可能是将规范标准付诸实践的典范人物。在墨家哲学中,法具有实用的面向,最常见的用法是指称模式或范例。墨家哲学中的典范人物能够把义实现在具体的实例中。就此而言,我们或许会想到那种柏拉图式的理念(形式)与实例之分。当然,在墨子那里,实例具有根本的重要性。义在具体实例中带来利。如果人们都致力于社会功效,那么是与非就会分明。贤明的统治者确立是非准则,普通百姓则遵循准则:

> 凡乡之万民,皆上同乎国君,而不敢下比。国君之所是必亦是之,国君之所非必亦非之。(《墨子·尚同中》)
> ... all you people of the state shall identify yourselves with the emperor and shall not unite with the subordinates. What the emperor thinks to be right all shall think to be right; what he thinks to be wrong all shall think to be wrong. (Chapter 12: 'Identification with the Superior's Standard', trans. Mei 1929:62)

但是,墨子很清楚,这种同质化很难实现——事实上,需要用独裁的方式加以推行。① 他没有期待普通百姓参与制定标准。墨子还勾勒了一套维持一统的精密系统:普通百姓负责这些标准的日常维持;他们要向专门的上级官长汇报遵循标准或违背标准的事例。有相应的赏罚措施鼓励大家遵守准则(赏罚制度也为法家所采纳,并成为法家哲学的一个突出特点)。否认一般民众有独立判断的能力,强调一般民众的道德行为依赖于外因的推动,这两点同当代自由主义的自我观及公民观皆不相容。墨子把标准(法)系之于天志,以此为他的极权主义思路做辩护。法的权威在于一个超验的源头,它甚至非天子所能决断:"天之为政于天子。"②(《墨子·天志上》)也就是说,天为天子立法。有时,墨子采取更有人情味的进路,诉诸天对一切人的关心。与此相应,天的形象也发生了变化,从超验的道德权威变成一个关心

---

① 我们当然要质疑这样一个目标的价值。
② It is Heaven that decides what is right for the Son of Heaven. (Chapter 26: "The Will of Heaven", trans. Watson 1963:80)

世人的行为主体,开始操心每个人的个体幸福:"今夫天兼天下而爱之,撽遂万物以利之,若豪之末,非天之所为也。"①(《墨子·天志中》)

墨子的基本关注点,看起来不是细说天的本性,而只是为义这一准则提供一个最高权威。既然天欲义,人自然也应当如此:"子墨子言曰:戒之慎之,必为天之所欲,而去天之所恶。"②(《墨子·天志下》)作为准则之义的理论依据在于义能够带来良好的秩序:"天下有义则治,无义则乱。"③(《墨子·天志中》)简言之,义的价值在于义是实现目的的手段;它有助于实现社会—政治秩序。天是法的典范,是尽义之行为主体。天的独特品格在于它兼爱一切人:"顺天之意者,兼也;反天之意者,别也。"④(《墨子·天志下》)这里出现了墨子之天的另一个面向:天,作为典范的行为主体,实际上还是理想的观察者。天无偏无私地看待万物,并且以此为行为的基础。就人而言,遵循标准就是要像天那样无偏无私地看待一切。

法的另一重要的运用,则包含在墨子对是非标准的讨论之中。一切论断、实践和行为必须依照"三法",即三大标准来加以评判。不过,很难准确确定它们的应用领域,因为墨子似乎将"三法"同时运用于论证和行动。三法包括本之者、原之者和用之者:

(1)**本之者**——墨子频频论及古圣王的行为及其果效。有必要注意这一标准的两个重要方面。首先,对圣王的讨论往往转为讨论圣王行为的后果。这意味着,该检验标准实际上归于第三个标准即效用标

---

① Now Heaven loves the world universally and seeks to bring mutual benefit to all creatures. There is not so much as the tip of a hair which is not the work of Heaven. (Chapter 27: "The Will of Heaven", trans. Watson 1963:88)

② And Mo-tzu said:Be obedient. Be careful. Be sure to do what Heaven desires and avoid what Heaven abominates. (Chapter 28: "Heaven's Intention", trans. Mei 1929:151)

③ When there is righteousness in the world, then the world is well ordered, but when there is no righteousness, then it is in disorder. (Chapter 27: "The Will of Heaven", trans. Watson 1963:84)

④ To obey the will of Heaven is to be universal and to oppose the will of Heaven is to be partial (in love). (Chapter 28: "Heaven's Intention", trans. Mei 1929:155)

准之下。其次,从墨子挑选事例证成特定观点的做法来看,这一标准似乎相当随意:此王推行 X,随之有好的结果;彼王推行 Y,随之有消极的后果。另一方面,我们也要注意到,对事例的选择性利用是先例论证法的标准策略。

（2）**原之者**——言行要用百姓的经验加以检验,"察众之耳目之请"①(《墨子·非命下》)。这一标准的重要性在墨子那里远不如其余两条。

（3）**用之者**——这对墨子来说显然最重要。一种事物如果不能满足这条标准,那么即使它满足前两条也会被墨子否决(例如,乐满足前两条但不能满足第三条)。非命最能说明这一标准的应用:命定论有很多害处,其中一点在于无益于经济生产力。把效用作为标准,这是墨子对于早期中国哲学的一大创新。把效用设立为根本标准有可能影响到前两个标准,即先例和真实的经验,特别是有时候效用与二者会不一致。不过,最重要的是墨子强调效用为基本标准,这就否定了早期中国哲学诉诸传统与权威的常见论证策略。

墨子对丧葬礼仪的讨论正好可以反映出他对效用标准的坚持。他甚至从效用推导出其他价值(就丧葬礼仪而言,则是传统的儒家价值:仁、义、孝):

我意若使法其言,用其谋,厚葬久丧实可以富贫众寡、定危治乱乎? 此仁也,义也,孝子之事也,为人谋者不可不劝也。仁者将兴之天下,谁贾而使民誉之,终勿废也。(《墨子·节葬下》)

In my opinion, if by following the principles and adopting the instructions of those who advocate elaborate funerals and lengthy mourning one can actually enrich the poor, increase the population, and bring stability and order to the state, then such principles are in accordance with benevolence [*ren*] and righteousness [*yi*] and are the duty of a filial son [*xiao*]. Those

---

① The eyes and ears of the multitude. (Chapter 37: "Belief in Fate")

who lay plans for the state cannot but recommend them, and the benevolent man seeking to promote what is beneficial to the world cannot but adopt them and cause the people to praise and follow them all their lives. (Chapter 25: 'Moderation in Funerals', trans. Watson 1963:66)

在墨子看来,某物本身即有用完全是无意义的说法。关于这一点墨子曾和一位持儒家观点的人辩论过。儒家认为,乐本身就值得追求。这一论证有赖于"乐"的二重性:既可以指音乐之"乐",又可以指快乐之"乐"。儒家说,"乐以为乐",这既可以理解为音乐是音乐,也可以理解为音乐可以带来快乐。墨子特别指出,为一事物辩护时不能诉诸其自身:

子墨子问于儒者曰:"何故为乐?"曰:"乐以为乐也。"子墨子曰:"子未我应也。今我问曰:'何故为室?'曰:'冬避寒焉,夏避暑焉,室以为男女之别也。'则子告我为室之故矣。今我问曰:'何故为乐?'曰:'乐以为乐也。'是犹曰:'何故为室?'曰:'室以为室也。'"(《墨子·公孟》)

Mozi asked a Confucianist why the Confucianists pursued music. He replied, music is pursued for music's sake. Mozi said: You have not yet answered me. Suppose I asked, why build houses. And you answered, it is to keep off the cold in winter, and the heat in summer, and to separate men from women. Then you would have told me the reason for building houses. Now I am asking why pursue music. And you answer music is pursued for music's sake. This is comparable to: "Why build houses?" "Houses are built for houses' sakes." (Chapter 48: 'Gong Meng', trans. Mei 1929:237)

三法构成了整个墨子哲学的基本论证结构;他的十论实际上也是依照三法而展开的。例如,墨子反对厚葬,他论证说,即便有此先例(同样也有节葬的先例),实施厚葬显然不利于社会(《墨子·节葬下》)。因此,应当禁止儒家所提倡的厚葬。

运用三法就是用特定的基准来度量事物。度量的过程可以帮助人们明辨诸如有用与无用之区分。墨子所探索的不同领域——从伦理之域一直到技术之域——需要同样的证实方法。他的认识论很素朴,那就是无差别地对待不同的知识种类。实际上,他把天志比作轮人之规和匠人之矩(《墨子·天志中》)。墨子特别把法比作"表",即测量日影用的标杆(《墨子·非命上》)。

这些类比反映了墨子对伦理问题的思考。他的人性观是儒家道德修养观和自我发展观的极简版本。看起来墨子的道德思考只是工匠思维的外推。这一做法意味着,道德成了一项识别与套用标准模式的技能。与此相应,墨家所理解的知识不是关于信息的累积,而是关于事物与观念的实际应用。知道某物,就是能够将其与他者分辨鉴别出来。有趣的是,在汉语中"辩"和"辨"是同音字。墨子诉诸"辨"来解决"辩"的问题。"辨"这一概念抓住了墨家认识论的本质。就此而言,认知是做出区分的技能。① 考察某个概念就要求考察它的应用。墨子的三法当然就是建立在这些认识论基础之上。

应当注意的是,孟子已经认识到墨家哲学的要义,《尽心下》第五章似乎就是针对墨家之依赖技能。孟子批评说,墨子之"辩"显然过于简单,因为它只讨论如何用标准解决问题。但是,标准(法)的应用不能光靠眼睛,因为只有心灵手巧(堪称典范)的人才能恰如其分地应用标准。故孟子言曰:"梓匠轮舆能与人规矩,不能使人巧。"②

可能正是孟子这句话最清楚地表达了儒墨在典范人物的意义问题上所存在的根本分歧。儒家关注培养有学之士,而有学之士又会去教导其他人。但是,墨家感兴趣的是正确行为的标准尺度。就此而言,或许正是部分由于墨子对人性的简约理解致使其他思想流派及后来的学者不喜欢墨家。这也在一定程度上反映出中国人的心智倾向于对人类社群、交流和学习做出更为丰富的理解。

尽管就一个学派而言,墨家——尤其是相对于儒家——最终是失败的,

---

① 陈汉生详细讨论了墨家哲学中的模式识别及做出区分的技能(Hansen 1992:104ff)。
② A carpenter or a carriage-maker may give a man the circle and square, but cannot make him skilful in the use of them. (*Mencius* 7B:5, trans. Legge 1893 – 5:480)

但是,我们不应该忽视墨家哲学在哲学论证方面对于中国哲学的贡献。三法将一种新的、重要的哲学论证因素引入了早期中国哲学:那就是一致性或一贯性。① 根据这一原则,一个论断的有效性跟它究竟出自君王之口还是出自普遍百姓之口无关;个人权威不属于墨子的标准。个人权威不同于《尚同》所认可的基于德性的权威。在上者之所以有权威,不是由于他的地位或其他偶然因素,而是因为他致力于实现社会利益的最大化。墨子支持基于德性的权威,这类似于孔子坚持主张不为民者不得为官,以及孟子认为无道的统治者不是君王(《孟子·梁惠王下》第八章)。(标准的)一致性之所以重要,另一原因在于任何人应用三法都可以得出同样的结果。尽管孔子是墨子智识上的对手,但墨子有一次居然援引了孔子的思想。孔墨思想上的交流清楚地说明,墨子强调思想之价值和其倡导者无关:

子墨子与程子辩,称于孔子。程子曰:"非儒,何故称于孔子也?"子墨子曰:"是亦当而不可易者也。"(《墨子·公孟》)

Mo-tzǔ [Mozi], when disputing with Ch'eng-tzǔ [Chengzi], cited something from Confucius. Ch'eng-tzǔ said: 'You are no Confucian, why do you cite Confucius?' Mo-tzǔ said: 'This is something of his which is dead right and for which there is no substitute...' (*Mo-tzǔ*; cited in Graham 1978:25)

墨家关于"辨"的讨论极大地影响了当时及随后的思想家的运思方式,这些思想家包括孟子及杨朱、庄子等道家。② 我们完全可以想象,如果墨家哲学没有因为儒家而衰落,那么中国哲学论争应该已经在哲学论证与推理、认识论和科学哲学等方面取得更加长足的进步。

---

① 陈汉生将一贯性视为墨家哲学一个最重要的贡献;实际上,他挑选了"一贯性"一词来描画墨家哲学这一特性。陈汉生详细讨论了它的哲学含义(Hansen 1992:110-115)。
② 关于墨家哲学对其他思想家之影响的详细讨论,参见 Schwarz 1985:169-170。

延伸阅读建议

Mo Tzu：Basic Writings, translated by Burton Watson(1963), New York：Columbia University Press.

The Ethical and Political Works of Mo Tzu, translated by Yi–pao Mei (1929), London：Arthur Probsthain.

Graham, Angus C. (1989) 'A Radical Reaction：Mo–Tzu', in *Disputers of the Tao：Philosophical Argument in Ancient China*, La Salle：Open Court, pp. 33–53.

Hansen, Chad(1992) 'Mozi：Setting the Philosophical Agenda', in *A Daoist Theory of Chinese Thought*, New York：Oxford University Press, pp. 95–152.

Nivison, David(1980) 'Two Roots or One?', *Proceedings and Addresses of the American Philosophical Association*, 53：6(August 1980), pp. 739–61.

Schwartz, Benjamin (1985) *The World of Thought in Ancient China*, Cambridge：Belknap Press of Harvard University Press.

第五章 早期道家哲学：《道德经》的形而上学

本章及下一章讨论《道德经》哲学。《道德经》有一核心概念,即"道"。在中国哲学中,"道"是最复杂的概念,其难以把握是出了名的。它同时在一般与特殊的层面使用,而且应用范围很广,涉及宗教、人文及自然。这两章试图在《道德经》文本之中澄清"道"的不同意蕴。但是,我们会看到,《道德经》文本本身也是极隐晦的。它的编纂并没有依据某一特定"学派"或特定学说。因此,在一定程度上,《道德经》的哲学属性端看诠释者如何诠释。不过,现当代学术界仍有学者专精于文本校勘和训诂的研究。这些研究最常关注文本某些核心概念或段落如何与先秦其他学说和文献联系。马王堆帛书本(1973年)和郭店竹简本(1993年)这两个早期文本的发现大大推动了《道德经》的研究。传世的王弼(226—249年)本大约最早成书于公元前250年,而郭店竹简本成书年代大致在公元前300年,马王堆帛书本则在公元前200年或更早。这些发现增加了文本问题的复杂性,但同时也激发了学界的兴趣。①

本章所考察的一系列主题关联着对道的形而上理解,也就是说,把道理

---

① 例如,马王堆帛书本把《德经》(传世81章中的后44章)放在前面。这引发人们质疑通行本的编排方式,也就是以前37章为《道经》,后44章为《德经》(例如,Lau,1963)。为了标示两个版本之间的差异,一位译者把他的马王堆《道德经》译本称为《德道经》(Henricks,1989)。郭店本包含的材料对应于现有版本81章中的31章,它和现有版本之间有着重要的差异。关于原本问题,学界提出了很多新的说法,这多多少少使得现在的《道德经》研究陷入混乱。这些版本何者更重要,在这个问题上需要综合考量。一方面,文本对于中国思想史的诠释来说甚为要紧。但另一方面,并非版本越早越可靠。倘若真有一个可靠的《道德经》"原本",那么,在服务于研究和记诵的文本抄写传统中,两个不同的本子可能实际上都近似于原本。(Hansen 1992,第六章,注释7:400)。

解为最终实在,和人世、日常、习俗的东西截然对立。道指称超越日常生活的实在——如同柏拉图形上学中实在与现象的区分——这是对道家之"道"的主导性理解,在大多数英译本中尤甚。之所以如此,其中有两个原因和用当时主流的现成观念来解释道有关。其一,王弼对《道德经》哲学的阐释,它强调"道"是一个形而上概念;王弼的阐释自魏晋①以降颇为风行②。其二,现代学者对道的解释。比如,具有西方哲学背景的冯友兰(1895—1990年)就用形而上学的术语界说道(Fung 1952:177)。像冯著这样的开拓性作品为西方研究中国哲学或更广泛的比较哲学奠定了基础。

下一章从另一个角度讨论道:把道以及《道德经》中的其他概念尤其是无为理解为伦理学概念。依此理解,《道德经》是对现有价值和实践进行元伦理学分析。无论是对道的形而上学解释还是伦理学解释,都包含了对当时所设想的人类生活理想和追求的批判性否定。这两种解释并非互斥,相反,它们可以彼此相参,从而获得更广的视域来理解《道德经》的哲学及其在早期中国哲学中的地位。

第一节 道家哲学的起源和早期道家文献

早期道家主张对当时社会的理想和实践进行激烈的变革。他们拒斥其他哲学学派狭隘的人世追求,反对他们的治道,反对他们的顽固守旧。鉴于道家哲学对于既有的规范与习俗的敌意,中国现代思想家胡适(1891—1962年)把所谓的道家创始人老子称作造反派③。陈荣捷认为:"倘若《老子》一

---

① 原文作"Warring States period",似误。——译注
② 王弼的《道德经》注主导学界多年,部分原因在于它将儒家的解读加到文本之上,因而没有挑战主流的儒家意识形态。再者,和其他阐释相比,王弼的《道德经》阐释为现代学者提供了一个有哲学兴趣的文本解释(参见 Ariane Rump[1979]对文本的翻译)。另一个通行的注本出自河上公(此系托名,也可能并非实有其人,传说他是汉文帝[公元前179—前157年]的老师)。河上公本的注释立足于汉代将宇宙论、政治、宗教诸因素相与揉杂的思想氛围,所以它的宗教性、神秘性色彩胜过哲学性。Alan Chan 的 *Two Visions of the Way*(1991)一书曾将这两种注释进行过详细而权威的比对。
③ Chan 1963b:6 提到这一点。

书未作,中国文明和中国人的性格将大不相同。"①从哲学影响来看,道家哲学凸显了儒、墨、法诸家哲学的缺陷,并引发对诸家基本观念和价值更为透彻的探究。它还在运用隐喻和暗示意象方面影响了中国哲学论说的特性。当然,道家哲学最重要的特征恐怕还是在于它独特的对立观和辩证思考。

《道德经》和《庄子》是最受学界关注的两种先秦(公元前 221 年之前)典籍。同期亦有其他道家文献出现;人们认为,《列子》很浅易,但不能代表道家哲学,或者说,没有哲学味。② 关于《道德经》与《庄子》的成书年代,正统的看法是前者先于后者。不过,《道德经》,或者至少其中部分章节的写作也有可能在《庄子》纂辑成书之后。③ 确定这些文本的写作年代相当困难,因为道家不像儒家,几乎没有证据表明曾有一派信奉"道"的思想家聚在一起讨论共同的思想体系。早期道家没有成形的思想团体。④ 实际上,"道家"这个说法只是到了公元前 1 世纪才由历史学家司马迁(公元前 145—前 87 年?)提出来。⑤ 依传统之见,这两个文本属于同一个延续的学派:《道德经》代表早期形成阶段的道家,《庄子》则代表发展后更加成熟的道家哲学。⑥ 汉代学者首倡此说,他们把《道德经》与《庄子》列为早期道家的两种权威文本。不过,现在大多当代学者认为《庄子》哲学与《道德经》殊不相类,而非其进一步的发展。二者在内容、论题处理和论说方式诸方面存在重大差别,因此,应当避免把它们视为持同质一贯之见的文本。还必须区分道家与道教,后者是后来在汉代发展出的宗教派别。道教综合了一些宗教信仰的因素,包

---

① Chan 1963b:3.
② 葛瑞汉认为,它是"迄今为止最易懂的道家经典"(1960:1)。不过,其中的《杨朱篇》对社会生活持消极之见,且流于认命屈从。这或许可以解释为什么它在中国人的想象世界及学者中都不受欢迎。陈荣捷讨论了这一文本的哲学特征(1963a:309 - 313)。
③ Schwartz 1985:186.
④ Hansen 1992:202.
⑤ 司马迁:《史记》,引自 Chan 1963a:136。
⑥ 《后汉书》首先提出这一说法(参见 Chan 1963a:177 - 179)。陈荣捷本人似乎赞同此说,认为庄子与老子在哲学上的关系就如同孟子与孔子。陈荣捷在另一处指出,"宽泛地讲,老庄之异是程度上的差异而非类别上的差异"(1963b:22)。

括对天师启示,"教义,仪轨,神仙,以及升仙的终极目标"。①

传统的看法往往把《道德经》跟老子关联在一起。老子与孔子同时代而年长于孔子。② 不过,当代学者认为,《道德经》各章节主题不一,风格多变,不可能成于一人之手。③ 语言学与文献学研究表明,《道德经》极有可能是在先秦相当长一段时间内编纂成书。《道德经》各章文字简短,先后次序无条理可循,这反映出对道的多元诠释。道牵涉不同领域中的论争,涉及神秘主义、长生久视、治国安民、形而上学、认识论和伦理学等。

第二节 道之为实在:探寻新的实在

《道德经》开篇说出了道家对永恒实在的向往:

道可道,非常道。

The Tao that can be told of is not the eternal Tao. (Chan 1963b:97)

此处"道"字凡三见,然其含义各不相同。第二个"道"是动词,意为传达或交流。第一个"道"是名词,意为可交流的平常之道。第三个"道"也是名词,由"常"字加以修饰。"常"字意蕴丰富,包括"持久"、"不变"、"真实"、"绝对"。第三个"道"超乎可言说的平常之道。依此,"道"是根本性的实在,它不可传,甚至不可知。

这句话通常的英译往往引发人们以形而上学的方式理解道。为了满足英语语法的需要,译者得在"常道"英译之前插入不定冠词"a"或定冠词"the"。若以"the"限定"常道",意味着唯有一个实在。反之,若以"a"为限

---

① Kohn 1996:52。亦参见 Robinet 1997。
② 这一主流的观点归因于司马迁这位有影响的历史学家在《史记》中的记载。按照司马迁的描述,老子是一位掌管档案的史官。孔子与老子相遇交谈之后尊其为"龙"(Watson 1971:63)。
③ 认为《道德经》成书于公元前6世纪的看法已经遭到否定,现在的争论主要集中在这一文本是否成书于公元前3世纪之前。

定词,则是说至少有一个实在。① 以"道"为"the dao"的译法更强调道指称实在之时的单一性。这两者对《道德经》哲学思想的把握大不相同:或者把它理解为一元论("the dao"),或者把它理解为多元论("a dao")。但这两种理解都会把"道"客体化。学者陈荣捷指出,"在其他学派那里道是某种体系或道德真理,但在道家这里,道就是自然、恒常自发、无名且无可摹状的一"(1963a:136)。②

道不可说,因此,理解这一概念的努力往往归于徒然。傅伟勋从六个方面来界定道:物体实在(实在与呈现)、源始、法则、功能、德性和技巧(1973)。这六个方面实际上是把道概念化的六种不同方式;它们并非彼此相斥的范畴。但是,道何以无法交流?《道德经》第一章指出,道无名:

无名,天地之始。
The Nameless is the origin of Heaven and Earth. (Chan 1963b:97)

在《道德经》中,道无名,故玄(第一、五十一章)。《道德经》并没有清楚地告诉我们为什么道是玄,因为那样的话就会推翻《道德经》首章的断言。就我们所不知道的一面而言,"实在"是模糊且未经雕饰的,就如"朴",即未经加工的原木(第十五、十九、二十八、三十三、三十七、五十七章)。据《道德经》首章,"道"有二,一者实(常道),一者显浅而无常(可言说的道)。据《道德经》之意,作为实在之整全的常道大于个体部分的总和(第十四章)。这是因为个体事物间的关系也是道的重要组成部分。事物必然是相与作用相互影响的,因此之故,整体也是一直变化的。道所涵括的万物相互作用和影响,使道恍惚幽玄(第十四、十六、三十九、四十二章)。在《道德经》中,形而上学和认识论之间有一条精微(难以言喻的)界线:道(实在)错综复杂,无所不包,因而超乎人的理解力。道的认识论特性是"不可名"(unnameability),

---

① 陈汉生指出,对"道"的这两种解释有着重大差别(1992:215f.)。
② 刘殿爵认为,道取代天成为最终实在,这一新见要晚至战国时期才出现(1963:22)。刘还指出,在《庄子》中,天仍然是最终实在;这可能表明《道德经》的部分章节可能晚于《庄子》内篇。

它源自道的形而上学状态,即"无名"(namelessness)。道不可摹状,这对于(人类)知识来说意味着什么?傅伟勋认为:"[道]在本体论上无所分别(ontologically non-differentiated),在认识论上无可分别(epistemologically non-differentiatable)[原文如此]"。①

作为最终实在,道常常被描述为万物之源;道是天下母,道是万物之宗(第五十二、四章;亦可参见第一、二十五章)。道甚至先于天地(第十四、二十五章)。四十二章述其源起曰:

> 道生一,一生二,二生三,三生万物。
> Tao [Dao] produced [*sheng*] the One.
> The One produced the two.
> The two produced the three.
> And the three produced the ten thousand things... (Chan 1963b:176)

"生"既是"出生"又是"生长"。植物生长的喻象意味着道产生出或演化为万物。道维系万物的生长:

> 譬道之在天下,犹川谷之于江海。
> [Dao] is to the world as the River and the Sea are to rivulets and streams. (Lau 1963:91)

这一譬喻让人感到万物依存于道。就此而言,《道德经》倡导万物"复"于道(第二十八、六十四章)或"返"于道(第二十五、六十五章)。

值得注意的是,《道德经》对"源"的论述颇为含混。我们并不清楚,道究竟是万物的质料性来源,还是内在于万物的普遍法则,抑或二者兼而有之。第一种理解以道为万物的质料性来源,这实质上是关于始基的自然哲学。但是,早期中国哲学鲜有此类思考,即便是气论也非此种思路。② 把道理解

---

① Charles Fu 1973:373.
② 气这一概念将在第十章讨论《易经》哲学时详加探究。

为有关起源的法则,这在哲学上更为深刻,并且也和依存、维系等观念联系起来了。《道德经》第五章以橐籥之喻说明万物的产生和维系。它把天地比作橐籥:

天地不仁,以万物为刍狗;圣人不仁,以百姓为刍狗。天地之间,其犹橐籥乎?虚而不屈,动而愈出。

Heaven and Earth are not humane.
They regard all things as straw dogs...
How Heaven and Earth are like a bellows.
While vacuous, it is never exhausted.
When active, it produces even more... (Chan 1963b:107)

王弼细述橐籥的特征,赋予它一种维系的意义:

橐籥之中空洞,无情无为,故虚而不得穷屈,动而不可竭尽也。天地之中,荡然任自然,故不可得而穷,犹若橐籥也。

The inside of the bellows is empty, without feeling and without action. Therefore, while vacuous, it can never be exhausted, and when moved (used) will never be spent. In the vast and extensive space between heaven and earth they [the myriad things] are left alone. Therefore they [heaven and earth], like a bellows, cannot be exhausted. (Rump 1979:18)

虚而不屈,这里有一种吊诡(亦参见第一、四十五章)。"虚"常常和"无"相关。"无"通常译作"non-being"或"nothing"(参见第一、四十章)。不过,"non-being"这一译法可能引人误入歧途,因为"non-being"在西方哲学尤其是在欧陆哲学中已经有一系列既定的含义。人们可能误以为它是指与"being"(即"存在"、"有")相对的"non-existence"(即"非存在")。就起源问题而言,仅仅从质料层面解释"无"和"有"显然是不够的。"无"仅仅意味着"不存在","有"意味着"存在"——这充其量不过是素朴的实在论。在道家哲学中,无和有是辩证的相反相待者。或许,最好还是把它们理解为道的不同面向:

老子的无和有,一如大海,一如众沤;它们是看待同一个本体论上无所分别的道的两种方式。(Fu 1973:374)

傅伟勋指出,有无之相待,如同实在与其呈现相与依存:大海离不了众沤,反之亦如是。这一分析避免了仅以物质性存在理解有无。傅伟勋强调,就人们对世界的感知而言,道家的"有无"具有伦理学意义:或者看到森林,或者看到动植物,但不是同时看到二者。在《道德经》十一章,无指的是在人看来无价值的东西:它是"无"是"虚",因为它被视作无用者。但该章对此提出挑战,它突出了无的价值:

三十辐共一毂,当其无,有车之用。埏埴以为器,当其无,有器之用。凿户牖以为室,当其无,有室之用。故有之以为利,无之以为用。

Thirty spokes are united around the hub to make a wheel.

But it is on its [wu] that the utility of the carriage depends.

Clay is molded to form a utensil.

But it is on its [wu] that the utility of the utensil depends.

Doors and windows are cut out to make a room.

But it is on its [wu] that the utility of the room depends.

Therefore turn [yu] into advantage, and turn [wu] into utility. (Chan 1963b:119)

我们必须要看到,无和有皆是道的不同方面。这里包含着道家哲学的另一要义。道固然是一个形而上的概念,但是其内容仍然包括指导行为的范则。这似乎是早期中国哲学的一个普遍特征。一个作为典范的事物与其代表的规范性标准(该事物的理想存在模式)之间界划不清,这种概念上的含糊我们在孔子和墨子那里都已经碰到过。在围绕正名的争论中,参与论辩的思想家都自觉地把这一点视为不言而喻的预设。在道家那里,典范物与其规范性标准之间界线模糊,意味着道既是最终实在又是生活的典范性法则。我们已经讨论了道如何是形上实在,但我们如何理解作为人类生活法则的道?换言之,典范意义上的道具有怎样的实践效果?在王弼看来,天地包容万物而不伤害之：

> 天地任自然，无为无造，万物自相治理，故不仁也。仁者必造立施化，有恩有为。造立施化，则物失其真……天地不为兽生刍，而兽食刍；不为人生狗，而人食狗。无为于万物而万物各适其所用，则莫不赡矣。
>
> Heaven and Earth leave what is natural (Tzu-jan [*ziran*], Self-so) alone. They do nothing and create nothing. The myriad things manage and order themselves. Therefore they are not benevolent. One who is benevolent will create things, set things up, bestow benefits on them and infuluence them. He gives favors and does something. When he creates, sets things up, bestows benefits on things and infuluences them, then things will lose their true being... Animals eat straw, though the earth does not reproduce it for them. Men eat dogs, though (heaven) does not produce doges for them. If nothing is done to the myriad things, each will accord with its function, and everything is then self-sufficient. (Rump 1979:17)

在王弼看来，天地之道无疑具有行为导向的意义。上面这段《道德经》第五章的注释告诉我们师法自然事件。自然事件给予我们的教诲表明，人世间的刻意筹划与自然界的自发事件相背。这段注释解释"天地不仁，以万物为刍狗"。王弼把"刍狗"解作"刍"与"狗"，以此阐明自然界中的事物不同种类及其脆弱性。包括人类在内，无物可以抗拒外界变化的力量。在此意义上，万物一如。刘殿爵对"刍狗"另有一解。他说，"据《庄子·天运》，刍狗在献祭之前备受尊崇，而一旦完成使命便遭抛弃践踏"（1963:61）。刘殿爵认为刍狗的命运可以这样理解：在自然事件的演变中，万物各有其时，一旦过时便会消逝无痕。在自然的轮转中，没有永恒之物，也没有独受青睐者。① 有意思的是，这两种对"刍狗"的不同解释却引出了相似的结论："刍狗"的寓意在于，设想人类优于其他存在者是不正当的，而它所引发的后果则是灾难性的。

上述两种解释都是激赏自然界，而对人类中心主义保持警惕。道家的

---

① Ames and Hall 2003:85.

"自然"常常译作"nature",用来指自然界的各个方面。这种意义上的"自然"相当于古希腊词中的"physis",后者指各类自然存在及其关系。自然界意义上的"自然"突出了自然主义的视角。根据这一理解,道更接近于自然界(貌似)自发的事件而非人世间人为的造作:

> 希言自然。故飘风不终朝,骤雨不终日。孰为此者?天地。天地尚不能久,而况于人乎?(第二十三章)
> Nature [*ziran*] says few words.
> For the same reason a whirlwind does not last a whole morning.
> Nor does a rainstorm last a whole day.
> What causes them?
> It is Heaven and Earth (Nature).
> If even Heaven and Earth cannot make them last long, how much less can man? (Chan 1963b:141)

师法自然,或者说,效仿自然界就是要减少人类生活中人为和造作的成分。这是要求我们复制自然界的运行吗?初看起来,这种自然意识似乎是对自然环境的偏好。但这种理解有很多问题。第一个问题,从"天地"之喻表达的意思来看,《道德经》并没有明确表示珍视自然环境。相反,它似乎持一种冷漠的哲学观。比如,《道德经》第五章说,天地对万物漠不关心。本杰明·史华慈(Benjamin Schwartz)讨论了《道德经》在自然观上的张力:

> 事实上,人们可能会指出,老子的自然和18、19世纪西方"科学"自然主义的某些方面存在共同之处。没有神意引导自然朝着某个归宿运行。尽管所用的母亲及其养育意象暗示了某种悲悯情调,道并非有意识地赐福万物。(1985:201)

第二个问题关系到如何理解"自然界"这个词。究竟师法自然界的哪些特征?《道德经》没有明示。把"自然"释为"自然界",与此相关便产生了很多困难:

(1)人类社会应当师法自然界的哪些方面?《道德经》列举了静、柔、弱、不争及朴(第八、十六、十九、二十二、二十八、三十一、三十二、三十六、三十七、四十三、四十五、六十四、六十六、七十六、七十八章)。但我们如何知道应该提取这样一些特定的特性而不是那些跟兴、衰或抢掠相关的特性呢?

(2)我们应该采取何种自然主义视角?生物中心、生态中心、整体主义的概念框架等,它们的根本关怀差别甚大。

(3)人类生活的方方面面,何者"自然"何者"人为"?繁衍下一代是"自然"的吗?建造的环境是"自然"的吗?社会和政治组织是"自然"的吗?

遵循自然、效仿自然,这一准则相当含混。究竟效仿自然哪些方面,这一问题悬而未决。然而,已经有学者援引《道德经》中出现的"自然"来支持环境意识。① 这样便有第三个问题:过于草率地用"自然"来讨论自然环境保护。拉玛昌德拉·古哈(Ramachandra Guha)在《激进的美国环保主义和荒野保护:来自第三世界的评论》一文中提醒我们:

在道家思想中挖掘"荒野之爱"和"生态敏感性的首度萌动",这反映了对道家文本的断章取义,以及对早期道家关注环境的意向与态度的臆测……面对中国历史上发生的生态灾难,对道家思想的这种乌托邦式演绎有待进一步论证。②

进一步看,彭慕兰(Randall Peerenboom)警告说,不要简单理解"何为自然"的问题。在他看来(1991),一旦理解为支持自然主义的尚古主义,《道德经》的思想就毫无可观之处:人类要么属于自然界——在这种情况下,法道尚自然的训诫纯属多此一举;要么不属于自然界——在这种情况下,尚自然的训诫便是把人引向歧途。

---

① 参见 Po-Keung Ip(1983),Peter Marshall(1992)等。
② 载于 Andrew Brennan 1995:239 - 252。

不过要记住的是,我们可以从不同层次阅读道家哲学,包括它的字面义和启发义。启发式的阅读更有哲学味。我们或许可以看到,道之要义不在于一种自然主义的秩序,而在于引介一种不同的、也可能更加全面的理解世界的方式。这种意义上的道放到下一章来探讨。下面一节考察《道德经》的对反观。道家独特的对立互补观构成了道家哲学的基本框架。

第三节 对反:相反相成

《道德经》列举了一长串对反,包括长短、高下、音声、前后、有用无用、有无、善恶、昭昭若昏、察察闷闷、枉直、洼盈、敝新、重轻、静躁、雄雌、白黑、热冷、强羸、翕张、废兴、夺与、弱强、成缺、巧拙、辩讷、为无为、事无事、大小、多少、难易(第二、六、十一、二十、二十二、二十六、二十八、二十九、三十六、四十三、四十五、六十三章)。它提醒我们,这些矛盾对子的两方面都要注意到。每一对子的讨论都包含了对世俗准则和价值(强、力、巧)的颠覆,但同时又没有绝然舍弃。相对的两面常常保持微妙的平衡,比如"知其雄,守其雌"(第二十八章)。任何一面都有自己的意义,同时又为对反面所限:

> 将欲歙之,必固张之。将欲弱之,必固强之。将欲废之,必固兴之。将欲夺之,必固与之。是谓微明。柔弱胜刚强。(《道德经》第三十六章)
> In order to contract, it is necessary first to expand.
> In order to weaken, it is necessary first to strengthen.
> In order to destroy, it is necessary first to promote.
> In order to grasp, it is necessary first to give.
> This is called subtle light.
> The weak and the tender overcome the hard and the strong. (Chan 1963b:164)

两极之间有一种流变:先翕,再张,然后又回到翕。矛盾对子的对反面之间如何互动,这可以有不同的理解方式(参见第七、二十二、二十六、三十六、四十、四十一、四十五、五十八、六十三、六十六章)。这种互动可以描述

为往复摆动,荡秋千,轮转或者一兴一衰的轮回。"反(返)"(如第四十章)也是理解道家相反相成思想的重要概念:

> 返是对反面的对反:它是对反面用力过度所导致的结果。(Cheng 1997:216)

由此看来,要界定对反关系中的任何一方,理解它的对立面不无裨益。换言之,对照揭示一个概念或事物的独特品性。例如,把"冷"跟它的对反面——除"热"之外,还有程度各异的"冰冷"、"温暖"、"滚烫"——对照起来理解,那它的意义就明确多了。联系一方的对反面可以更深入地理解它的意义,这一论断很有意思。通常认为,一事物借助相同者而非相反者得到强化。不妨想想一个人的高度:一般认为,一个人越高越显眼。按照道家的对反思想,高个子跟矮个子站在一起才显得高。葛瑞汉论述《道德经》中的"反(返)",即强调对反两面都是必要的:

> 对老子来说……"反(返)"不是从偏爱A转向偏爱B,从而以柔、弱、下取代刚、强、上。人的一切努力都是反对向着B下堕,既然如此,那么最接近于自发之道的方向就是:从丰饶的根部得到滋养更新之后,接着调整方向朝上冲。"**(反)返**"**粉碎了A、B之间的界划**;圣人偏好守弱,但他并没有停止趋于强盛,因为他知道,在上升力量面前韬光养晦,正是避其锋芒伺机取胜之道。(1989:228 – 229;黑体为引者所加)

消解对立面之间的界划,这是道家立场的一个重要特点。当然,消解的结果不是A混同B或B混同A,也不是消除A或B。不过,我们也要注意到,葛瑞汉的分析并没有明确提到,在《道德经》中对立面的份量是不同的。静、黑、贱(第十六、二十六、三十九章)被视为其对反面的根。我们不能不注意到《道德经》偏好弱、谦、静。关于这一点,史华慈赞同刘殿爵(1958)所提出的《道德经》中的价值"不对称":

> 刘殿爵已经指出,在老子的对反概念中,有着引人注目的不对称

第五章　早期道家哲学：《道德经》的形而上学

性。阴与阳、弱与强、柔与刚、退与进，老子明显"偏爱"这些对反概念中的前一项。它们有更高的"本体论"地位，就像水之胜于石：水居于卑下之地，故而在更深的层面上比石头更坚。①

刘殿爵还认为，对反两面之间的关系犹如儿童滑梯："爬到顶上很费劲，而一旦过了顶点就必定会突然快速下滑。"(Lau,1963:27)刘殿爵和葛瑞汉在对反概念理解上的差异颇有趣：刘殿爵强调对传统价值的彻底颠覆②，而葛瑞汉则提出了一种看待对反的新方式。

其他学者也对道家对反思想的运用做了有意思的探索。比如，柯雄文详细讨论了"互补"概念。他以赫尔曼·黑塞小说中的人物为例：纳尔齐斯与歌尔德蒙代表两个极端，纳尔齐斯追求进一步发展自己的学术头脑，歌尔德蒙寻求感官上的满足。③ 俩人关系亲密，都知道彼此在追求与信奉上的深刻差异。不过，他们并没有企图把对方改造得跟自己一样："我们的目标不是互相改变，而是互相承认，了解对方，认识对方并尊重对方的样子；每个人都是对方的对反与补充。"(引自 Cua 1981:125)按照柯雄文的分析，对反强调对比，但并不消除对方。对反双方相互区别，相互对立，同时又相互依存。柯雄文分析了"互补"的特性：

(1)**承认与接受**：双方都承认并接受对方的独立性与完整性。没有塑造或改变对方的欲望。

(2)**助益对方而非复制对方**：在紧密的关系中，双方没有试图变得彼此

---

① Schwartz 1985:203.
② 仅仅颠覆现行准则，比如把偏好男性换成偏好女性，这对于伦理与社会问题的处理来说有失草率(Lai 2000:139)。陈汉生反对这种天真的做法："传统价值颂扬尊者、强者、智者、支配者，而老子的话则让我们学会欣赏卑者、弱者、愚者、被支配者。传统主义者推崇男性，而老子则力挺女性……[但是,]它的理论要点甚为精微，决不是简单翻转传统导向和盲目推崇道的消极面向。"(1992:223)
③ 赫尔曼·黑塞(Herman Hesse)：《纳尔齐斯和歌尔蒙德》(*Narcissus and Goldmund*)，乌尔苏拉·莫利纳罗(Ursula Molinaro)译，纽约：班坦图书公司(Bantam Books),1971。引自 Cua 1981:123-140。

相似。双方在相互对比中彰显鲜明的个性;在此意义上,双方相互助益。

(3) **相互性**:仅在共同点的基础上缔交,这不是纳尔齐斯与哥尔德蒙的旨趣。俩人的交情立足于相互欣赏彼此间的差异。

(4) **共鸣**:这里借用了中国关于互相影响和回应的经典学说,即"感应"说。根据这一学说,每一个体都不是一座与世隔绝的孤岛。其他个体及环境的变化会塑造一个特定的个体,同时个体的行为也会影响他者及其周围环境。①

这种非化约的互补观意义重大,因为它具有重要的实践效果。在柯雄文看来,道家的互补观促使我们的态度根植于"理智视域的拓展和生活视角的重整"之上(Cua 1981:127)。就实践而言,持这种态度的人不会仅仅寻找相似、同一或一致。他也不会试图同化、压制或支配他人。这样的品性很容易跟谦、静、朴结合起来。因此,柯雄文对"互补"的诠释非常符合道家哲学的框架。我们下一节就来探讨道家的哲学框架,以及这些态度在其中的作用。它们和道家的"德"相关。"德"在道家哲学中亦蕴藏深刻义理,它的重要性还有待我们认识。

第四节 德与个人的整体性

直到最近,英语世界关于《道德经》的讨论几乎完全集中在"道",很少关注与"道"相对的概念"德"。② 这似乎有点奇怪,因为"道德经"这个标题本身就特别提到了"德"。"德"有一些平实的通译:"morality(道德)","goodness(善)",或者"virtue(美德)"。③ 刘殿爵在《道德经》英译本导言中也是这样理解"德"。他考察了早期道家哲学对"德"的精彩解释,但是又匆匆忙忙地把它跟《道德经》中的用法区别开来:

---

① 关于这些特征的讨论,可参见 Lai 2000:143;该文注释 23 对"感应"的讨论亦可参看。
② 安乐哲在《道家与自然之本性》('Taoism and the Nature of Nature',1986)一文中对此有详尽的讨论,尤其是其中的第四部分《被误称的道家》(Section IV: *Taoism Misnamed*)。
③ 可参见 Giles(1959),Chan(1963b),Lau(1963)。

按照道家的用法,"德"乃事物(从道那里"得"到)的品性。易言之,"德"是事物的本性,正是因为"德"一事物才成其所是。不过,《老子》(《道德经》)中的"德"不甚重要,往往在更为传统的意义上使用。(1963:42)

刘殿爵并没有解释为什么说《道德经》没有在前一种意义上使用"德"这一概念。"德"的"传统意义"实际上就是回溯到人们对于"德"的后儒家理解,即道德层面的善。① 这一理解并不妥贴,它显然忽视了《道德经》激烈反对当时的道德价值。② 或许,我们至少应当说,《道德经》中的"德"这两种意义都有。如果把"德"理解为"事物的品性"——刘殿爵给出的第一种解释——那么,我们可以看到,德关乎个体而非道德现象或道德实践。这样一来,德如何跟作为涵摄一切的根本实在的道相配合? 道与德既对立又相依:道关乎全体(实在),德指向(组成全体的)个体。陈荣捷推衍道与德的关系,道是个体从中获得独特品格、即德的唯一源泉:

道将德赋予个体事物。一方面,道遍在于万物;另一方面,正是得之于道的德让一物区别于他物。德是个体化的因素,它体现了明确赋予事物特定品性的原则。(Chan 1963b:11)。③

"德"乃个体化原则,而非跟一般的品性(或一组品性)相关的原则。阿瑟·韦利比较了"德"与古希腊词中的"arete"④,以此彰显"德"的含义——"潜力,内在于某事的品性"。⑤ 古典意义上的"德"未必关涉道德层面的善。因此,更具建设性的英译法是"power(力)",这样它的涵义就不会指向道德

---

① J. L. Duyvendak(1954),Arthur Waley(1958)和 Max Kaltenmark(1969)专门把"德"跟人有意为之的道德区分开来。
② 参见第五、十八、十九、二十、三十八章。
③ 这一解释参照了"德"字的传统释义:德者,得也,即"获得"之义。
④ 原文标出的是"arete"对应的拉丁语词"virtus",似误。——译注
⑤ Waley 1958:31-32。韦利还认为,"德"跟梵文中的"karma(业)"有相似之处。亦参见 Duyvendak 1954。

层面的善。韦利和康德谟(Max Kaltenmark)都把"德"译为"power(力)"。康德谟的分析引人注目。他考察了早期道家对于"德"的各种用法。特别有意思的是,他也明确提到了"德"是一个道德中立的词:

> "德"总是包含"功效"和"特性"的观念。任何东西只要拥有力,不管这种力是天生的还是习得的,它就有"德"……"德"字含义甚丰,从"神秘力量"一直到"道德层面的德性",但后者乃衍生义,因为最初"德"未必就是好的……然而,"德"一般在好的意义上使用:它是一种能够对持有者身边的存在者施加有利影响的内在力量,一种利益厚生的品性。(1969:27-28)

在康德谟看来,"德"究其本质是一个关乎个体之圆满与实现的概念。这样理解"德",就可以把"德"跟早期古希腊哲学某些观念进行有意思的比较,比如,柏拉图的理型及其表象说,亚里士多德的本质观念。为了举例说明"德"作为个体化原则如何运作以及它同"道"的关系,我们不妨考察《道德经》五十一章中的"道"与"德":

> 道生之,德畜之,物形之,势成之。……生而不有,为而不恃,长而不宰,是谓玄德。
> *Dao* produces entities,
> *De* fosters them,
> Master gives them physical form,
> Their functions complete them.
> … *Dao* produces them but does not take possession of them.
> … It leads them but does not master them.
> This is called profound *de*.
>
> (著者自译,根据 chan 1963b:190 修改)

道与德相济互补,这一点很重要,因为它可以确保在关注整体的时候不至于忽视个体利益。道既不可化约为虚空,也不仅仅是万事万物的总和。

道是万事万物必须置身其间的环境。它化育万物,同时又无私无偏(《道德经》二十三、五章)。成中英敏锐地指出,道家对"环境"的深层理解不同于人们对它的一般理解:

> ["环境"一般]仅指"周遭",物理意义上的周边,物质条件和瞬间的态势……[但是,环境]不能当成客体、物质条件、机械工具或暂时的特性来对待。环境远非可见之物,远非有形之物,远非外在之物,远非特定时空中的东西。它具有深层结构及深层过程,如道所示。(Cheng 1986:353)

道是个体与事件得以形成的必要的起条件作用的脉络。"德"是个体的独特性、完整性或卓越性,它们只有在整体的脉络中,也就是在理想的道之中才能实现。这是说,个体唯有在它们特定的轨迹上,即它们在道之中的位置上才能圆满地实现自身。道是起条件作用的环境,如果接受这一解释,那我们还得谨防忽视个体利益。就此而言,相应的概念"德"在保持个体自主方面显得尤为重要。个体的完整性(德)和个体的条件轨迹(道),二者之间存在着微妙的平衡。如果环境条件限制过多,就会不正当地压制个体的完整性。另一方面,强调个体的独特性并不意味着闹独立搞分裂。个体在联系与分界所构成的关系及脉络之内追寻意义并赢获之。安乐哲描述了道与德之间的相济与张力:一方面,特定个体"决定在其个性范围与界限之内的情形"(1986:331),另一方面,这种决定作用又必须处在整体也就是道的脉络之下。更具体地说:

> "德"表示在存在过程中兴起了特定的个体。特定的个体源自力量的特定集聚,它涵摄并决定在其个性的范围与界限之内的情形……炖锅里的每种调料都要跟其他调料相调合才能使自己的味道最为鲜美,同样的道理,任何特定的个体要想充分展现自我,与环境中的其他个体和谐相处乃是必要前提……通过和谐与尊重,[特定的个体]逐渐与其他个体同生共存,在自己个性的范围之内获得越来越宽广的"兴起"空间。这正是"德"之"得"。(1986:331)

《左传》（写于公元前 4 世纪）中的烹调味道之喻尤其生动,它讲到"和如羹焉":

> 公曰:"唯据与我和夫!"晏子对曰:"据亦同也,焉得为和?"公曰:"和与同异乎?"
>
> 对曰:"异。和如羹焉。水、火、醯、醢、盐、梅,以烹鱼肉。燀之以薪,宰夫和之,齐之以味,济其不及,以泄其过……"①
>
> The marquis said, "It is only Ju who is in harmony with me!" Yan Zi replied, "Ju is an assenter merely; how can he be considered in harmony with you?" "Are they different," asked the marquis, "harmony and assent?"
>
> Yan Zi said, "They are different. Harmony may be illustrated by soup. You have the water and fire, vinegar, pickle, salt, and plums, with which to cook fish. It is made to boil by the firewood, and then the cook mixes the ingredients, harmoniously equalizing the several flavers, so as to supply whatever is deficient and carry off whatever is in excess..."

这一类比给人以启迪,它明确区分了和与同。每种调味品都对汤的最终味道做出了贡献,但同时又没有失去自身。把醋加到汤里,汤里会留下醋的味道。汤如果调制得好,醋味就会和其他调料的特定味道合在一起产生美味。吊诡的是,每种调料的意义在于释出自己的味道以便与其他味道相融,从而最终使总的味道变得鲜美。要达到想要的味道②,每种调料必须比例恰当。这一类比启发了一种可以弥合个体独立与丧失自我二者之鸿沟的合作观念。它也抵制了把自我与他人或个体与整体截然对立的做法。这一概念框架以相反相成思想为基础,同时又是对它的拓展。对立双方并不必然是你死我活的关系,相反,双方可能在对立中壮大自己。与此相似,衡量

---

① 鲁昭公二十年,即公元前 521 年。英译参考了 Legge(1991), vol. Ⅴ, p.684。
② 我在这里的用词是"味道"而非"结果",这是为了避免引起误会,以为最后的结果取决于某些机械的算计。用"味道"一词,我还想表明,这跟审美趣味有一定关系。安乐哲对比了中国的"审美秩序"和英美哲学中特别突出的"逻辑秩序"(1986:320-323)。不过,我不愿将二者区分得过于清晰,以免让人觉得中国哲学不合逻辑。

个体的个性,不仅要根据个体自身的品质,而且还要参考它对整体的影响,后者则要依照个体在环境脉络中的位置及其与其他个体的关系而做出评判。这种相依协作思想在汉代哲学中得到特别彰显,其范围拓展至包括天体在内的一切存在形式。① 如果拿这一概念框架跟那些以个体的稳定性与独立性为前提的概念框架相比,就特别容易见出它所包含的一系列重要的伦理学意蕴:

(1)个体由所处环境脉络中的事件与过程所塑造。这是说,个体的**位置**是其自身不可或缺的部分。群己之间的两极对反是这一框架的有机组成部分。群并非己的反题,相反,群乃是己得以有意义地表达并实现自身的场域。

(2)没有独立存在、完全自主的实体;个体的决策与行动影响其他个体,同时受到其他个体决策与行动的影响。这样,个体必然是群体的参与者。当然,个体参与的性质是可以评价、控制和限制的。道家参与观念的独特之处在于,它同时突出了个体作为群体参与者的不得已和责任。

(3)事物间的关系是根源性的,不能化约为个体、事件甚或过程。早期儒家哲学也强调关系,但它的关系几乎完全限于人类的群体与关系。道家哲学则要宽得多,涵盖了所有事物,即万物之间的关系。这样的框架对于当代环境伦理可能特别管用:自然环境中的一切物种与存在既对所处的环境有所助益同时又从中获益;它们侵蚀他者的同时亦被他者侵蚀;它们分享同一生态环境;它们的存在深深地交融在一起。②

(4)变易是存在的显著特征。变易不可避免——无论是由个体行动或他者行动引发的变易,还是自然环境或社会环境层面的关系变易或事件与过程的变易。没有个体免于变易;这是一种关于相化的学说。这意味着个体、关系与群体的错综本质导致了事件与过程的复杂性。

---

① 参见第十章的讨论。
② 参见 Cheng(1987),Hall(1987),Ames(1986),Lai(2003a)。

本章详细阐述了"道"的形而上学意蕴。人不足以观道,因为道是更深层的根本实在。道的视域不限于人类——就此而言,它是对儒家、墨家与法家思想的重要回应。或许我们还可以用它的洞见来讨论当代问题。道无所不包的视域所产生的概念框架促使我们重新审视时下的预设、态度和视角。《道德经》中的"道"缺乏清晰性;因此——再加上还有其他因素——《道德经》相对于更为深刻的汉代哲学,尤其是《庄子》哲学,常常被视为不成熟的先驱。另一方面,本章也证明,我们可以从《道德经》思想中获得一些洞见。下一章将从"无为"、"自然"这两个概念出发考察"道"及《道德经》哲学。

延伸阅读建议

The Way of Lao Tzu（Tao-te ching）, translated by Wing-tsit Chan（1963）, New Jersey: Prentice Hall, Library of Liberal Arts.

Lao Tzu and Taoism, translated by Max Kaltenmark（1969）（translated from the French by Roger Greaves）, Stanford: Stanford University Press.

Cua, Antonio（1981）'Opposites as Complements: Reflections on the Significance of Tao', *Philosophy East and West*, vol. 31, no. 2: 123-140.

Fu, Charles Wei-hsun（1973）'Lao Tzu's Conception of Tao', *Inquiry*, 16（1973 Winter）: 367-394.

Lau Dim-cheuk（1958）'The Treatment of Opposites in Lao-tzu', *Bulletin of the Society for Oriental and African Studies*, 21: 344-360.

第六章 早期道家哲学：道，语言与社会

我们已经看到,"道"这一概念可以理解为指称一种深层、底层的实在。这也是过去的主流观点。与此相应,道被视为一元的实在。这种实在尽管包含万物,但它从根本上讲是独一无二的实体。当然,道与万物的关联并非必定如此;我们还可以设想,道是各种不同真理或实在的总和。不过,《道德经》哲学的确支持把道视为惟一实在的观点。《道德经》特别提到"一":"道生一。"①(第四十二章;亦参第十四、三十九章)道涵摄一切(第十六、二十一、二十五、三十四、三十五章)。再者,"反"(第四十章),即返回的主题意味着向原初统一状态的复归——"朴"(第五十七章),未经加工的原木——胜过现有的生活方式。前一章的讨论,其前提就是道为一元实在:对反双方的互补、非存在的概念、《道德经》中的谦顺美德、将个体保持在整体之中的"德"、超越俗人样态,等等,这些都是惟一之道的不同面向。

但是,也可以把"道"理解为"道理"或"道路";就此而言,"道"通常译作"way"。按照中国哲学的传统用法,"道"是一个一般性的概念,可以指不同的学说——佛家之道、儒家之道、道家之道——每家的教义各不相同:天道(《道德经》第九、七十七章;《论语·公冶长》第十三章)、父道(《论语·学而》第十一章)、先王之道(《论语·学而》第十二章)、孔子之道(《论语·雍也》第十二、十七章)。每种学说宣说各不相同的真理,如果居于这些不同的真理"之上",我们得把它们看成是一组精选的学说,每种学说都断定自己为真。在此意义上,可以说道有多种——学说有几多,道就有几多。《道德经》排斥其他的道,尤其是儒家之道,因为它通过规范性的概念与做法灌输顺从思想。在《道德经》看来,这样一种儒家文化只会培养出循规蹈矩的人。《道德经》站在一种元—伦理学的立场之上估量传统道德的对象与方法。就此

---

① Tao produced the One. (*Daodejing* Chapter 42, trans. Chan 1963b:176)

而言,道、无为、自然等概念都在关注以下问题:传统的规范与期许是什么,它们如何制约思与行?

第一节 道,语言和社会教化

像很多汉字一样,"道"有二义。我们在前一章看到,"道"可以解释为形而上的实在。不过,如果把它理解为道路或道理,那么它就不是一种永存的、单一的实在,而是一种学说,甚至是把握这种洞见的过程或方法。"道"的字形本身就特别形象地突出了运动义:"道"从"辶","辶"意为"行走"。"道"之所指,不仅是目标,而且是达到目标的道路。我们也应当注意到,这一层意义上的"道"并不关注一元论或多元论问题(实在或学说究竟是一还是多),因为它的关注点在于行为本身的性质而非行为的数量。"道"译为"way",这一译法也有助于理解行为这一面向。英文词"way"可以指特定的方法,比如"This is the way to do it";也可以指一个人必须走的路,比如"The way to get there is..."。这些关于"way"的用法跟古代中国哲学中"道"的用法相合。每一哲学学派都倡导特定的道以矫正社会—政治动荡局面。此外,有些学派试图用天道来支持周遍或超越的观点。

如果说"道"指的是"学说",那就可以把道家哲学中的概念解释为对其他思想流派的某种回应。就此而言,道家哲学和其他学派在社会组织、政治、伦理诸问题上相与交涉。它否定其他学派的思想,因为它们强调干涉与管制。再者,它们矫揉造作,任意专断,过于保守。道家哲学倡导一种不加干扰的无为进路。它质疑儒家的价值与方法,并认为儒家追求地位、教化和道德权威等特点特别有问题:

> 大道废,有仁义;智慧出,有大伪;六亲不和,有孝慈;国家昏乱,有忠臣。(《道德经》第十八章)
> When the great Tao [*Dao*] declined,
> The doctrine of humanity [*ren*] and righteousness [*yi*] arose.
> When knowledge and wisdom appeared,
> There emerged great hypocrisy.

> When the six family relationships are not in harmony,
> There will be the advocacy of filial piety and deep love to children.
> When a country is in disorder,
> There will be the praise of loyal ministers. ...
>
> (*Daodejing* 18, trans. Chan 1963b:131)

绝圣弃智,民利百倍;绝仁弃义,民复孝慈;绝巧弃利,盗贼无有。此三言也,以为文未足。(《道德经》第十九章)

> Abandon sageliness and discard wisdom;
> Then the people will benefit a hundredfold.
> Abandon humanity [*ren*] and discard righteousness [*yi*];
> Then the people will return to filial piety and deep love.
> Abandon skill and discard profit;
> Then there will be no thieves or robbers.
> However, these three things are ornaments [*wen*] and are not adequate.
>
> (*Daodejing* 19, trans. Chan 1963b:132)

仁、义是儒家的两种核心美德。道家以为,它们只是补救措施,并不像儒家所说的那么理想。事实上,它们是达到孝慈目标的障碍。在儒家看来,圣与义是良好政治的两大准则,但道家认为它们对于国家没有好处。儒家一心热望的这些东西在《道德经》看来只不过是装饰物。或许可以问,道家为什么这样看呢?依道家之见,那是因为这些制度只会起到制约作用,只会窒息社群生活。一段有名的话把这点说得很清楚:"天下多忌讳,而民弥贫。"①(《道德经》第五十七章)这一论断背后的逻辑如下:如果教导或期望民众以某些特定的方式行事,那么他们就会依循这些方式而不能接受其他可能的行为方式。"所教"之规范更深层的危险还在于,它们暗中积淀在语

---

① The more taboos and prohibitions there are in the world, the poorer the people will be. (*Daodejing* 57, trans. Chan 1963b:201)

言之中。因此,人们在学习"美"这一术语的意义时也就是在学习"美"的概念。在大多数情形下,对何者构成美的理解内化于学习者,并由此塑造了学习者的态度。陈汉生有一简洁的论述:

> 社会区分的学习往往包含着将社会偏好内化于己的过程。懂得区分有无也就意味着偏好有,懂得区分美丑也就意味着偏好美。学习一名称,便会形成一行为态度或欲求。这是因为,人们通过模仿名称在引导日常选择的用法来学习名称。不是在教室里面通过背书来学习它们。由此,人们学会了让名称引导着做出与其社会模范(教师)相同的选择。通过学习,人们日复一日,不断提升对名称系统的掌握程度……对于塑造行为动机这项社会工程来说,语言是工具。(Hansen 1992:212 – 213)

用名来逐渐影响态度,这是儒家思想的一个重要方面;荀子的正名哲学尤其强调这一点。荀子认为,名积淀着行为规范,只要民众学了正确的名,民众就会把这些规范逐渐内化于自身。在荀子看来,这是社会管理的基本任务。《道德经》中有些文字的确把名视为社会的管理工具,这些文字很容易让人想到荀子的正名说。当然,两者存在重大差别,荀子主张用语言工具来加强社会—政治秩序,而《道德经》则非之:

> 五色令人目盲,五音令人耳聋,五味令人口爽。(《道德经》第十二章)
> The five colors cause one's eyes to be blind.
> The five tones cause one's ears to be deaf.
> The five flavors cause one's palate to be spoiled. ...
>   (*Daodejing* 12,trans. Chan 1963b:121)

教人五色之名、五音之名或五味之名,并不是像通常的理解那样扩充人们的知识。教人五色之名,也就是教导他像他的先生或他所在的社会那样看世界。五音亦然,五味亦然,推而广之,语言中的一切名称皆然。《道德经》注意到,吊诡的是,教育具有"令人聋盲"的性质。因此,学习一种语言也

就是接受一种理解事物的特定方式,学习者被灌输了一种特定的道:

> 天下皆知美之为美,斯恶已;皆知善之为善,斯不善已。(《道德经》第二章)
> When the people of the world all know beauty as beauty,
> There arises the recognition of ugliness.
> When they all know the good as good,
> There arises the recognition of evil. ...
>
> (*Daodejing* 2, trans. Chan 1963b:101)

这里包含很强的伦理成分;语言完全被视为思想灌输的工具。如果接受道家哲学的这一解释,那么我们还会追问,它有没有提出解决方案。或许有人说,不如完全不要和语言发生交涉。当然,可以有一种没有语言的生活这样的想法都似乎很天真,更不必说没有语言的生活更可取那样的想法了。或许有人说,我们可以部分地放弃语言。这个替代方案看起来也不能根本解决问题。如果问题在于语言的运用,那么,减少语言的运用只能缓解问题而不能根除之。还有一种方案:深入研究语言为什么、以及如何被用来操控民众。从这个观点来看,把语言用作思想灌输工具是一种症候,这表明社会内藏重大隐患。这是一个道德问题,对此道家开出的药方是:不要对生活进行干涉。

第二节 无为

"无为"一词按字面义可以译作"no action"(无所事事)。它意义晦涩,给道家哲学的诠释者带来不少困难。"无所事事"这一字面解释不如人意,因为它带来的结果不如人意。难道《道德经》倡导无所事事,或者完全弃绝社会生活吗?传统的规范和期许让个体窒息并管制个体的追求,《道德经》对此的回应难道就是无所事事?这样理解的无为,其暗含的消极倾向、可能还有崇古主义颇近于《道德经》第八十章:

小国寡民。使有什伯之器而不用,使民重死而不远徙。虽有舟舆,无所乘之;虽有甲兵,无所陈之。使人复结绳而用之。

Let there be a small country with a few people.
Let there be ten times and a hundred times as many utensils
But let them not to be used.
Let the people value their lives highly and not migrate far.
Even if there are ships and carriages, none will ride in them.
Even if there are arrows and weapons, none will display them.
Let the people again knot cords and use them (in place of writing)...

(trans. Chan 1963b:238)

将无为看作是消极的、是作为的对立面,这样的解释无济于事。如果《道德经》正确地找到了社会不安宁的根源,它不是应该建议读者做些什么来矫正之而非从社会生活抽身向后无所事事吗?消极的想法——它可以解释"无为"的一个通行译法,即"going with the flow"(随大流)——只能吸引那些对逆来顺受的生活方式充满浪漫想象的人。

如果认为《道德经》提倡根除传统的规范与做法,那么无为就必须有积极的意义。葛瑞汉强调,很重要的一点在于,无为同时具有两种意义:一方面,避免某些特定的行为;另一方面,用行动来破除世俗限制。吊诡的是,无为既是"不作为"(doing nothing),又是"为而不……"(doing but...)(1989:232)。① 依此,无为包含两个相反的要素,一者积极(即,批评现存的规范与做法),一者消极(即,避免操控或强制他者)。哪些行为应当避免,《道德经》讲得相当清楚。但是,究竟要做什么或实现什么,《道德经》就讲得很含糊了。史华慈认为,积极意义上的无为包括颠覆"繁杂世界中计虑性的、分析性的、目标导向的思与行",所谓繁杂世界乃是支持(与无为相对的)有为

---

① 关于其翻译中的"吊诡式的张力"(paradoxical force),葛瑞汉写道:"……将圣人之行为描述为某一时刻的'不作为'(doing nothing)或是另一时刻的'为而不'(doing but...),这种表述似乎是道家特殊品格的某种暗示:它提醒着我们,无论你用什么词都无法与其思想的深意契合得天衣无缝。"(1989:232)

意识的世界（Schwartz，1985：190）。①

计划、设计、刻意行事或操控，这些都体现着有为意识。有为属于一种特定的意向性，它所指向的成功或进步受制于历史或社会条件。若某套哲学担心用语言或其他社会灌输工具来操控民众的话，它自然要祛除、至少也要减低这种有为意识的出现。我们或许可以把"为"作为一种特定的意识，或者说，看待世界的特定视角。这样理解的"为"是一个很有意思的概念，它包含了一种伦理意义。这种理解源自"为"这个词的含义：它可以指（试图实现特定社会条件下的目标的）行为，也可以指一个人的判断（即，一个人如何看待特定的情形）。陈汉生把"为"的第二层意思译作"deem"（以为）（1992：212 - 214），依此，所谓"为"就是采取某种视角——看待世界的有色眼镜。在陈汉生看来，《道德经》的立场是拒绝一切受制于传统价值与规范的"以为"。无为就是"无以为之为"（act without deeming）——以不受制于传统规范与价值的方式行动：

> 如果说"有目的的"行为指的是自由的、理性的、有意识的或自愿的行为，那么，"为"就不是"有目的的"行为。相反，在老子那里，"为"标示着社会所诱发、所教导的反应样式——那是自主或自发反应的对立面。（1992：212 - 213）

如此解释的"为"超越了消极—积极的描述方式。与此相应，无为既是拒绝受限制的行为，又是推进由无限制的自发行为所带来的积极效果。

森舸澜把"为"的两种意义联系起来：行为层面的"无为"（non-action），认知层面的"无以为"（no-regarding）（2003：89ff）。《道德经》第三十八章讲道："上德无为而无以为。"森舸澜翻译如下：

---

① 在史华慈看来，《道德经》和《庄子》都反对墨家那种目的导向的行动模式。这种行动方式"基于对身边情境影响因素的精确分析性知识，基于对这些因素的精确'权衡'"（1985：190）。作为对墨家目标及方法的回应，道家的圣人倡导在为政中践行不侵犯或不干涉。

> The person of highest Virtue is without action (wu-wei) *and* holds nothing in regard...(Slingerland 2003:81;斜体为引者所加)

森舸澜的译法极好地展示了概念范畴如何框定思想、影响行为。他还认为,认知层面的"无以为"——陈汉生译作"deeming"——较之行为层面的"无为"更加根本。就此而言,一方面拒绝有为,一方面倡导无为,二者密不可分。森舸澜的分析很有意思,同时富于洞见,它的价值当然不仅仅在于成功地避免了"无为而无以为"这一短语的翻译困难。将"无为"译作"without action"或"non-action"的译者尤其会感到这一短语难译。接下来考察无为在政治及求知领域的特定应用。

无为与为政

人们往往很容易把无为概念与道家为政及统治之风格关联起来。无为跟为政的关系可以有多种方式:为政的风格、政府组织结构、为政的目标,甚至还有对社会生活的理解。它嘲讽流俗的成功标志,包括社会地位、财富和经济不平等,因为它们会引发争斗、无序、妒忌和犯罪(《道德经》第三、四章)。人们通常认为,一种值得过的生活离不开这些价值。不过,《道德经》并没有讲应该在多大程度上拒斥这些流俗价值,如果把《道德经》理解为宣扬原始的无政府主义,宣扬第八十章所描述的小国寡民状态,那么,它跟当代生活就几乎毫不相干了。《道德经》的目标,可能只是想把包括技术进步在内的文明化进程最小化。它甚至讨论了治国之术和战争策略。它的基调是倡导"不争"的策略。[①] 不过,无为概念的困难也影响到如何理解道家的为政观。首先,一方面提倡为政须无为,一方面又要求(道家式的)统治,二者似乎很难相配。道家的圣人何为?道家的统治概念曾经让史华慈感到不安:

> 的确,圣王的行为看起来包含着无法解决的矛盾。圣王似乎得费尽心思营造一个可以将世界转回到素朴之道的乌托邦,向原始状态复

---

① 史华慈讨论了各种关于无为策略的解读(1985 pp:210-215)。

归,这必须是一项有意为之的事业。这里,我们再一次碰到了道德上的扭矩的问题,后者把一个根本性的矛盾引入了老子思想整体。如果没有偏好、拒斥或深思熟虑的选择,那么也就没有人类道德。圣王否定文明的"政策"似乎本身就是有为的例子。矛盾依然没有解决。(1985:213)

在最根本的层面上,无为意味着拒斥那种压迫民众、威胁民众的治理风格或制度(《道德经》第三十、三十一、四十二、五十三、六十九、七十二、七十四章)。它对腐败的仇恨也很明显(《道德经》第五十三、七十五章)。无为或许也可以理解为那种不会把不必要的限制强加于民的政治(《道德经》第五十七、五十八章),或者不会诉诸诸如"圣"(《道德经》第十八、十九章)那样的错误措施的政治。我们甚至可以在《道德经》中发现与自由民主社会相容的观念。比如,在道家那里,"圣人无常心,以百姓之心为心"①(《道德经》第四十九章)。《道德经》批评当时的制度,因为制度的干涉与过分管制说明统治者对老百姓缺乏信任:"信不足,有不信。"②(《道德经》第十七章;亦见于第二十三章)③再者,它似乎倡导人与人之间的平等。它特别对比了天道与人道:

天之道,其犹张弓与!高者抑之,下者举之;有余者损之,不足者补之。天之道,损有余而补不足。人之道则不然,损不足以奉有余。(《道德经》第七十七章)

Heaven's Way is indeed like the bending of a bow.

When [...] high, bring it down.

When it is low, raise it up.

---

① The sage has no fixed (personal) ideas... he regards the people's ideas as his own. (*Daodejing* 49, trans. Chan 1963b:186)

② It is only when [the ruler] does not have enough faith in others that others will have no faith in him. (*Daodejing* 17, trans. Chan 1963b:130)

③ 这两章与《论语·泰伯》中所述基调截然相反;后者不认为普通百姓能够理解政府和人类社会的目的:"子曰:'民可使由之,不可使知之。'"

When it is excessive, reduce it.

When it is insufficient, supplement it.

The Way of Heaven reduces whatever is excessive and supplements whatever is insufficient.

The way of man is different.

It reduces the insufficient to offer to the excessive...

(*Daodejing* 77, trans. Chan 1963b:234)

关于为政的这些看法所反映的,似乎不仅是对现存制度的祛魅。它们同时也深深怀疑与现存制度相关、并为现存制度辩护的人性预设。在不满的背后,我们看到道家并不认为社会可以担保或促进人的幸福。如果能够对道家圣人所推动的社会—政治之善加以实质性描述,那么,对无为的这种理解在当代语境之下不仅合理,而且吸引人。偶尔从承继的传统及流行的期许后退一步以重估我们或社会的精神目标——我们总是可以从这样的做法中学到很多。但是,必须回到史华慈对道家统治概念的评论,因为他的不安有着更为复杂的原因。《道德经》没有明确界定无为,因此这一概念可以有很不相同的意蕴。简单地说,无为可以产生出很多不同的政治统治模式。到目前为止,我们已经看到无为可以应用于掌权者的行为或信念。但是,无为也可以用于政治意识形态,以便限制普通老百姓的自由。《道德经》第三章所表达的意思似乎是要让民众保持简单状态:

是以圣人之治,虚其心,实其腹;弱其志……

... Therefore in the government of the sage,

He keeps their hearts vacuous,

Fills their bellies,

Weakens their ambitions...

(trans. Chan 1963b:103)

学者们不得不承认,"虚"在这里可以做不同的理解;这段话可能是提倡一种操控民众的政治策略。不过,大多数学者已进一步为"虚"作辩护:

"虚"指的是简单纯朴的生活方式。① 但是,也不能匆忙下结论说,无为不是规定人们顺从更大的社会—政治秩序(Graham 1989:289)。在此情形之下,一个无为的政府要求民众"随大流",服从政府的领导。据说慎到(公元前390?—前315年)这位同时受法家与道家影响的法家人物就是"曳而后往",让其他东西拉着走(《庄子·天下》)。在史华慈看来,这意味着服从,意味着"顺从无奈何之事";归根到底,要求服从"更广的社会—政治秩序的动力"(Schwartz 1985:244)。再者,法家以赏罚控制百姓的做法可以相应地得到辩护:人总是完全服从趋赏避罚的机制;因此,老百姓是"道可以预测的工具"(Schwartz 1985:244)。② 这里,我们看到了无为的含糊性所导致的结果;它可以用来支持完全不同的政府模式。无为这个概念究竟怎么使用,《道德经》对此没有给出任何指导。难道文本本身就呈现了无为的进路吗?或许可以从无为与知识的关系中更好地理解无为的实质内涵。

无为与为学

《道德经》有不少段落高傲地宣称,道本性高深莫测(《道德经》第一、十四、二十一章)。与此相应,道家的知识亦深奥晦涩(《道德经》第十六、二十五、四十一章)。这些文字明确指出,道家的生存典范总是关联着不可言说、素朴纯真、不可捉摸以及微不足道,所有这些都与人们苦心追求的东西相左。在《道德经》中,这还意味着拒斥学识。尽管人们总是认为学识至少是通行的善——按照很多人的理解,它还是定然的善——但是《道德经》却试图颠覆为学及为学的成效:

---

① 例如,陈荣捷认为,"从字面上理解,'虚'意味着心灵的绝对平静与纯净,以及超脱于烦恼和私欲的自由状态"(1963b:141)。史华慈同样为道家主张之简朴生活辩护:"'腹'指的是最简单的基本生理需要的满足;而'目'指的是'高级'愉悦所必需的对事物外在感性品质的鉴别能力"(1985:205)。
② 对此,黄老之学(道家—法家)的文本中有很好的例子,参见:De Bary and Bloom (eds) 'Syncretic Visions of State, Society and Cosmos', in *Sources of Chinese Tradition*, Vol. 1, pp. 235–282。

为学日益,为道日损。损之又损,以至于无为……(《道德经》第四十八章)

The pursuit of learning is to increase day after day.

The pursuit of Tao is to decrease day after day.

It is to decrease and further decrease until one reaches the point of taking no action [*wuwei*] …

(*Daodejing* 48, trans. Chan 1963b:184)

如果我们接受前面所解释的道家对语言的矛盾心理,甚至把它视为抗拒语言,那么,我们也就能够理解为什么道家需要否定求知。知识和语言这两种机制必定编织在一起,知识表达在语言之中,语言庇护已经获得的智慧:"天下皆知美之为美,斯恶已。"(《道德经》第二章)把"为"界定为"以为"有助于说明这段文字:为道旨在摆脱对世界的流俗评价;因此,一个人应当减损流俗的智慧。"减损"的对象既是如此,那么无为也蕴含一个人不会坚持用既习得的语言来理解世界。道家之所以不满于知识,其原因一部分在于语言中区分的任意性,一部分在于习焉不察、未加思索地接受这些区分的合法性。在道家看来,具有讽刺意味的是,现象的决定如此任意,人们对它的持守却如此坚定:

绝学无忧。唯之与阿,相去几何?……我愚人之心也哉!沌沌兮!俗人昭昭,我独昏昏;俗人察察,我独闷闷。澹兮其若海,飂兮若无止。众人皆有以,而我独顽似鄙。(《道德经》第二十章)

Abandon learning and there will be no sorrow.

How much difference is there between "Yes, sir," and "Of course not"?...

Mine is indeed the mind of an ignorant man,

Indiscriminate and dull!

Common folks are indeed brilliant;

I alone seem to be in the dark.

Common folks see differences and are clear-cut;

I alone make no distinctions.

I seem drifting as the sea;

Like the wind blowing about, seemingly without destination.

The multitude all have a purpose;

I alone seem to be stubborn and rustic...

(*Daodejing* 20, trans. Chan 1963b:134)

混沌未开之心与道相通,道有时被说成是粗糙质素之"朴"(《道德经》第十五、二十八、五十七章)。命名、辨认、决定事物的功能与用处,这些行为创造了特定的目的观与价值观;由此我们学会了珍惜器物,却看不到它的真实用处在于它的空无(《道德经》第十一章;亦参第二十五、三十二章)。道家哲学注意到了流俗价值的悖论性质:那些人们以为精致复杂的东西究其实质却是老调重弹、因循守旧的玩意。有趣的是,一旦理解了这一悖论,我们就会碰上另一个悖论:《道德经》所讲的"朴",实际上是复杂的元哲学论题,它要讨论的是流俗信念及行为的不足之处。我们对《道德经》中为学概念或许可以先分析到这里。《道德经》的文本价值就在于这种反思意识与批判意识。通过拒斥儒家的目标与方法,《道德经》展示了批判性立场的重要性;它可以帮助我们理解历史和集体力量如何强加于个体之上。

然而,不能不提到的是,对知识的拒斥通常关联着对自然世界的强烈意识。依此,要想欣赏周遭的世界,只有亲自直接观察它,不受流行期许的干扰。由此出发,《道德经》多次提出,要直接理解,不要用囿于流俗的方式看世界或解释世界。《道德经》第五章明确指出,自然世界是价值中立的:"天地不仁,以万物为刍狗。"①我们或许可以追问,这种对自然无偏私的观察是否在某种程度上接近于科学探究所必不可分的冷静超然的观察。研究中国科技与文明史的李约瑟(Joseph Needham)认为,道家的"守静"有利于科学考察。② 按照史华慈的理解,"守静"意味着"毫不挂心世道的沧桑或恐怖;冷

---

① Heaven and Earth are not humane. They regard all things as straw dogs. (*Daodejing* 5, trans. Chan 1963b:107)

② 参见 Schwartz(1985), pp. 202–205。

眼看自然,不带一丝价值判断"(Schwartz 1985:202)。

对观察的这一看法,其有趣之处在于,它对道家认识论的理解与我们此前的讨论迥然相异。依照前面对为学的描述,《道德经》哲学的意义在于它的反思行为,以及对传统与习俗的批判性立场。但是,这里所讲的无偏见的观察却把反思拒之门外,甚至还可能排除了我们在婴儿之喻中看到的前哲学的直觉把握(《道德经》第十、二十章)? 史华慈认为,《道德经》并没有倡导客观的观察,因为有大量证据表明,它偏好雌、朴、静、不下断言,而"老子那里的自然界是且只是我们日常经验到的自然界"(1985:203)。几乎找不到证据证明《道德经》提倡用价值中立的科学方法理解世界。这就引出了《道德经》的伦理关怀问题:《道德经》是否提出了另一种理解人的价值与意义的方式?如果流行的文化培育无思的个体,如果传统的规范阻碍了人的发展,那么,无为的进路可以提供什么呢?

第三节　自然与无为的伦理学

《道德经》不乏隐喻,这些隐喻往往跟谦顺、卑下相关。《道德经》偏好丑、玄、退、静、雌、弱之类的品性,认为它们胜过流俗的价值(《道德经》第八、十一、二十六、二十八、三十六章)。但是,它并没有讲这些品性究竟如何实现。这一含糊之处似乎是一大缺点,因为这会使《道德经》看上去只是想颠覆传统的规范。但是,推翻一套价值体系并不能解决流行文化的同化压力、语言强化习俗之见的副作用等等困难。一言以蔽之,一种柔顺的伦理不能解决依"有为"之思与行而生的结构性难题。①

这一问题的解决取决于如何理解"自然"概念。前一章提到,"自然"常常译作"nature"(自然界),指自然界中的事物以及事物间的关联。从这一自

---

① 我在其他地方强调过,我们必须谨慎对待《道德经》中的"雌"(femininity)或者说女性化品质的问题,当雌与包括服从(submissiveness)在内的一系列品性相关的时候尤其要如此。女性主义哲学可以从道家哲学中吸取的思想资源或许是道家的互补性概念,它提供了可以让男性概念和女性概念都得以阐明的强大的概念框架。参见:Karyn Lai, (2000) "The *Daodejing*: Resources for Contemporary Feminist Thinking' in *Journal of Chinese Philosophy* vol. 27(2):131 – 153.

然概念推导出来的伦理体系模仿自然界之道;自然界反抗人为控制,而体现"自发样态、程序、循环、节律和习惯"(Schwartz 1985:202)。与这种世界相应的伦理反应乃是无为:不干涉,或者说任其自然。按照陈荣捷的理解,道家圣人的典范伦理乃是:"以辅万物之自然而不敢为。"①(《道德经》第六十四章)当代研究道家的学者刘笑敢把自然视为道家伦理的核心价值(Liu 1999)。他认为,在道家伦理体系中,人际关系的特点是自然与和平,伦理最终可以归结为人与自然之间的基本关系:

> 尽管地、天、道都是老子哲学中非常重要的观念……但是,它们仅仅是过渡性的、或者说起中介作用的观念:它们对于解释或修辞而言必不可少,但真正的重点在于谱系的两端——人与自然——以及二者之间的关系。它表明,人——尤其是君王——应当效法自然。(Liu 1999:220-221)

但是,刘笑敢的解释——实际上所有认为《道德经》的伦理学是一种基于"自然"的伦理学的解释——有一个缺点:它未能说明应当模仿的自然究竟是什么。自然界有许许多多相矛盾的品性,我们不清楚究竟应当遵循何种品性,也不清楚究竟应该在多大程度上将它们具体化于人类社会之中。刘笑敢的论述假定人们有一种共同的、先定的自然观,而生活必须遵照这一自然观的规定。但这样一来,"无为"就更加难以理解了:这似乎是在说,无为不是先前所提到的拒斥传统的行为,而是坚持"自然"框定我们去做的事。

不过,"自然"还可以解作形容词而非名词。此二义都有历史依据。作为形容词,"自然"指的是"自发性"(spontaneity)——物之所是②——"自身如此者"(what-is-so-of-itself)(Waley 1958:174)。这样理解的自然和前面所讲的自然不同,它可以不诉诸自然界。相反,它基于道家的自我观:自我

---

① He supports all things in their natural state but does not take any action. (*Daodejing* 64; Chan 1963b:214)

② "自然"(self-so-ness)这个概念来自于两个词的字面结合:"自"(self)与"然"(so)。"然"有二义:一者与火相关,一者涉及存在的条件,即"如此这般"(as it is so)。《说文解字》将"然"解为"如此"。

在环境条件之下自由表现自身。自然的这两种解释,即作为"自然界"的自然和作为"自发性"的自然,似乎有相反的意蕴。依第一义,成其自然就是要遵循规定的发展道路,当然这一道路应当是"自然"的。依第二义,成其自然则是从不正当的强迫之下解放出来:

> 自然的一个重要方面,在于事物的运动必须来自事物的内在生命,而绝不能来自外在力量的规划或制约。(Cheng 1986:356)

从根本上讲,作为自发性的自然关注环境或特定事态中的个体,而不是关注自然界中的个体。① 自然二义之间的差异,我们可以从《道德经》第二十五章看得特别清楚。此章写道:"人法地,地法天,天法道,道法自然。"依自然之第一义,可以翻译如下:

> ... Man models himself after Earth.
> Earth models itself after Heaven.
> Heaven models itself after Tao.
> And Tao models itself after Nature.
>
> (trans. Chan 1963b:144)

依自然之第二义,则可以翻译如下:

> ... Human emulate Earth.
> Earth emulates Heaven.
> Heaven emulates *dao*.
> *Dao* emulates spontaneity. ②

---

① 艾伦·福克斯(Alan Fox)认为,这种自发性的个体自由是道家哲学的基本特征。参见:(1996) 'Reflex and Reflexivity: *Wuwei* in the *Zhuangzi*' in *Asian Philosophy* vol. 6 no. 1:59-72。

② 此处采用安乐哲与郝大维的译文,参见 Ames and Hall(2003),第 115 页。

作为自发性的自然,其核心是一原则或品性,而非一事物或有机体(自然界)。在此情形下,自然对于道家拒斥流俗价值与做法有何作用?它如何指导行动?在个体层面,自然(自身如此)描述了个体在情境中的最佳实现状态。但是,道家意义上的自发性并不意味着无所拘束的自由。"自身如此"意义上的自然并非提倡完全自决。相反,事物的基本关系,以及事物于关系情境之中的栖居,这些都是自然概念的题中应有之义。这样,我们就不难理解,自发性既可以用于个体,也可以用于事态。就后一层面来说,自然表示事物间的关系、事物相互间的作用以及事物间持续的相互改变。

如果同意这样解释"自然",那么也就可以把"无为"理解为欣赏(他者的)自发性。在一个主张个体相依互存的框架内,承认他者的自发性、独特性与独立性意味着一种不加干涉或不加不当干涉的伦理反应,即无为。不干涉有很多重要的伦理意蕴,其中包括避免采纳僵化的、绝对的理想或单方面的、独断的方法论,促进那些有助于个体自决的因素。自然无为描述一种把尊重个体自发性作为基础的伦理框架。当然,如果我们以为人们可以"自然而然"、毫不费力地做到自然无为,那就错了。事实上,它需要深刻的智慧和特定的技艺。《道德经》第六十四章把自然—无为的伦理讲得很清楚:

> 为者败之,执者失之。是以圣人无为,故无败;无执,故无失。……学不学,复众人之所过。以辅万物之自然而不敢为。
>
> He who takes conventionally-prescribed action [*wei*] fails.
>
> He who controls things loses them.
>
> Therefore the sage takes [*wei*] unconditioned and non-controlling action [*wuwei*] and therefore does not fail.
>
> He seeks not to control anything and therefore he does not lose anything...
>
> He learns to be divested of conventional norms and their associated conditioned perspectives [*xue buxue*],
>
> And returns to the original multiplicity and specificity (of individuals)

Thus he supports all to be spontaneous and not to act according to learned and conditioned responses.

（著者自译）

自然无为的伦理讲自我理解，讲欣赏他者，这些与规范伦理大相径庭。这一伦理要求以开放的态度对待他者，而不是把传统规范强加于他者，把它们视为可以普遍应用于一切个体与一切情境的东西。它依赖于道德感知能力和响应他者的能力，并把它们视为道德的基本要素。这样理解的基本要素与西方传统道德哲学中的公正性、客观性和普遍性等标准形成了鲜明的对照。[①] 有大量的文献表明，西方道德哲学家意识到这些道德标准是不充分的。然而，我们不能简单地将其抛弃，因为道德与道德思考实际上离不了它们。或许，道家哲学关于自然无为的伦理思考可以改进上述标准的应用。两大传统的对话将产生出一种新的伦理学，它既是一贯而可靠的，同时又致力于承认和鼓励人类行动与决定中的自发性。

延伸阅读建议

Chang, Chung-yuan (1975) *Tao, a New Way of Thinking*, New York: Perennial Library.

Hansen, Chad (1992) 'Laozi: Language and Society', in *A Daoist Theory of Chinese Thought*, New York: Oxford University Press.

Schwartz, Benjamin (1985) 'The Ways of Taoism', in *The World of Thought in Ancient China*, Cambridge: Belknap Press of Harvard University Press.

Slingerland, Edward (2003) *Effortless Action: Wu-wei as Conceptual Metaphor and Spiritual Ideal in Early China*, Oxford: Oxford University Press.

---

① 参见伯纳德·威廉姆斯 (Bernard Williams) 和约翰·凯凯斯 (John Kekes) 的相关论述：Bernard Williams and J. J. C. Smart (1973) *Utilitarianism: For and Against*, Cambridge: Cambridge University Press; John Kekes (1981) 'Morality and Impartiality' in *American Philosophical Quarterly* 18: 295–303.

第七章 名家与后期墨家

在公元前4世纪的中国,语词开始进入它们自己的世界——一个与现实世界仅仅发生零星关联的领域……现在,跟汉语言及汉字书写的历史与特性相联系,某些特别的原因使得语言与实在之间的罅隙不仅仅成为抽离的哲学探究主题,而且成为当时迫在眉睫的现实问题。

(Waley 1958:59-60)

韦利(Waley)把这一现象称为"语言危机"。他的描述意味着当时似乎已经有一股思潮在中国的思想家中间扩散。他们开始质问语言的本质及其与实在的关联。韦利正确地指出,汉语的特独性使得语言—实在的对应问题变得更加复杂了。每个汉字(或者说,名)有特定的含义,而汉字与汉字如何组合以形成复合名称或命题则是一个重要问题。同样关键的问题还有,这些"名"如何可能准确地反映实在。无论是儒家的正名说,还是墨家对法(标准)的讨论,都试图通过确定名的正确运用来规范社会。相反,与《道德经》相关的哲学家则更加自觉地意识到语言的约定性及其惑乱人心的能力。有关名的争论涉及诸多哲学领域,包括我们所说的形而上学、认识论及语言哲学。名家与后期墨家所涉足的领域,有些是战国时期其他思想家未曾触及或仅仅略有触及的。

汉代,正在写作中国思想史的司马谈(卒于公元前110年)将一群思想家统称为名家。① 由于这批学者讨论的课题很广泛,其论争的风格也多种多样,而现存文献的诠释空间又很大,所以他们有时也被称作逻辑学家、诡辩

---

① 司马谈已经着手编纂一部中国史。他的儿子司马迁(公元前145?—前87年)完成了他的未竟事业,撰成《史记》。这部史书所载的中国历史上下两千年,一直写到汉武帝(公元前156—前87年)时期。

家、辩证家、术语学家或唯名论者。"名家"这个称号很重要,因为它标识出他们的讨论集中在"名"及其与现实世界的关联。其中一些学者是战国时期有名的辩者。他们以善辩闻名。辩者试图用辩来解决分歧。他们认为,一旦澄清事物或论说的分别,分歧就可以解决。因此,他们小心翼翼地界定名,界定名的范围与指称。辩者的同时代人对他们评价甚低,认为他们是花言巧辩。他们的思想似乎无甚伦理学或实践意义。荀子批评道:

> 好治怪说,玩琦辞,甚察而不惠,辩而无用,多事而寡功,不可以为治纲纪;然而其持之有故,其言之成理,足以欺惑愚众,是惠施、邓析也。(《荀子·非十二子》)
>
> ... they like to deal in strange teachings, and weary people with curious ideas. They are very critical but do not care about its usefulness; they debate but impractically. They make much fuss but accomplish little; their doctrines cannot be the unifying bond of good government. Yet what they support seems reasonable; their teachings are plausible, sufficiently so to deceive and mislead the ignorant multitude—such are Huei Shih [Hui Shi] and Teng Si [Deng Xi]. (*Works of Hsuntze*, chapter 6, trans. Dubs 1966:79)

荀子的评论反映了批评辩者论题的人所关注的问题。不过,我们在本章将会看到,这些批评仅仅集中在辩者思想中最微不足道的方面。由于某些相互关联的原因,辩者思想无论是在中国思想史上还是在当今学界都被低估。人们认为,他们讨论的问题跟战国时期那些与社会—政治动荡相关联的问题了不相干。普遍的看法是,辩者的讨论偏离了围绕伦理标准、良好政治和政治策略等实际问题的主流论争。尽管一些辩者(如邓析)嗜好诡辩,但其他人还是在严肃思考论证方法与合理性证明的标准。事实上,荀子本人的著作中就用到了其中一些方法(Graham 1978:21)。尽管在儒家及其他思想家看来,对"辩"的讨论几无任何实践意义,但辩者却相信,通过澄清名的地位及名实关系,"辩"可以从根本上解决社会—政治问题。不幸的是,从公元前221年开始的秦代极权统治终结了思想争鸣;随后汉代所复兴的思想探究主要集中于儒学。在很大程度上,秦汉时期的社会、政治气候决定了后来哲学讨论的边界。辩者的文献大部分失传了,这也让我们更加难以充分理解他们的学说。

名家涉及的很多论题后期墨家也有所讨论。我们对于这些后期墨家人物一无所知,主要只能从《墨子》四十至四十五这六篇了解他们的思想。后期墨家与名家关系密切;这两个思想家群体思考相近的问题,用类似的论说方法发展观点,当然他们得出的结论则互有差异。因此,我们发现,一些传统文献把后期墨家归入名家,偶尔也有一些文献则把他们一股脑称为后期墨家(Hu Shih [Hu Shi] 1928;cf. Mei 1953:406)。后期墨家哲学也是流传不广,与名家有着类似的命运。名家与后期墨家的思想趋于衰落,这对于中国哲学史来说是莫大的损失。除了伦理与政治问题,后期墨家还涉足诸多我们可以称之为实用科学的领域:几何学、力学、因果关系问题、空间问题、时间问题、光学,甚至还有经济学(Fraser 2003:xvii)。他们的思想与方法填补了中国思想中我们常觉有所缺失之处。先秦的思想论争主要由儒道两家的伦理学与国家治理思想所代表——或许应当说,我们过多强调了它们的代表性。后期墨家主要关注知识与判断的可证性问题,我们对世界的理解、我们的语言是否能充分反映世界,以及语言与思想、实在的关系结构。逻辑、推理论证、科学思维、语言哲学与认识论是早期中国思想的薄弱环节,之所以如此,一方面因为人们对它们不够重视,另一方面则因为儒家与道家在早期中国哲学中占据着优势地位。对辩者思想的细致讨论将会展示一些跟西方哲学更加契合的哲学思想。我们的讨论亦会表明,轻率忽视这些思想是多么严重的疏漏。

第一节 名家的论辩

据《汉书》记载①,有七部名家文献,它们都以作者的名字命名。其中有两部残缺不全,而且极有可能是伪书(《邓析》《尹文子》),有四部已佚(《成公生》《黄公》《毛公》《惠子》)(Makeham 2003:492-493;Johns-

---

① 《汉书》的编纂始于班彪(3—54年),成于其子班固(32—92年)及其女班昭(45?—117年?)。全书叙述了汉代从公元前206年至公元23年的史实。

ton 2004:271)。《庄子》和《荀子》提到过惠施(惠子)的思想。虽然只保留了一部分,但《公孙龙子》毕竟是唯一一部流传下来、并保留了原初形式的文献。

当时的人认为名家"提出一些怪论,乐于与人辩论,别人否定的他们偏要肯定,别人肯定的他们偏要否定"(Fung 1948:81)。怪论挑战常识,让其他人惊惶失措,而名家对此似乎颇为得意。在他们的对手看来,他们惟一感兴趣的就是在辩论中取胜。庄子说,惠施(公元前370?—前310年?)"欲以胜人为名,是以与众不适也"①(《庄子·天下篇》)。陈荣捷则用肯定的语言描述了辩者的工作:"他们是唯一致力于存在、相对性、空间、时间、性质、实在性、因果这一类问题的群体……他们代表了古代中国唯一一股为知识而知识的理智主义潮流。"(Chan 1963a:232)邓析(卒于公元前501年)在郑国身居高位,据说他制订了刑法,还帮人打官司(Makeham 2003:492)。他对法律的解释、对语词的界定充满了巧言与诡辩,这一点颇受他人诟病(ibid.;Harbsmeier 1998:287)。他精于诡辩,自然不以为对错有固定的标准,而可与不可也是能够相并的。

邓析的巧辩或许是先秦时期辩者最鲜明的特征。但是,这并不是这群思想家最有哲学意义或者说最重要的特点。事实上,"名家"这一回溯性的称号标识了他们的核心论题。他们关于名、复合语词及名实关系的讨论不仅与后期墨家的论题,而且与荀子、老子和庄子的观点有着重要的关联。

惠 施

惠施乃庄子密友。据说,庄子曾过其墓(《庄子·徐无鬼》)。《庄子》提到,惠施像墨家那样主张泛爱(《庄子·天下篇》)。虽然荀子以惠施、邓析并举(《荀子·非十二子》),但并没有证据表明惠施鼓吹诡辩(Fung 1952,vol.1:195)。不过,惠施以一组深奥的悖论和比喻闻名,而不够精明的观察者很容易把悖论跟诡辩关联起来,似乎两者的目的都是为了制造困惑。然而,从下面这则轶事来看,惠施对自己的论证方法似乎有着更加深

---

① [Hui Shi] wished to make a name for himself by winning arguments; that is why he came to be so unpopular. (*Zhuangzi*, chapter 33, trans. Graham 2001:285)

刻的理解。梁王批评惠施依赖类比推理,而惠施则为自己的方法做出了令人信服的辩护:

> 谓惠子曰:"愿先生言事则直言耳,无譬也。"惠子曰:"今有人于此而不知弹者,曰:'弹之状若何?'应曰:'弹之状如弹。'则谕乎?"王曰:"未谕也。""于是,更应曰:'弹之状如弓,而以竹为弦。'则知乎?"王曰:"可知矣。"惠子曰:"夫说者,固以其所知谕其所不知,而使人知之。今王曰'无譬',则不可矣。"(《说苑·善说》)

> 'When you speak of affairs, sir, I wish you would simply speak directly, with no analogies.'

> 'Let's suppose we have a man who does not know about *tan*', said Hui Shih [Hui Shi]. 'If he says "What are the characteristics of a *tan* like?", and you answer "Like a *tan*", will it be communicated?'

> 'It will not.'

> 'If then you answer instead "A *tan* in its characteristics is like a bow, but with a string made of bamboo", will he know?'

> 'It could be known.'

> 'It is inherent in explanation', continued Hui Shih, 'that by using what he does know to communicate what he does not, you cause the other man to know it. For your Majesty now to say "No analogies" is inadmissible'. (*Shuo Yuan*, cited in Graham 1989:81)

惠施的回答关系到直接定义的问题。事实上,他的回答本身就是设譬。他指出,在实际的"弹"不在场的情况下,"属加种差"的定义无济于事(Graham 1989:81)。相反,我们不得不依靠已知者(弓)与未知者(弹)之间的对应平行关系来说明未知者。

《荀子》与《庄子》都简要列出了惠施的悖论。《荀子·不苟》所列的悖论有些与《庄子》所列相同,有些完全不像是悖论,另一些则因为文本残缺的缘故难以解读。我们对惠施的了解大部分来自《庄子》所载的悖论。《庄子》记叙了惠施学说十事及辩者学说二十一事。惠施十事看起来像是详细论证

之后得出的结论,当然我们并不知道究竟如何论证。它们指出,判断是不可靠的,度量的标准也是不可靠的。十事如下:

1. 至大无外,谓之大一;至小无内,谓之小一。
2. 无厚不可积也,其大千里。
3. 天与地卑,山与泽平。
4. 日方中方睨,物方生方死。
5. 大同而与小同异,此之谓小同异;万物毕同毕异,此之谓大同异。
6. 南方无穷而有穷。
7. 今日适越而昔来。
8. 连环可解也。
9. 我知天下之中央,燕之北、越之南是也。
10. 泛爱万物,天地一体也。

(《庄子·天下篇》)

这些悖论表达了对度量的怀疑,或许可以把它们理解为对墨、儒、法家的反动:墨、儒、法家试图将名的指称固定下来并加以标准化,并以此达到操控百姓的目的。这些悖论指出,无论是大小、面积、高度、方向、位置还是时间,它们的标准与度量都是相对的。其中一些集中在度量如何随着观察者位置的改变而发生变化;陈汉生称它们是"指代的"(indexicality)(Hansen 1992:262)。其他一些命题指出了时空的无限可分性(Graham 1989:79),它们与芝诺的悖论不无相似之处。学界试图根据不同的标准对这些命题进行分类。雷丹(Reding)认为,它们跟当时的政治论争有关。① 不过,我们应当谨慎地注意到,这一诠释任务有其限度。至于原因,冯友兰讲得很清楚:

然《天下篇》所举,仅其辩论所得之断案,至所以达此断案之前提,则《天下篇》未言及之。自逻辑言,一同一之断案,可由许多不同之前提

---

① Jean-Paul Reding(1985)*Les fondements philosophiques de la rhétorique chez les sophistes grecs et chez les sophistes chinois*, Bern: Peter Lang; cited in Graham 1989:78.

推来。吾人若知一论辩之前提,则可推知其断案。若仅知其断案,则无由定其系由何前提推论而得,其可能的前提甚多故也。故严格言之,《天下篇》所举惠施等学说数十事,对之不能作历史的研究,盖吾人可随意为此等断案,加上不同的前提而皆可通,注释者可随意予以解释,不易断定何者真合惠施等之说也。(Fung 1952 vol.1:192)

冯友兰的看法不无道理。不过,这些命题显然还是指出了统一、不易的实在(命题1、10)与我们对它的感知之间存在某种程度上的差异与矛盾。胡适对十个命题的解释很有影响。他认为,命题10实际上乃是所有命题的"寓意":它是其他九个命题所支持的结论。命题10是仅有的一个具有伦理意蕴的命题,它建立在其他九个形而上学论断之上(Hu Shih 1928:113)。以此观之,惠施的方法很有创造性。前面九个命题使人们注意到度量(以及用来描述度量的名)的相对性;然后,在命题10我们跳回去肯定一个绝对的、不变的一(cf. Fung 1948:85)。依此诠释,或许可以这样理解惠施的悖论:它们试图论证人类的理解力不足以把握深藏的惟一实在。就此而言,《庄子·天下篇》的作者尽管看起来抓住了惠施注重物散于万的特点,但是,不幸的是他并没有充分理解惠施的深意。《天下篇》把惠施的博学同其思想缺乏决断做了对照:

> 惠施不辞而应,不虑而对,遍为万物说,说而不休,多而无已,犹以为寡……惠施不能以此自宁,散于万物而不厌,卒以善辩为名。惜乎!惠施之才,骀荡而不得,逐万物而不反,是穷响以声,形与影竞走也,悲夫!(《庄子·天下篇》)

> Hui Shih [Hui Shi] answered without hesitation, replied without thinking, had explanations for all the myriad things, never stopped explaining, said more and more, and still thought he hadn't said enough, had some marvel to add... Hui Shih was incapable of satisfying himself with [pursuing a single direction], he never tired of scattering all over the myriad things, and ended with no more than a reputation for being good at disputation. What a pity that Hui Shih's talents were wasted and never came to anything, that he

would not turn back from chasing the myriad things! He had as much chance of making his voice outlast its echo, his body outrun its shadow. Sad, wasn't it? (trans. Graham 2001:295)

惠施还有很多深刻的见解,我们放在下一章与庄子哲学一起讨论。

公孙龙

公孙龙(约出生于公元前 320 年)提出了著名的"白马非马"论。《公孙龙子》现存六篇(五篇论文及一篇短序),其中可能只有《白马论》(第二篇)与《指物论》(第三篇)作于汉代之前。序言讲到了公孙龙生平的一些细节,第四至六篇(《通变论》、《坚白论》和《名实论》)极可能是后来的作品,其中一些材料也见于后期墨家(Graham 1990a:125 – 166)。

同惠施及墨家一样,公孙龙也是一位和平主义者(Hu Shih 1928:110)。比起惠施的残篇,《公孙龙子》包含了长篇大论,尽管如此,它依然在很多方面残缺不全。我们很难断定,白马论及其他议论在公孙龙更广的哲学框架中坐落何处。学界对公孙龙学说的解释各式各样,从形而上学、语言哲学、逻辑学一直到诡辩。两篇真实作品中的《指物论》尤其晦涩,其中的论题似乎可以相应于诠释者视角的变化而有多种解释。最近对《公孙龙子》的研究试图结合当时的思想论争来理解其哲学。陈汉生把名家与后期墨家放在汉语逻辑的论域之下加以讨论(1983a);葛瑞汉重新编定《白马论》,认为《公孙龙子》的核心任务是说明部分与整体的关系(1990a)①;江忆恩(Ian Johnston)认为,尽管有残缺,《公孙龙子》仍是一个统一的本子。他还将其学说与后期墨家学说关联在一起加以解释(2004)。

我们来详细考察一下公孙龙的核心思想白马论。《白马论》以主客对话的形式讨论"白马非马",公孙龙举了很多理由说明为什么他认为这个命题可以接受("可")。为简洁起见,我们只来看公孙龙的回答。共有五个相互关联的论证,有些内容则是重叠的。

---

① 这一解读可以把公孙龙跟惠施更加紧密地结合起来,因为惠施的结论或许可以用来说明:在统一的整体内部存在着多样性的构成部分。

§1　马者,所以命形也。白者,所以命色也。命色者,非命形也。故曰白马非马。

§1　"Horse" denotes form; "white" denotes color. What denotes color does not denote form. Therefore it is said, a white horse is not a horse. (Mei 1953:421)

公孙龙的回答似乎令人困惑,因为他看起来没有明白"同一性"与"类成员"的含义(Graham 1989:82)。无疑,"白马"的范围要比"马"的范围窄——实际上,"白马"是"马"的子集——因此,"白马"是"马"。然而,公孙龙把颜色同形状区分开来,似乎只是证明了白这种颜色不是马。他似乎并不理解,任何颜色的马仍旧是马。不过,他之所以把形状跟颜色区分开来,可能另有深义。学者通常把这两种特性——白性与马性——从述谓的角度描述为属性或抽象的共相。这一看法可以从下面一点获得支持:《指物论》可以理解为一篇讨论属性的论文。如果公孙龙的确是在讨论语言的这些特性,那么,这第一个论证就可能是区分白性与马性,或者,它试图在真实存在的马("实")和作为概念或述谓的白性与马性之间划一界线。①

§2　求马,黄、黑马皆可致;求白马,黄、黑马不可致。使白马乃马也,是所求一也。所求一者,白者不异马也。所求不异,如黄、黑马有可有不可,何也?可与不可,其相非明。故黄、黑马一也,而可以应有马,而不可以应有白马。是白马之非马,审矣!

§2　When a horse is wanted, yellow or black ones may all be brought. But when a white horse is wanted, yellow or black ones may not be brought. If a white horse be a horse, then what is wanted in the two instances would be the same. If what is wanted were the same, then a white horse would be no different from a horse. If what is wanted were not different, then why is it that yellow and black horses are satisfactory in the one case but not in the other? What is satisfied and what is not satisfied evident-

---

① 后一种解释也可以关联到《公孙龙子》中讨论名实关系的《名实论》。

ly are not the same. Now the yellow and black horses remain the same, and yet they will answer the requirements of a horse, but will not answer the requirements of a white horse. Hence it should be clear that a white horse is not a horse. (Mei 1953:421 – 422)

公孙龙的第二个回答集中在"白马"与"马"。如果指称不同，那么，这两个词就不会有相同的外延。直觉告诉我们，这是对的。不过，论证从过于简单的实在论出发理解语言：只有当实存的马能够同时满足"白马"与"马"，这两个词才是同一的。当然，牵过来的可能是匹白颜色的马，它可以同时满足这两个词。但这是非常偶然的，因为极有可能牵过来的是匹非白马。白马、黑马或黄马，它们的指称各不相同，而"马"的指称并不必然要满足"白马"、"黑马"或"黄马"。

§3 马固有色，故有白马。使马无色，有马如已耳，安取白马？故白者非马也。白马者，马与白也，白与马也。故曰白马非马也。

§3 Horses, of course, have color. Therefore, there are white horses. If horses had no color, there would be merely horses. How could we specify white horses? But a white horse is not a horse. A white horse is horse united with whiteness, or whiteness united with horse. Therefore it is said, a white horse is not a horse. (Mei 1953:422)

这一回答提示白马是马的子集。当然，这一点全篇是明确否定的。这里也暗示了（最初）关于马性与白性的区分，故有马性、白性与白马性三者之分。①

§4 以有马为异有黄马，是异黄马于马也。异黄马于马，是以黄马为非马。以黄马为非马，而以白马为有马，此飞者入池而棺椁异处，此天下之悖言乱辞也。

§4 To hold that a horse is different from a yellow horse is to differen-

---

① 这一论证也让我们想到《坚白论》：坚性非白性。

tiate a yellow horse from a horse. To differentiate a yellow horse from a horse is to regard a yellow horse as not a horse. Now to regard a yellow horse as [not](sic) horse, and yet to hold that a white horse is a horse, would be like flying in a lake or placing the inner and outer coffins in separate places. This would be the most perverse talk and confounded argument in the world. (Mei 1953:422 - 423)

这一回答重申了前两个论证的要点。它依赖于名—实之间对应关系的类比。区分黄马与马,也就是认为黄马非马。

§5 白者不定所白,忘之而可也。白马者,言白定所白也。定所白者,非白也。马者,无去取于色,故黄、黑皆所以应。白马者,有去取于色,黄、黑马皆以所色去。故唯白马独可以应耳。无去者,非有去也。故曰白马非马。

§5 The whiteness that does not fix itself upon any object may simply be overlooked. But in speaking of the white horse, we refer to a whiteness that is fixed upon its object. Whiteness that is fixed upon an object is not just whiteness as such. The term a "horse" does not involve any choice of color. Therefore yellow and black ones all will answer the requirements. The term "white horse" does involve the choice of color. Yellow and black ones are all rejected owing to their color. White horses alone will do. That which does not exclude any color is not the same as that which excludes certain colors. Therefore, it is said, "a white horse is not a horse." (Mei 1953:423)

"马"之形与马之"白"色分离。在此,马性显然没有具体规定任何颜色。再者,它对颜色的思考,似乎没有以抽象的方式(它并不固定自身),而只是用具体呈现白颜色的事物。白性只在"白马性"中呈现自身。在此,我们再一次看到语言哲学和认识论之间的关联。

上面所引梅贻宝(Y.P. Mei)的《公孙龙子》英译反映出了对公孙龙思想的一种特定理解。梅的解释意味着,公孙龙所讨论的是属性以及属性如何表达于语言之中的问题(Mei 1953;note 7:436)。公孙龙的议论考虑到了颜色、形状等属性,并且集中在属性与主体的关系——尤其是在"白马"或"黄马"这样的复合名称之中。在各种解释中,有的用共相或述谓来解释马性与白性(e. g. Hu Shih 1928:127),有的则用逻辑种类或集合加以解释(Chmielewski,cited in Hansen 1983a:143)。这些对公孙龙哲学不同的解释渐成正统,因为它们能够把公孙龙的思想纳入到西方哲学所熟悉的语言哲学或形而上学的框架之内。冯友兰用柏拉图的共相论来解释白马论。这一解释很有影响。依此看法,白马非马是因为白性与马性不同于"白马性"(Fung 1952,vol.1:203;Chan 1963a:233)。白性与马性是分立的共相,其外延不同(也就是说,它们具有不同的范围)。坚性与白性亦是如此(《坚白论》;Fung 1952,vol. 1:207)。共相指向世界中特定的、具体的事物(《名实论》;Fung 1952,vol.1:211)。① 无论是冯友兰以共相解公孙龙哲学,还是其他学者以属性、述谓或者种类与集合解之,它们都有一个共同特点。他们都认为,白性与马性是超越语言及实在世界的抽象的概念或范畴。

这种所谓正统的诠释进路已经面临巨大的挑战,其中主要的反对意见是:在那个时期的文献中,没有证据表明中国思想家已经考虑抽象共相、心灵事物或逻辑范畴。陈汉生强调,西方哲学中"意义"(meaning)、"概念"(concept),"观念"(notion)或"理念"(idea)等词语无法在中国哲学中找到对应的位置(1983a:31)。这至少意味着,早期中国思想家认为名、实之间是一一对应的关系——陈汉生称之为"唯名论"(ibid.)。依照唯名论,认识论的任务是把实存的事物或"材料"(stuffs)彼此区分开来(ibid.:32)。陈汉生把公孙龙哲学描述为"唯名论",其依据之一则是他对汉语的分析。将名与材料匹配起来的工作或许看起来很粗糙,因为它没有区分不可数名词(比如"sand"[沙]、"water"[水])与可数名词(比如"cat"[猫]或"many cats"[多只猫])。陈汉生认为,这是因为汉语中的名是不可数名词——他称之为"物质名词"(mass nouns)。物质名词"沙"取别"材料"沙。与此相似,汉语中的物质名词"马"由于上下文的不同,可能指称"马这一具体物种,或马的某些部分,或特定的一群或一组马,

---

① 这也就可以解释《指物论》中的概念"指"(指称),因为指被描述为通过时空中实存事物而呈现出来的共相(Fung 1952 vol.1:205,211)。

或一匹马"(ibid.:36)。依此,公孙龙的"白马"乃是"每一复合项所命名的材料[白-材料与马-材料]的总和"(ibid.:160)。

$$\text{"白马"} \underset{\text{相应于/取别}}{\equiv} \text{白-材料 + 马-材料}$$

而

$$\text{"马"} \underset{\text{相应于/取别}}{\equiv} \text{马-材料}$$

故,"白马非马"可也。①

尽管大家并不都能接受陈汉生的假说,但他关于汉语中物质名词的分析毕竟已经引起学界的注意。葛瑞汉借用这一假说,主张从部分与整体的关系出发理解白马论。复合词(整体)"白马"由两部分组成,一部分是马,另一部分是白(Graham 1990a:198)。按照这样的解释,"马"和"白"不是可以在真实的白马中例示自身的普遍共相。相反,重点在于语词之间的同异:在此情形下,"马"不同于"白马"。事实上,"马"只是"白马"的一部分,不足以代表整体,即复合名称"白马"。用葛瑞汉的话来讲,这就像英语中的借代(synecdoche)②——比如,说"吾赖之刃"而不说"剑",剑刃只是剑的一部分(ibid.)。与此相似,称白马为马只是命名它的一部分;"马"这一部分不足以充分代表"白马"这一整体。③

---

① 陈汉生认为,"如果一个名有两个复合项,这个复合名应该保持名与其材料的关系。复合词必定总是更为一般(或者,它们必须被作为复合项之外的东西加以对待)。所有真正的复合词命名各复合项所命名的材料的总和"。
② 借代是一种修辞法,它用一个表示事物某一部分的词来指称该事物整体。
③ 葛瑞汉也用部分—整体框架来诠解《公孙龙子》中的《指物论》(1990a:210-215)。在他看来,"指"这个词有含混之处,它既可能是"指称"这行为本身,也可能是所指称的对象。如果把"指"解为动词,"指"可以说就是把世界的某一部分指出来。葛瑞汉认为,指称行为也需要所指的对象,即作为世界之一部分的某物。葛瑞汉的分析把名、指、实等概念放到一起了。

陈汉生的论题集中于一个理解名实关系的特定观点。他根据其他早期中国思想家的语言观来理解公孙龙的唯名论(Hansen 1983a,1992)。葛瑞汉的分析则把公孙龙哲学放到中国思想史的背景中加以考察。因此,它强调复合语词的应用,以及它们如何跟实在图景发生关联。由于文献之不足,我们很难确定何种解释更为可取。此外,江忆恩等学者也对公孙龙的观点做了详尽的阐释(Johnston 2004)。这些对公孙龙思想的不同诠释都很重要,它们从不同的角度探讨了公孙龙思想将如何有助于我们重新理解早期中国思想。我们还必须记住,尽管文献不足,公孙龙的议论表明,他对汉语中的复合语词有着自觉的认识。这些反思的意义不容低估,因为它们引发了一系列关于语言及实在的根本性追问。

第二节 后期墨家

只有《庄子》和《韩非子》简单地提到过后期墨家(Graham 1978:22-23)。后期墨家思想体现在《墨子》第四十至四十五篇。这六篇文献包括:

第四十、四十一篇(《经》):《经上》与《经下》。每一段只有一两句话。它们讨论"作陈述的程序,伦理学,科学与逻辑"(Graham 1978:24)。

第四十二、四十三篇(《经说》):《经说上》,《经说下》。解说的文字较之《经》文要长些。它们详细说明或试图证明《经》所提出的思想。

第四十四、四十五篇(《大取》,《小取》):二篇包括一些论伦理学、语义学及逻辑学的片断。这些片断含有两个标题,即《喻经》与《名实》,但这两个标题跟二篇讨论的内容之间看不出有多少关联。《小取》的连贯性相对较好,而《大取》则由很多片断组成。

《墨子》中的这六篇文献命运多舛,它们能够流传下来实属奇迹。秦代之始,即公元前221年左右,这批文献完全消失了。然而,到了汉代它们又重现于世,并被收入汉代的国家图书馆石渠阁(ibid.:65)。公元3、4世纪期间,曾被一些热衷于论辩与诡辩的玄学家提及。隋(581—618年)末,一个刊削严重的《墨子》删节本(只包含第一至十三篇)广为流传,使得内容更全的

《墨子》版本反而不再通行。幸运的是，《墨子》的绝大部分内容通过《道藏》保存了下来。明代(1368—1644 年)期间，《墨子》得以恢复原貌，并于 1445 年刊行了全本(ibid.:68 – 69)。

  由于抄写上两个主要的过失，这六篇后期墨家文献讹误极多。早些时候，文字从上到下书于竹简之上，而竹简又分为上下两截。读者需要竖着先读完写在竹简上半截的文字，然后再回过头来竖着读写在竹简下半截上的文字。从文本的传抄史来看，抄写者可能把一支竹简上的内容从上到下全部抄下来，而没有意识到上下两截分属于不同的内容(Hansen 1992:236 – 237)。这让原本就晦涩的文本变得难以卒读。还有第二个抄写错误。《经》(第四十、四十一篇)与《经说》(第四十二、四十三篇)是彼此参照的文字，每段《经》文的第一个字会写在《经说》相应部分的竹简之旁。抄写时，这些起索引作用的文字可能会被误植到正文之中，这样就搅乱了句子的语法结构及语义结构(葛瑞汉认为，这种错误在汉代之前就发生了[1978:65])。①

  从 18 世纪起，学者开始重读后期墨家文献，并认为其中包含深刻洞见。他们明白，这些文献的写作年代晚于《墨子》中的其他篇章，故开始通过辩者所议论的思想来解释它们。他们重新编排了文本，并把《经说》系于《经》之下(ibid.:70)。具有讽刺意味的是，那些在抄写过程中误植入正文的索引词对于清除抄写错误起到了很大的作用:这些文字提示了原初段落的起始位置，同时也在《经》与《经说》之间建立了密切联系(Hansen 1992:237)。19 世纪早期，后期墨家文献开始因为其中的数学、几何学、天文学、光学和力学内容而受到重视(Graham 1978:70 – 72)。这一时期的西化热激发了人们对后期墨家文献的更大热忱，因为人们感觉到这些文献中包含了很多可与西方思想相提并论的内容。包括梁启超(1873—1929 年)、胡适(1891—1962 年)在内的大批现代学者一方面热心于建立中西关联，另一方面又对中国哲学思想情有独钟。胡适的英文著作 The Development of Logical Method in Ancient China(《中国古代逻辑

---

① 葛瑞汉列举了一批自公元 3 世纪以来治文本有功的中国学者。作出突出贡献的思想家包括鲁胜(约公元 300 年)和孙诒让(1848—1908 年)(Graham 1978:67 – 72)。

方法的发展》)①的基础便是墨家在论证方面的创新思想。在这部著作中，胡适对于儒家学说占据主导地位感到遗憾，他大力倡导墨家哲学，认为它是实现进步和跨文化理解的工具：

> 我认为非儒学派的恢复是绝对需要的，因为在这些学派中可望找到移植西方哲学和科学最佳成果的合适土壤。关于方法论问题，尤其如此。（Hu Shih 1928:8）

1978年，葛瑞汉出版了一部关于后期墨家的开创之作。这部著作包括分析与翻译。对后期墨家文献的研究往往集中于某一部分，而葛瑞汉则对后期墨家文献进行了完整而广泛的研究，既有汉语的语法、结构分析，又有哲学分析，还有写作年代推定、错简订正与文字校勘。尽管有些学者对书中的某些观点不尽赞同，但大家一致认为，就学术的严谨性和确切反映文献思想而言，它是迄今为止最好的本子。

辩

"辩"最表面的意思指竞争意义上的争论，也就是邓析所赖以成名的那种论证：为了能让自己获胜而去争辩。《庄子·齐物论》对儒墨之争失望，因为它们都只是为了占得上风。"辩"的第二种用法涵盖面要宽很多，指一般意义上的争论，而争论的课题可以多种多样。《墨子》用辩来澄清、阐明各种领域的知识与理解，其范围相当广，涉及伦理学、政治哲学，甚至还有自然科学。"辩"的第三种用法与众不同，那就是墨家论说所独有的特征。墨子讨论如何确定作为标准的法，从而澄清人们对所纷陈事物的理解。这一点在后期墨家那里继续发展，他们试图区分可与不可，同与异，是与非，然与不然。②"辩"的这一特定用法与它的同音字"辨"（分辨）有关。"辨"这个字有助于理解"辩"的性质。

---

① 这是胡适向哥伦比亚大学提交的博士论文。后来，胡适在此基础上写成《先秦名学史》。——译注
② 或许可以认为，他们试图为这些区分确立标准。不过，我们接下来会看到，如果真有这样的目标，那也不可能实现。

"辨"字从刀,我们可以联想到刀子所划出来的清晰精致的界线。如果从分辨的角度理解"辩",那我们就抓住了墨家对"辩"的独特用法。

后期墨家作出分辨、区分的基础是同、异。《经》A86－87① 列举了四种同异:

> 同,二名一实,重同也;
> 不外于兼,体同也;
> 俱处于室,合同也;
> 有以同,类同也。(《墨子·经说上》)
> There being two names but one object is the sameness of 'identity'.
> Not being outside the total is sameness 'as units'.
> Both occupying the room is the sameness of being 'together'.
> Being the same in some respect is sameness in being 'of a kind'.
> (A 86: Explanation of *tong*, Graham 1978:334)

> 异,二必异,二也;
> 不连属,不体也;
> 不同所,不合也;
> 不有同,不类也。(《墨子·经说上》)
> The objects if the names are two necessarily being different is being 'two'.
> Not connected or attached is 'not units'.
> Not in the same place is 'not together'.
> Not the same in a certain respect is 'not of a kind'.
> (A 87: Explanation of *yi*, ibid.)

这里设立了标准以区分同异:重同(比如"狗"与"犬"),部分属于整体或个体属于类(比如不同的牛属于牛群),事物的构成要素或组成部分(比如

---

① 后期墨家文献的编号依照葛瑞汉 *Later Mohist Logic, Ethics and Science* (1978)。

一个堆满不同物品的房间),以及共属一类的不同事物(Graham 1978:335 – 336)。在墨家看来,这些同异模式有助于辩。《经》列举了不同类型的辩,它们具有种类上的差异。表示不相容选择关系的"或"(or)在《经》A73 中有一个简单的应用,即,一物或是牛,或不是牛:"凡牛枢非牛。"①(《经说上》)《经》A74 更加准确地区分了两个选言支:"牛"与"非牛"不能俱当,"不俱当,必或不当"②(《经说上》)。至于何者为当则要依法而定。每一种法的标准在某种程度上跟古希腊的本质或本质属性有类似之处。但是,墨家的法不仅是一个定义性的概念,也就是说,它不仅是用以精确检验事例之法。有趣的是,法可以指关于事物的观念或概念,也可以指这一观念或概念的具体实例。墨家并不认为概念知识优先于实践知识。为了举例说明法,后期墨家提到圆,认为有三种不同的法:"意、规、员,三也,俱可以为法。"③(《经说上》)墨家认识论容许存在比较宽泛的一系列标准来组成事物的本质特性。后期墨家试图用"类"(特定的种类)来说明事物的特性。他们想把类固定下来,即确定每一个类的范围与限度:"有以同,类同也。"④(《经说上》)

但是,如何把类固定下来? 我们首先面临一个横跨形上学与认识论的任务:在比较两个或更多事物时,把重要的相似点识别出来。例如,比较自然物,选择"四足"还是选择"有生命"(B2)?"四足"不足以区分牛马,却能够把马跟鸟区分开来。当然,问题在于,随着所比对象的不同,相关的标准也会相应改变。后期墨家和惠施非常关注标准的多样性与可变性。不过,与惠施不同,后期墨家并不乐见事物的分辨模糊不清。他们对任意性感到焦虑:牛有角而马无角,但把角作为起区分作用的特性应用于这两个类之上却不可行(B66)。后期墨家意识到了比较与分类所面临的一大难题:我们如何"推类"(B2;Graham 1978:350)? 葛瑞汉令人信服地指出,"推"是一种类比论证的形式,而非归纳推理:

---

① To lack what distinguishes an ox is to be a non-ox. (Graham 1978:318)
② If they do not both fit, necessarily one of them does not fit. (Graham 1978:318)
③ The idea, the compasses, a circle, all three may serve as standard. (A70;Graham 1978:316)
④ Being the same in some respect is sameness in being "of a kind". (A86;Graham1978:334)

> 墨家对一贯描述的设想,不是从已知推出未知。动物的脑袋上是否的的确确长着眼睛,这一点他们可能丝毫不感兴趣。要紧的是,如果你看到一头麋鹿长着四只眼睛,你就得说所有麋鹿都长着四只眼睛。(Graham 1978:351)

如果我们这么说:某一头麋鹿四只眼睛,但另一头麋鹿不是四只眼睛,同时又把四只眼睛作为麋鹿区别于其他动物的特性,那么,我们就犯了《经》B66 所悲叹的任意性,即"狂举"。墨家准确诊断了分辨的问题根源:比如,如果说牛有门齿马有尾,又怎么知道它们事实上并不是牛马的显著特性?或许,我们可以简单地回答说:把对世界的经验观察同归纳逻辑的应用结合起来。当然,更复杂的回答需要规定同异的标准,说明哪些是相关的同异,哪些是不相关的同异。但是,后期墨家没有这样做;他们没有说明为何用门齿区分牛或用尾区分马不合适。后期墨家对认识论问题的研究颇有见地,这在中国哲学流派中显得卓尔不凡。尽管如此,后期墨家更热衷于提出问题而不是给出答案。他们对分辨方法的描述随意而无序,看起来更像是一份论辩清单而不是对论证样式或逻辑的系统分析。① 葛瑞汉指出,尽管他们把几何学视为明晰准确的思维典范,但并没有发展出几何证明学,而是仅仅满足于说明某种借助几何范式所获得的关系与规则变化(Graham 1989:60)。与此相似,辩本可以发展为三段论理论,但实际上并没有如此。在他们关于复合词及语言困境的讨论中,我们会看到更多同样的情形。

言,名与命题

《经》A80 指出,知识的来源有三种:闻(听闻)、说(解说)、亲(亲身经验)。我们不能像通常那样把听闻跟亲身经验归在一起。后期墨家承认听闻是知识的来源之一,虽然他们已经注意到听闻的不确定性。另一方面,亲身经验也是有问题的,因为每个人"可能只看到[事物的]某些[方面]而非

---

① 葛瑞汉主张,墨家的综合性论文是一份手册:"为了成为一名有修养的墨家,我必须学会如何前后一贯地运用名称,学会如何在不同的行动过程中进行选择,学会如何探究物理现象的原因,学会从名称的定义中做出演绎推理。"(Graham 1978:31)

全部"(Graham 1978:329)。解说(说)或者证明是贯穿《经》与《经说》始终的说明方法。说不是论证《经》有关部分提出的主张。说通常是举例说明或详细阐述以便所提出的主张内容更为丰富。

《经》A80同时命名了四类知识对象,分别是名(名称)、实(包括事物与事件)、合(名实相配)、为(行为)。相对而言,与前两类对象即名、实相应的知识是理论知识,后两类则是知识的实际应用。要做到名实相配是一个多层次的过程。我们需要知道如何区分事物,一类一类地分开,还要知道如何把恰当的名称运用到它们上面。名实相配(合)是一种能力(材)(A3;A25)。第四类知识,即行为乃是面对特定名称所指称的事物做出恰当的应对。墨家对实践知识的重视甚于理论知识或推理知识。他们举了一个盲人陷入困境的例子,说明在应用语言的过程中"实践之知"非常重要:

> 今瞽曰:"钜者白也,黔者黑也。"虽明目者无以易之。兼白黑,使瞽取焉,不能知也。故我曰瞽不知白黑者,非以其名也,以其取也。(《墨子·贵义》)
>
> Now a blind man may say, 'That which shines with brilliancy is white, and that which is like soot is black.' Even those who can see cannot reject those definitions. But if you place both white and black things before the blind man and ask him to choose the one from the other, then he fails. Therefore I say, 'A blind man knows not white from black,' not because he cannot name them, but because he cannot choose them. (*Mo Tse*, chapter 39; in Hu Shih 1928:66)

盲人或许能够理解名,但他不知道如何用名来辨别事物。如果考虑到复合名称,这一任务就更加复杂了:如果说,很难具体规定区分不同类的标准,很难把名跟事物匹配起来,那么,又如何把"白马"跟实存的白马匹配起来?我们已经看到公孙龙跟复合名称"白马"的角力。后期墨家进一步讨论把一连串名结合使用的情形,也就是说,数个名称串在一起而形成"白马非马"这样的命题。当然,命题不止是一串名称,仿佛其中每个名称都独立关联于各自的"一块"实在似的。就此而言,《小取》可能是墨家语言哲学中——实际上是早期中国语言哲学中——最重要的文献，因为它引入了最初的命题概念(Names and Objects: NO3, Graham 1978:471)。它还列举了命题间的几种同异，包括"辟"(举例说明)、"侔"(运用平行结构)、"援"(援引论敌为先例)及"推"(类推)(NO11;12)。①《小取》区分了命题中的五类推理，即"是而然"、"是而不然"、"不是而然"、"一周而一不周"、"一是而一非"。我们来仔细考察一下前两类推理，看看墨家如何理解命题中的平行结构。

第一类推理"是而然"允许直接添加谓语作判断。如果对"白马马也"这个短语加入谓语，我们可以说"乘白马乘马也"(NO14; trans. Graham 1978:485)。《小取》紧接着用平行命题建构了墨家的兼爱说："获人也，爱获爱人也。臧人也，爱臧爱人也。"(ibid.)获、臧是对奴仆的贱称。能够爱获臧这样的卑贱者当然就能够爱人类。

第二类推理"是而不然"，比如，"其弟美人也，爱弟非爱美人也"(NO15; trans. Graham 1978:487)。即便某人的弟弟是美男子，爱其弟从语义上讲有别于爱美男子。利用这一结构，墨家类推出可以杀盗："虽盗人人也……杀盗人非杀人也。"(ibid.)我们很容易看出这两类推理中的平行结构。然而，墨家杀盗人非杀人的主张并不需要由这种模拟结构来支持。检讨"杀盗人"与"杀人"这两个短语，就会发现"杀盗人"意味着处决盗人，而"杀人"意味着谋杀。墨家的主张所依赖的实际上不是判断的语法结构，而是这两个不同的复合名词。事实上，从语义角度看，这个论证利用了两个短语在日常用语中的不同含义。判断的语法结构本身不足以支持"'杀盗人非杀人'是'是而不然'的推理"一说。

刚开始接触《小取》中五类推理可能会觉得后期墨家在发展三段论推理以使人们可以将不同的推理加以分类。然而，并没有这方面的迹象。后期墨家没有讨论五类推理的分类标准。这一点在"杀盗人非杀人"等例子中可见。葛瑞汉指出，"墨家把某一命题归入特定的某一类，这当中并没有什么具分量的逻辑理由"(Graham 1978:489)。更要紧的是，一个特定的推论究竟属于五类推理中的哪一类，最终取决于复合语词与命题的意义而非句法。

---

① 胡适在《归纳》一章中，从类比推理及其他归纳推理的角度详细阐述了这些标准(Hu Shih 1928:99–108)。

"杀盗人非杀人",其中"杀盗人"和"杀人"的含义是约定俗成的;辩的题中应有之义,便是确定这些约定俗成的含义,找到唯一合适的解释。荀子谴责后期墨家"乱正名,使民疑惑"(Graham 1978:43),从而强调用诉诸习俗的方式解决争论并不可取。后期墨家关于认识论及语言的思考可能也让我们稍感失望。一方面,他们认识到了语言运用中的困难点。但另一方面,这种批判性意识并没有引出系统研究。看起来,他们只是以简单肯定语词惯常的含义收场,而对逻辑和语言哲学的实质性讨论却付诸阙如。但是,我们也有可能在期待一种不可能发生的事情,因为由汉字所组成的汉语本身并不那么容易进行系统的语法分析。墨家的讨论实实在在地表明,语法结构上的相似并不能担保类比推理层面或语义上的对应关系。再者,名的运用(单个汉字与实在之间的匹配)标准不同于复合名称或命题的运用标准。可能正是汉语的这些特性促使了后期墨家把注意力集中于语义考察而非逻辑分析。

科学论述

《经》探讨了几何学、光学和力学等领域的一些问题,包括面积、校直、圜与度量(A52－69),空间、时间与持久(B14－16),光、影、镜与像(B17－24),以及重、力、斜面、滑轮与车轮(B25－29)。从墨家的讨论不难看出,他们非常重视自然界的事件与现象。比如,《经》B21 讲到影(景):

经:景之小大。说在柂正;远近。
说:木柂,景短、大。木正,景长、小。大小于木,则景大于木。非独小也,远近。
Canon:The size of the shadow. Explained by:tilt and distance.
Explanation:When the post slants the shadow is shorter and bigger;when the post is upright the shadow is longer and smaller. If the flame is smaller than the post the shadow is bigger than the post. It is not only because it is smaller,but also because of the distance. (trans. Graham 1978:379)

在观察世界与描述世界的过程中,后期墨家辨识"故"并区分不同种类的"故"。《经》规定了必要条件与充要条件之间的区别：

> 经：故，所得而后成也。
>
> 说：小故，有之不必然，无之必不然。〈最前之〉体也。（若有端）。大故，有之必〈然〉，无〈之必不〉然。（若见之成见也）。
>
> Canon: The [gu] (reason/cause) of something is what it must get before it will come about.
>
> Explanation: 'Minor reason': having this, it will not necessarily be so; lacking this, necessarily it will not be so. It is the unit < which precedes all others(?) > . (Like having a starting point.)
>
> 'Major reason': having this, it will necessarily < be so > ; lacking < this, necessarily it will not > be so. (Like the appearing bringing about the seeing.) (trans. Graham 1978: 263)①

小故为必要条件，而大故为充要条件。葛瑞汉认为，后期墨家可能把因果联系看成是必然的（ibid.：301）。他们热心地观察世界及其如何"运作"，在特定的现象之中寻找因果联系。对世界的观察也使他们认识到，对因果性的理解是有限度的："斗者之敝也，以饮酒；若以日中，是不可智也；遇也。"②（《经说下》）在此情况下，原因可能不止一个，这就更难确定它的真实原因了。葛瑞汉指出，尽管《经》多次提到病（A76，77，85；B9，10，34），但是，关注确定性的后期墨家并没有详细展开这些话题（ibid.：56）。他认为，这是因为有关病与药的讨论过于复杂。因此，他们借助光学与力学的例子，这样就可以利用那些已经弄清楚原因的现象。③ 了解了后期墨家所关心的这些东西之后，我们接下来稍稍看一下他们对时间、持久与变化的理解。《经》也把"必"（必要性）界定为"不已"（ibid.：299）。必要的东西不应有在时间之中的变化：

---

① 插入文字为葛瑞汉所加。现存文本中的字与字串已经无法辨认。
② Whether the fighter's breakdown is due to drinking wine or to the midday sun cannot be known: "coinciding circumstances". (B10; trans. Graham 1978: 360)
③ 葛瑞汉还说道，"对对象的解释跟论辩中对名的解释相平行，要求所用现象的原因能够很容易地清理出来并能够清楚地加以证明"（1978：56）。

对于墨家来说,最深层、最麻烦的问题是知识与时空中的变化之间的关系……墨家生活在一个社会急剧变迁的时代,古老的权威已不再能够成为行动的指南。墨家把墨子的道德教诲发展成为一个详尽的伦理系统,其合理性的证明不是来自权威而是来自论辩的程序;墨家认为,在所有圣人之中,唯有墨子教给我们必要的原则,而这些原则不会受到时间变迁的影响。"圣者,用而勿必。[必]也者,可〈而〉勿疑"①(《经说上》)。"天下无人,子墨子之言也犹在"(EC2)。(Graham 1978:33)

他们对确定性和必然性的追求与其所观察到的世界的多样性和差异性相冲突。儒家可以诉诸超绝的规范秩序(表达在"天"这一概念之中),其他学派可以安置超验的实在,但是,与他们不同,墨家寻求在一个充满多样性与变化的世界中树立稳定性而无需指向某个超验的领域。后期墨家文献反映了这一根本难题。他们考察了很多细节问题,但从来没有能够上升到对世界秩序之道或语言的运用之道提出更加有用的一般概括或基本原理的高度。他们的科学考察似乎仅仅是对一系列观察的描述。换言之,他们对可见世界的特定现象进行分类,却没有想到去发现可以应用于相关类似事例的一般原理。史华慈如此描述后期墨家的思想:

他们对光学、机械学和物理学进行了实实在在的探索。他们很关心如何对光学现象进行几何学定义和数学处理……他们殚精竭虑,为个别后果寻找个别的特定原因。(1985:168)

他们在不同科学领域的探索有着强烈的实用关怀。与此同时,对他们来说,对多元性的关注似乎同抽象性、普遍性,尤其是反映在语言之中的抽象性与普遍性相矛盾。简言之,现实世界的多元与复杂同语言的纯然简单之间的错位让他们感到焦虑忧心。他们心中最紧迫的问题是:"名怎样才能够充分地把握实在?"一旦理解了这种焦虑,我们也就慢慢明白了他们为什

---

① The judgments of the sages, employ but do not treat as necessary. The "necesssary", accept and do not doubt. (A83; trans. Graham 1978:331)

么对语言的讨论最终没有阐明三段论规则,为什么对命题的讨论没有发展出推理准则,以及为什么对科学现象的讨论没有概括出一般原理。惠施也处理多元与差异的问题,但与之不同的是,后期墨家拒绝把多样性归约为至一:

> 他们没有"归约主义"的冲动,没有想到从物质及运动最微小的属性中确定某种最终极的"材料"并借此说明世界上所有的多样性——他们自始至终都是绝对的多元主义者。① (Schwartz 1985:168)

从论争以及解决问题的进路来看,后期墨家对实在似乎持一种常识的看法。因此,他们对科学现象的讨论跟他们对语言及辩论的观点是相一致的:是非的有效性(比如,白马是否为马)根据语言的通常用法来加以断定,这就像因果联系根据经验观察来加以断定。他们在处理疾病与宇宙论问题时,小心翼翼地避免那些难懂的观念,其中就包括阴阳。他们只提到过一次五行说,那还是为了祛除它的神秘色彩而用纯粹的因果语言加以解释(B43)。他们一门心思观察世界,拒绝像他们周围的人那样去做:他们没有卷入理论抽象,也没有提出宏大的宇宙论或形而上学理论来安顿他们的经验数据。在此意义上,后期墨家所从事的基本上是科学工作(观察世界并描述之)而非前科学工作(根据宇宙论或形而上学框架解释经验数据)(Graham 1989:162)。

实践兼爱:效益主义道德

后期墨家文献《大取》集中讨论伦理学,但这篇文献残缺严重。不过,我们仍然可以看出,它继承并发展了《墨子》中成书较早的文献所包含的兼爱观念。后期墨家对兼爱如何贯彻于实践的问题进行了更多的思考。他们对

---

① 葛瑞汉如此描述后期墨家之厌弃共相:"墨家没有想到存在一个共相王国,每一个名在其中都有自己准确的对应者;墨家认为,对象是易变的,有很多名适合它:关于它是什么有一个名('石'),关于它如何如何又有多个不同的名,其中有的一直伴随它('白'),有的则是暂时的('大',到石碎为止)(NO1)。"(1978:35)

"利"的定义更加现实、更加基本,这是一个明显的转变。先前的墨家用财富积累、人口数量与社会秩序来界定"利",而《经》却用喜恶加以定义:

> 利,所得而喜也。
> 害,所得而恶也。(《墨子·经上》)
> *Li*(benefit)is what one is pleased to get.(A 26;trans. Graham 1978:282)
> *Hai*(harm)is what one dislikes getting.(A 27;ibid)

这似乎有享乐主义的色彩。但是,如果细加追究,我们就会看到,之所以倡导快乐,不是为了快乐本身,而是因为快乐是功利之善的构成要素——这一点或许也是它的显著特征之一。快乐如何衡量?在这个问题上后期墨家也有很好的推进。墨家把"权"解释为包含效益主义实践推理的"计算"过程。权较之直接喜欢或不喜欢某样东西更加微妙(A84)。它更富有现实主义色彩:对于某样东西,我们在比较权衡其利弊之后才决定究竟喜欢它还是不喜欢它。"于所体之中而权轻重之谓'权'"①(EC8)。同一残篇还举了一个例子:要么斗而断腕,要么不斗而亡,一个人会如何选择。他当然不希望失去手腕,但面对整个情形,他的选择是显然的。这里意味着一个更深的效益主义见解:不仅要考虑善的绝对概念,而且还要考虑情境限制下的优先选择。

后期墨家还赞同利己(EC7)。他们甚至有一种自尊感:"爱己者,非为用己也。(不若爱马。)"②(《经说上》)不过,不是很清楚我们是否可以把这里的思想理解为现代意义上的自尊。就更宽泛的问题"谁之快乐?"而言,后期墨家对批评者的回应显然经过深思熟虑。他们把"伦列"(关系的亲疏)、"分"(对特定他者的义务)和"兼爱"结合起来了。按照"分",一个人需要对

---

① [w]eighing light and heavy among the things treated as units [of a whole] is what is meant by "weighing". (*Expounding the Canons*:EC8;trans. Graham 1978:46)
② Love of oneself is not for the sake of making use of oneself. It is not like loving a horse. (A7;trans. Graham 1978:48)

债主、君主、上司、老者、长者和亲属等特定的他者做得更多些。义务的比例则根据关系的亲疏进行分配(EC9－10;Graham 1978:46)。另一方面,墨家坚持关爱他人:爱人之亲若爱其亲(EC12)。

后期墨家采取了温和的效益主义伦理进路,这也表现在他们强调兼爱所遇到的主要困难。困难不仅在于,兼爱的要求跟通常的实践不相合拍。问题还在于,我们如何平衡以下二者:一方面为特定的个体做得更多,另一方面关爱所有人。早期儒家坚决主张,要把关系近的人摆在首位。后期墨家试图把道德的价值放在个人对于更宽泛的社会幸福的贡献之上。葛瑞汉这样解释墨家对于早期的道德论争的贡献:"后期墨家伦理一个显著的创新之处在于,它不是从父子、君臣之间的固定社会关系来理解道德,而是从个人对于自身、彼此及世界的利益来理解道德。"(Graham 1978:51)

第三节　中国早期的语言哲学

由于辩者论争的某些特点,辩者的名声在当时并不好。或许,因为风格(为打败对手而辩)与论题(语言及其指称)两方面的缘故,他们的思考不太受欢迎,而且他们的文献也没有被人们用心继承下来。这是不幸之事,因为如果他们的学说得以进一步发展的话,中国的思想史极有可能已经走上另一条道路了。一些辩者对诡辩并不感兴趣,相反,他们所关注的是当时的哲学、社会与伦理问题。他们争论语言及其在人类社会中的作用问题。他们研究一些非常复杂的根本问题,而当时居主导地位的精英似乎不太把这些问题放在心上,因为精英们正热衷于建立社会秩序,盼望着他们的措施可以马上见效(Schwartz 1985:170－171)。

辩者重辩,究其本质乃是关注现实世界以及语言如何能够充分地把握它。名实关系如何?世界如何分成不同的类,而语言又如何把它们取别出来?对于后期墨家来说,辩包含着做出正确的分辨:是与非,同与异,然与不然。惠施在此争论中持一种极端的立场,认为分辨的基础不存在。对他来说,命名和用名纯然是任意的活动。我们在下一章将会看到,惠施的观点跟庄子相近。公孙龙还是相信事物(材质)组成的世界,把注意力集中在名,包括复合名称如何能够把事物恰当地取别出来。我们对公孙龙哲学的了解不够完整。虽然他的议论似乎没有必要那么费劲,但很重要的一点是,我们必须注意到,除了公孙龙之外,还有很多中国早期思想家意识到汉语的某些特性,并且挑战人们对语言的通常理解。

后期墨家的讨论不仅考虑了复合名称,而且还进一步推进到命题。他们对(中国)语言的讨论在先秦是最深入、最详尽的。像其他名家一样,他们关注语言的使用和名的应用。然而,他们不愿意接受惠施过于仓促的结论,即分辨无其法。他们探索能够恰当区分然与不然的方法。不过,他们细致的考察揭示出,句子之间存在着很难被一般化的重大差异(比如,句子结构的相似不能担保语义上的相似)。同样,他们的科学探究缺乏分析。然而,他们的观察非常细致,他们还谨慎地避免在因果联系方面得出草率结论,这些都是我们不能不敬佩的。他们的观察似乎还没有受到当时流行的宇宙论或形而上学框架的影响。或许,我们会叹惋他们未能发展出三段论及一般原理,不过,我们可以欣赏他们投身于世界的多元性与复杂性。我们从后期墨家的文献中窥见这些思想家所面对的难题。他们让我们注意到,很难设计一种功能语言在促进社会生活的同时却没有将世界的多样性过于简化。

后期墨家涉足的学科相当多:认识论、科学、经济学、语言哲学、政治学和伦理学。他们对名、言及可见世界的看法与他们对社会、国家治理的理解编织在一起。像儒家一样,他们认为,名的正确运用是社会—政治秩序的关键。儒家按照他们的正名理论来维持秩序,而后期墨家则强调正确分辨的重要性;正确的分辨将进而作为法(标准)发挥作用。对于后期墨家来说,辨与辩不仅对于观察自然世界有意义,而且对于伦理政治领域也有意义。荀子承认墨家论争的深远影响。他说,"乱正名"如同破坏度量:

> 析辞擅作名以乱正名,使民疑惑,人多辨讼,则谓之大奸,其罪犹为符节、度量之罪也。(《荀子·正名篇》)
> Distinguishing words, and making unauthorized distinctions, thus confusing the correct nomenclature, causing the people to be in doubt and bringing about much litigation was called great wickedness. It was a crime like that of using false credentials or false measures. (*Works of Hsun Tzu*, chapter 22, trans. Dubs 1966:282)

对于那些追求急功的人来说,后期墨家的议论未免迂远:先是花很多精力讨论如何恰当运用语言,接着才提出矫正社会秩序的建议。相形之下,法家利用法(刑法)使民惧之的效果要直接得多。这或许可以部分说明,为什么墨家哲学在(严刑峻法的)秦代(公元前221—前206年)就开始衰落了(Schwartz 1985:170)。

后期墨家关于伦理问题的讨论吸收了墨子的一些思想,包括对儒家裙带关系的批评。墨子的兼爱没有为儒家的爱有差等留出空间,但是,后期墨家对此有所发展,容许为了自己及他人的利益而关爱特定的他者。他们站在后果论的立场上,以实用而现实的方式理解利,也就是说,不是根据绝对的概念而是根据特定情形下可以实现的选择。

值得关注的还有墨家伦理学——实际上是更一般的墨家哲学——的一种深层意识:权威,不管是圣人还是天,不可能永远发挥作用,也不是在所有情况下都不证自明,所以也就不能作为学说的最终依据。后期墨家绕开当时盛行的观点,并试图以自己的学说的可靠性为理由,为自己的观点辩护:通过判断它们的"是非"、"然不然"来解决问题。值得注意的是,后期墨家文献中的论证只提到某某学说,却从来没有指出论敌的名字;在他们看来,学说之不可信是因为学说本身,而不是因为学说由谁所倡导。葛瑞汉指出,墨家文献没有宣讲他们自己的墨家学说,这在当时的中国文献中属于异数。他说:

> 其他思想家,从孔子到韩非子,都没有做到或不想做到让哲学运思超脱于道德或实践诉求。但是,后期墨家的综合性论文从来没有宣教;关于道德唯一要说的就是纯伦理学……这种不带个人色彩的做法在先秦哲学中实为罕见。先秦哲学中最有趣的论辩例子可能是(或者说,已经被戏剧化为)孟子与告子、惠施与庄子之间实实在在面对面的论争。(Graham 1978:24-25)

秦朝建立不久,墨学论辩便消失无踪了。这是无可估量的损失。居于主导地位的社会与政治力量压制着辩者对论辩的关注,压制着名家对名实问题的关注。或许,从维持社会稳定的角度来看,这些问题过于困难棘手。

延伸阅读建议

Later Mohist Logic , Ethics , and Science , translation and commentary by Angus C. Graham(1978), Hong Kong: Chinese University Press.

'The Kung-sun Lung Tzu with a Translation into English', translated by Yi-pao Mei(1953) *Harvard Journal of Asiatic Studies*, vol. 16, no. 3/4:404 – 437.

Fraser, Christopher (2003) 'Introduction: Later Mohist Logic, Ethics, and Science After 25 Years', from the reprint edition of Angus C. Graham, (1978) *Later Mohist Logic , Ethics , and Science*, Hong Kong: Chinese University Press.

Graham, Angus C. (1989) 'The Sharpening of Rational Debate: The Sophists', in *Disputers of the Tao*, La Salle: Open Court.

Hansen, Chad(1983) *Language and Logic in Ancient China*, Ann Arbor: University of Michigan Press.

Hu, Shih (1928) *The Development of the Logical Method in Ancient China*, Shanghai: The Oriental Book Company.

Makeham, John (2003) 'School of Names (*Ming Jia , Ming Chia*)', in Antonio Cua (ed.) *Encyclopedia of Chinese Philosophy*, New York: Routledge; pp. 491 – 497.

第八章 庄子哲学

庄子哲学中的基本主题和论说策略颇近于《道德经》。阐明庄子哲学的文本名曰《庄子》。不过,跟《道德经》类似,《庄子》诸篇出自不同作者之手,它是经过一段时期纂辑的作品。《庄子》中的文字,写作于公元前4世纪到公元前2世纪之间(Graham 2003a:58),而其中某些特定章节的写作年代仍有争议。人们通常将《道德经》和《庄子》归为同一个传统,即老庄传统。① 另外,人们还普遍认为,《道德经》的成书早于《庄子》,《道德经》较质朴,而《庄子》则代表了道家发展最成熟的思想。例如,陈荣捷说:

> 道在老子那里依然是世间的,而在庄子那里则变成超越的了。老子强调荣与辱、强与弱等等之间的差别,提倡柔弱的价值,而庄子则把一切等同起来。老子求变,庄子更爱"游乎四海之外"。……把老子与庄子相提并论,这当然没有错,但我们必须牢记,[庄子]无疑将道家思想提升到了新的高度。(Chan 1963a:178)

然而,对文本的这种传统归类存在问题。至少,《道德经》的某些章节,尤其那些讨论"名"的章节,应该是在惠施和公孙龙等重要人物对这一概念的争论之后写成。对这两个文本的年代推定将影响到我们如何恰当地理解每一文本中的主题,两个文本之间的关系,以及它们在当时争论中的立场。比如,史华慈认为,我们可以从三个相互关联的主要"趋向"(1985:186 – 254)来理解道家。其一,主要基于《道德经》中道的哲学及其概念层面与实

---

① 陈荣捷指出,《后汉书》中有一节大约编纂于公元5世纪的文字提出了这一联系(1963a:178)。冯友兰认为,早期道家哲学有三个发展阶段:杨朱、老子和庄子,后一阶段较之前一个阶段更加精致复杂。(Fung 1948:65 – 66)。

践层面的意蕴。其二,主要是《庄子》文本中的认识论问题,它们针对的是名家的论争。其三,道家哲学在政治上的应用,比如,某些法家对"无为"的运用。

文本问题也会影响到我们如何阅读《庄子》。《庄子》原有五十二篇,郭象(卒于公元312年)刊削为现存的三十三篇,以为其余十九篇与庄子哲学无甚关联。他还将保留下来的篇章分为三部分,即内篇、外篇及杂篇。郭象认为内篇(一至七)基本上反映了庄子的观点,而外篇(第八至二十二篇)及杂篇(第二十三至三十三篇)则主要由其他熟悉庄子议论的作者写成。在外、杂篇中,庄子本人有时也参与讨论。外、杂篇还参引《道德经》中的文字,或参引当时已经被认为是《道德经》作者的老聃。这些做法均不见于内篇。现存三十三篇的别类分组依然有争议。1952年,中国学者关锋出版了一部别有所见的著作,提出应该依据战国时期其他学说所呈现的主题和风格特点对这些篇章做进一步的细分。① 继关锋之后,葛瑞汉基于大量的文本、风格和主题研究,出版了一部英文著作,对《庄子》文本进行了权威性的重新编排(2003a)。葛瑞汉认为,前七章有相同的思想和风格,基本上为庄子所作(2011:27)(这也是现当代学术界的主流看法)。他将内七篇之外的二十五篇分为四派:

(1)"庄子学派"(第十七至二十二篇),由其他作者以庄子的风格写成。这些篇章讨论内篇中的一些主题,以及《道德经》也提及的一些思想。它们同时包含了庄子的故事。

(2)原始主义派(第八至十篇,第十一、十二、十四篇的部分内容),它将《道德经》中某些段落(如八十章)所讲的素朴原始状态加以理想化。与《道德经》相似,这些篇章批判习俗规范的消极作用,倡导有助于鼓励自然自发状态的无为而治。

(3)杨朱学派(第二十八至三十一篇),它提倡保存真实自我(即"葆真"),并批评与之相违背的世俗的(政治及道德)追求。杨朱的养生说包含了对长生久视的关切;实现长寿的方式之一则是限制感官刺

---

① 关锋:《庄子哲学讨论集》(1952)。

激。一位杨朱论者绝不会做任何损害长生之事。尽管杨朱学派和儒家都主张修身,但前者关注的是个体生命本身。因此,孟子严厉批评杨朱学说。有意思的是,在《庄子》的这些篇章中,提倡与葆真学说相反的世俗理论之主要人物就是孔子。

(4)调和派(第十五、三十三篇及第十一至十四篇部分内容),它在道家的框架下融合了儒家的习俗伦理因素和法家的行政实践因素。早期的调和派认为,为政应该遵循天道,从而使人类社会能够恰当地模拟宇宙样式。这一观点在汉代(公元前 206—公元 220 年)尤为流行并随后被称为"黄老"学派。① 依葛瑞汉之见,第三十三篇《天下篇》讨论不同的学说——道——"在治理等级序列中的恰当位置"(2003a:93)。《天下篇》把庄子哲学跟相互竞争的各种学说放在一起加以评价,并批评庄子缺乏对实际事务的关注。葛瑞汉推测,调和论色彩的《天下篇》可能是作为总结而放在全书之末,这也意味着这些调和论者或许就是《庄子》一书的编纂者。(2003a:94,99-101;2001:28)

葛瑞汉没有把第十六篇纳入这个框架。其他六篇(第二十三至二十七篇、第三十二篇)所包含的一些杂乱的章节也是残缺不全,难以归类。葛瑞汉称之为"装零碎的破布袋"(1989:173)。哈罗德·罗斯(Harold Roth)对葛瑞汉的文本分类提出了质疑,他的立论基础在于文本间更为广泛的联系,尤其是调和派的文字和当时其他文献诸如《管子》与《淮南子》之间的关联(Roth 1991a,2003)。刘笑敢提出一个新的框架来划分《庄子》诸篇;他将《庄子》的成书年代推定为秦代(公元前 221—前 206 年)之前,并且认为应该分为三派而不是葛瑞汉所说的四派(Liu 1994)。罗斯和刘笑敢的研究都是《庄子》文本研究的重要补充。围绕内篇即《庄子》前七篇也有类似的争论。② 尽管详尽考察写作风格与文本问题不是我们的任务,但仍然

---

① 史华慈讨论了这一名称的灵活性,因为它可以用来指一系列不同的立场(1985:237-254)。
② 万白安(Bryan Van Norden)概述了到 20 世纪 90 年代为止对内篇的不同解释(1996)。

有必要知道，对《庄子》篇章间的关系有不同的理解，而它们将会影响到我们如何在庄子哲学与其他学说相互作用的背景中把握庄子哲学。本章对庄子哲学的考察主要集中在内篇，当然也会在适当的时候论及各学派间的相互影响。

第一节 《齐物论》中的认识论问题

《庄子》第二篇《齐物论》几乎完全致力于庄子的认识论问题。它是内篇中哲学味最浓、主题最为一致的一篇。在这里，庄子对当时相与争鸣的各种理论的论断基础提出质疑。① 他嘲笑各家的绝对主义假设，因为他们都把自己的理论设想为一剂普遍的、不会随世而变的良方，足以对治现实的社会—政治动荡。但是，如果每种理论都排斥其他理论，它们当然不可能都是对的。这一张力庄子在谈到儒墨之争的时候便提了出来：

> 故有儒墨之是非，以是其所非而非其所是。（《齐物论》）
> ... we have the "That's it, that's not" of Confucians and Mohists, by which what is *it* for one of them for the other is not, what is *not* for one of them for the other is. (Chapter 2, trans. Graham 2001:52)

在庄子看来，争论注定无法解决。在争论之中，论者旨在说服对方赞同自己的观点。墨家和儒家都坚持认为自己的观点是正确的。他们关于正确性的论断都假定了客观性和普遍性：儒家相信自己对动荡局面的解决方案是最佳——乃至唯一——的方案，墨家亦然。但两家不可能都是正确的。他们的争论以是非之争为标识；如庄子所言，对一家来说的所"是"者对于另一家来说则是所"非"者。我们如何判定他们的理论究竟何者正确？我们应该把这一问题重新分为两个更加具体的问题：请谁来裁决论争？用什么标

---

① 葛瑞汉结合名家和后期墨家对语言的讨论推进了庄子研究，有相当的影响力。他认为，《齐物论》是全书最重要的一篇（2003b:104）。他的分析侧重于庄子对这些争论的回应，尤其是对惠施和公孙龙言论的回应。

准来裁决？关于前者,庄子结合如何选择一个公正裁判的问题进行了长篇大论的分析：

> 既使我与若辩矣,若胜我,我不若胜,若果是也,我果非也邪？我胜若,若不吾胜,我果是也,而果非也邪？其或是也,其或非也邪？其俱是也,其俱非也邪？我与若不能相知也,则人固受黮暗。吾谁使正之？使同乎若者正之？既与若同矣,恶能正之！使同乎我者正之？既同乎我矣,恶能正之！使异乎我与若者正之？既异乎我与若矣,恶能正之！使同乎我与若者正之？既同乎我与若矣,恶能正之！然则我与若与人俱不能相知也,而待彼也邪？（《齐物论》）

> Suppose you and I argue (*bian*). If you beat me instead of my beating you, are you really right and am I really wrong? If I beat you instead of your beating me, am I really right and are you really wrong? Or are we both partly right and partly wrong? Or are we both wholly right and wholly wrong? Since between us neither you nor I know which is right, others are naturally in the dark. Whom shall we ask to arbitrate? If we ask someone who agrees with you, since he has already agreed with you, how can he arbitrate? If we ask someone who agrees with me, since he has already agreed with me, how can he arbitrate? If we ask someone who disagrees with both you and me to arbitrate, since he has already disagreed with you and me, how can he arbitrate? If we ask someone who agrees with both you and me to arbitrate, since he has already agreed with you and me, how can he arbitrate? (Chapter 2, trans. Chan 1963a:189–190)

庄子并不仅仅说无偏见的裁判很难找到。事实上,他怀疑无偏见的人是否存在。他的沉思乃是对裁决中无偏见的期待的怀疑。换言之,庄子认为,并不存在"完全无偏见"的立场,即天使的观点或上帝之眼的视角。他在第一篇《逍遥游》中甚至批评说,没有无所不包的"大鹏视域"。一边是蜩与学鸠,一边是巨大的鹏鸟,庄子突显了二者的巨大反差。蜩与学鸠嘲笑鹏,因为这只巨鸟的大小和能力超乎它们的理解力：

蜩与学鸠笑之曰："我决起而飞,抢榆枋,时则不至而控于地而已矣,奚以之九万里而南为?"(《逍遥游》)

The cicada and the little dove laugh at this, saying, "When we make an effort and fly up, we can get as far as the elm or the sapanwood tree, but sometimes we don't make it and just fall down on the ground. Now how is anyone going to go ninety thousand *li* to the south!" (Chapter 1, trans. Watson 1964:24)

既然这些小东西缺乏理解力,它们难道不就是微不足道的吗?在它们对自身局限的描绘中包含某种自我意识。但是,它们无法设想超乎自身经验之外的可能性,这一点便限制了它们对周围世界的意识。庄子是否认为,其他思想家的学说就像蜩与学鸠的观点一样狭隘一样微不足道?他在提倡鹏的视角吗?

"鹏之徙于南冥也,水击三千里,抟扶摇而上者九万里,去以六月息者也"。野马也,尘埃也,生物之以息相吹也。天之苍苍,其正色邪?其远而无所至极邪?其视下也,亦若是则已矣。……风之积也不厚,则其负大翼也无力。故九万里则风斯在下矣,而后乃今培风;背负青天而莫之夭阏者,而后乃今将图南。(《逍遥游》)

"When the P'eng [Peng] journeys to the southern darkness, the waters are roiled for three thousand *li*. He beats the whirlwind and rises ninety thousand *li*, setting off on the sixth month gale." Wavering heat, bits of dust, living things blowing each other about—the sky looks very blue. Is that its real color, or is it because it is so far away and has no end? When the bird looks down, all he sees is blue too... If wind is not piled up deep enough, it won't have the strength to bear up great wings. Therefore when the P'eng rises ninety thousand *li*, he must have the wind under him like that. Only then can he mount on the back of the wind, shoulder the blue sky, and nothing can hinder or block him. (trans. Watson 1964:23–24)

鹏鸟庞大而令人印象深刻,相形之下,蜩与学鸠则渺小而平凡。但是,鹏只能够致广大而不足以尽精微。因此,它也仅有一偏之见。它同样未能摆脱物理的限制:小东西飞不远,而大鹏也只有等到风力足够强了才能飞。既没有一个居于优势地位的观察者,也没有一个理想的裁决者;庄子怀疑,个体是否有能力采取价值中立的视角。或者,换句话说,不存在价值中立的视角。在这里,庄子对与"辩"相关的各种期望提出了元哲学层面的责难。事实上,如何选择"正确"的理论这一提问本身就是误入歧途。这要部分归咎于和选择公正裁判相关的认识论难题。这也关系到世界的丰富性和多样性,以及判断的标准(这跟前面提到的第二个问题有关)何以无法反映这种多样性。作为怀疑论者的王倪说出了我们面对世界的复杂性之际所产生的无助感:

> 民湿寝则腰疾偏死,鳅然乎哉?木处则惴栗恂惧,猨猴然乎哉?三者孰知正处?民食刍豢,麋鹿食荐,蝍蛆甘带,鸱鸦耆鼠,四者孰知正味?(《齐物论》)
>
> When a human sleeps in the damp his waist hurts and he gets stiff in the joints; is that so of the loach? When he sits in a tree he shivers and shakes; is that so of the ape? Which of these three knows the right place to live? Humans eat the flesh of hay – fed and grain – fed beasts, deer eat the grass, centipedes relish snakes, owls and crows crave mice; which of the four has a proper sense of taste? (chapter 2, trans. Graham 2001: 58)

王倪的回应似乎受到了极端怀疑论的蛊惑:"庸讵知吾所谓知之非不知邪?庸讵知吾所谓不知之非知邪?"(ibid.)这些类比的核心,便是回答如何选择正确理论的问题:没有"正确"的理论。由此观之,我们便能和庄子一起感受到相互争鸣的意识形态实是受限于历史和环境。这段关于"正处"与"正味"标准各异的文字,不仅关涉面对一个丰富多样的世界之际所遭遇的认识论上的困难,而且还在一定程度上涉及语言及其与现实的关系,后者正是后期墨家及其论敌所主要关注的问题。如果注意王倪的用词,我们就会发现它不仅是一个关于知识内容的问题而且更是一个语言和命名的问题:

我怎么知道我所谓的知不是无知呢？举出世界上令人困惑的复杂性例子之后，王倪进而特别提及后期墨家的是非之辨：

> 自我观之，仁义之端，是非之涂，樊然殽乱，吾恶能知其辩？（《齐物论》）
> In my judgment the principles of Goodwill and Duty, the paths of "That's it [*shi*], that's not [*fei*]", are inextricably confused; how could I know how to discriminate [*bian*] between them? (Graham 2001:58)

这里的用语我们并不陌生，名家与后期墨家的争论就用了类似的语言。我们或许可以把它理解成对类似于公孙龙观点的直接回应。公孙龙赞成名与实一一对应。王倪说明，这一观点把问题看得过于简单了。庄子看起来也有跟王倪相似的思考，因为他在一定程度上是赞同它们的。《齐物论》直接表达了庄子本人的观点：

> 夫言非吹也。言者有言，其所言者特未定也。果有言邪？其未尝有言邪？其以为异于鷇音，亦有辩乎？其无辩乎？……言恶乎隐而有是非？……言恶乎存而不可？
> Saying is not blowing breath, saying says something; the only trouble is that what it says is never fixed. Do we really say something? Or have we never said anything? If you think it different from the twitter of fledglings, is there proof of the distinction [*bian*]? Or isn't there any proof?... By what is saying darkened, that sometimes 'That's it' an sometimes 'That's not' [*shi-fei*]?... Whatever the standpoint how can saying be unallowable [*buke*]? (Graham 2001:52)

庄子把言比作"鷇音"，即小鸟的鸣叫声。这并非仅为诡辩；他固然承认语词有所谓，但同时却对人们关于语言之基本性质的设想心存疑虑。其中一个问题：人们设想语言以某种方式——可能是一一对应的方式——关联实在；比如我们可以在儒家思想中看到这一点，特别典型的有孔子的正名理论，它主张个人责任与行为合乎名分。重申一遍：这种一一对应把世界的多样性过分简化了。它同时还遮蔽了（儒家）规范准则的正当性如何证明的问题。再者,庄子也不赞同某些名家试图通过检讨语词来解决分歧的做法,因为这种做法包含了一系列假设:名称的意义是客观的,名称与世界之间有着确定的关系,只要更加准确地理解名称就可以解决分歧等。①

关于语言的这种设想,庄子似乎有很多种回应方式。我们在《庄子》中看到,这些回应方式相互结合在一起,彼此并不排斥。一种回应方式乃是强调世界的多样性,王倪关于不同（类型的）个体有不同准则的论述便体现了这一点。它提出了命名所面临的一个困难:语言是否足以把握世界的复杂性与多样性?《道德经》曾有类似的追问（比如《道德经》第一、五章）。这一问题引发了一系列关于语言本身更为深层的问题:语词的澄清是否真正为我们提供了更加准确或"更加真实"的实在图景？这种澄清工作——辨的过程——是否足以说服辩者改变观点？尽管庄子本人或许没有提出这些问题,尤其是后一问题,但我们必须明白,理解庄子与名家之争论就会引出这些问题。

另一个与此相关的问题涉及名称是客观的这一观点。对此观点的回应不必进入本体论问题（即事物的存在及其在世界中的多样性问题）。它对客观性假设的批驳更加直接;它凸显了命名过程的任意性:

> 可乎可,不可乎不可。道行之而成,物谓之而然。恶乎然？然于然。恶乎不然？不然于不然。（《齐物论》）
>
> When [people say], "All right," then [things are] all right. When [people say], "Not all right," then [things are] not all right. A road becomes so when people walk on it, and things become so-and-so [to people] because people call them so-and-so. How have they become so? They have become so because [people say they are] so. How have they become

---

① 冯友兰认为,惠施和公孙龙代表了两种对立的名家学说:"惠施和公孙龙代表名家中的两种倾向……惠施强调实际事物是可变的、相对的这一事实,公孙龙则强调名是不变的、绝对的这一事实"(1948:83)。我们应当注意到,冯友兰在这里认为惠施对实在持相对主义立场,而另一种有影响的观点则认为,惠施持一种一元论的实在观（胡适 1928)。参看第七章对惠施的讨论。

not so? They have become not so because [people say they are] not so. (Chapter 2, trans. Chan 1963a:183 - 184,括号内词句为译者所加。)

这里强调语言的任意性和约定性,一个在《道德经》哲学中同样突出的主题。通过前一章的讨论,我们也应当注意到,"可"与"然"在后期墨家的辩论中是两个基本概念:只有把握了"然"、"可"与"是",语言才有意义。但它们过分强调语言的客观性和绝对性。葛瑞汉明确指出,庄子对后期墨家的诘问在于:"如果没有假设语言是有意义的,那我们将如何以语言来证明语言是有意义的?"(Graham 1989:200)

庄子的第三种回应关系到视角的多样性,鹏和蜩与学鸠的故事已经告诉我们这一点。和第一种回应不同的是,它不必诉诸世界的多样性。第一种回应主要涉及本体论问题,而第三种回应则关乎认识论:它的要点在于,人们对情境和事件有不同的理解方式。在庄子看来,造成这种差别的主要原因是,个体的经验影响了他对事件的理解。《庄子》中充满了各种对视角之有限性的况喻:蟪蛄或夏虫不知春秋(《逍遥游》,《秋水》),井蛙拘于所居之域(《秋水》),东海之鳖一足难以入井(《秋水》),等等。所有这些例子中的主角都受到了身体条件或环境的制约。《秋水》中井蛙与夏虫的一孔之见正代表了争辩各方的狭隘视野:

> 井蛙不可以语于海者,拘于虚也;夏虫不可以语于冰者,笃于时也;曲士不可以语于道者,束于教也。
> You can't discuss the ocean with a well frog - he's limited by the space he lives in. You can't discuss ice with a summer insect - he's bound to a single season. You can't discuss the Way with a cramped scholar - he's shackled by his doctrines. (trans. Watson 1964:97)

我们能够指望"曲士"达成共识吗?可与不可的论争、是与非的争辩都无法解决意见的分歧。庄子通过寓言告诉我们,每一种观点都是一种"寄寓"的观点;换言之,每一个体只能从自身所寓居之处出发理解世界。在葛瑞汉看来,庄子的论证实际上是一种论辩方式;葛瑞汉称之为"从寄寓之所出发的言说",即"寓言"。① "从寄寓之所出发的言说"也就是从自己的立场出发陈述观点。为了理解这样一种"言说",一个人需要把自己寄寓到言说者的视角之中。用跟论辩相关的语言来说,"从寄寓之所出发的言说"可以说是一种从个人偏好出发的论辩。庄子曾将这种视角主义的论辩推到极致,声称一切观点归根结底都是"指代性"的:

> 物无非"彼",物无非"是"。自"彼"则不见,自"是"则知之。(《齐物论》)
>
> There is nothing that is not the "that" and there is nothing that is not the "this." Things do not know that they are the "that" of other things; they only know what they themselves know. (*Zhuangzi* 2, trans. Chan 1963a:182)

庄子用"彼"这个指代词来指称外在于自身的东西。个体的视角乃是"是"或"此"的视角,从"是"("此")的视角来看,个体之外的一切都是"彼"。当然,任何个体都不会是一个普遍化或永久性的"是"("此")或"彼",或者说,"我"或"你"。对我而言的"是"("此")对你而言便是"彼",反之亦然。视角都是指代性的,如果我们赞同庄子这一推论,那么,一切论断便都具有从个人偏好出发的性质;它们归根结底都是自身的反映。指代性否证了语言的客观性预设。《庄子·庚桑楚》(葛瑞汉所说的主题混杂的篇章之一)把观点的指代性讲得非常清楚:

> 为是举移是。请尝言移是。是以生为本,以知为师,因以乘是非。果有名实,因以己为质。
>
> A 'That's it' which deems picks out by a reference *it* as it shifts. Let's see what happens now when you speak about *it* as it shifts. This is to take 'life' as the root of you and the wits as your authority, and use them to go

---

① 结合《齐物论》,葛瑞汉描述了庄子的三种言说策略。另外两种是"重言"(weighted saying)和"卮言"(spillover saying)。葛瑞汉认为,庄子是在评论论辩策略时讨论这三种策略的(Graham 2001:25-26)。

by in charioteering 'That's it, that's not'. They really exist for you, names and substances, and using them to go by you make yourself into a hostage. (trans. Graham 2001:104)

难道庄子认为一切论断究其本质都是从个人偏好出发的吗？或者可以这样说：囿于视角的言论只是一种言论，一种与事实陈述相对的言论？即便实际上只有一部分论断受到视角的限制，那我们又如何辨别它们，如何评定它们的有效性？如果庄子认为有很多视角，且每一种视角只能在它自己的参照系中加以评估，那么，庄子是否持相对主义？在这里我们无法回答所有的问题，因为庄子很少给出确定的结论。不过，考察学界关于庄子哲学的讨论可以在一定程度上阐明其中某些问题。

第二节 对庄子怀疑论的诸种诠释

庄子的怀疑论将我们带向何方？他是相对主义者吗？为了理解庄子的观点，有必要思考庄子对惠施的回应。前一章提到，惠施以诡辩著称，他提出了诸如"天与地卑"、"山与泽平"之类的困难的悖论（Chan 1963a:233-234）。《庄子·天下》这篇持调和论调的全书总结性文字提到，惠施"卒以善辩为名"而"逐万物"。惠施的很多悖论带有相对主义色彩。庄子如何回应惠施？① 《庄子》有一则故事：庄子过惠子之墓时说道，失去惠施便没有了搭档："自夫子之死也，吾无以为质矣，吾无与言之矣。"（《徐无鬼》）庄子把惠施视为别人无法取代的搭档，但我们有必要更深入地追问他们在哲学上的密切关系。在此方面，很多学者注意到了惠施与庄子在《秋水》中的一段对话：

庄子与惠子游于濠梁之上。庄子曰："儵鱼出游从容，是鱼之乐也。"惠子曰："子非鱼，安知鱼之乐？"庄子曰："子非我，安知我不知鱼之乐？"惠子曰："我非子，固不知子矣；子固非鱼也，子之不知鱼之乐，全

---

① 冯友兰列举了惠施十事和庄子思想之间颇有意思的相似之处（1952:196-197）。

矣。"庄子曰:"请循其本。子曰'汝安知鱼乐'云者,既已知吾知之而问我。我知之濠上也。"

Chuang Tzu [Zhuangzi] and Hui Tzu [Huizi] were strolling along the dam of the Hao River when Chuang Tzu said, "See how the minnows come out and dart around where they please! That's what fish really enjoy!" Hui Tzu said, "You're not a fish – how do you know what fish enjoy?" Chuang Tzu said, "You're not I, so how do you know I don't know what fish enjoy?" Hui Tzu said, "I'm not you, so I certainly don't know what you know. On the other hand, you're certainly not a fish – so that still proves you don't know what fish enjoy!" Chuang Tzu said, "Let's go back to your original question, please. You asked me how I know what fish enjoy – so you already knew I knew it when you asked the question. I know it by standing here beside the Hao." (trans. Watson 1964:110)

在这场争论中庄子似乎是强辩到底。不过,他们戏谑式的相互应答蕴含了更为深刻的争论,对此学者有各种不同的诠释。其中包括:

(1)庄子只是一个逻辑不够好的人,他未能把握惠施的问题;这是神秘主义者庄子和逻辑学家惠施之间的一场无果的对话。①

(2)故事中的惠施只是庄子的话托。故事的主要意图在于展示庄子关于知识之经验性及参与性的深刻智慧(Ames 1998b)②。这样的解释注意的是关于实践之知(knowing-how)(庄子如何知道鱼之乐?)而不是关于概念之知(knowing-that)(庄子的主张是否满足真值条件)。

(3)庄子和惠施都承认视角的主观性。从他们的论辩来看,惠施的逻辑是有瑕疵的:如果他怀疑庄子关于鱼之乐的论断,那么,根据同样

---

① 在陈汉生看来,这是人们对这段对话的主流理解(2003:145,147)。
② 安乐哲固然没有明确地说惠施只是一个附带的角色,但他的讨论几乎完全集中在庄子的知识观。

的视角主观性原则,惠施自己便不能对庄子自称知道鱼之乐有所论断。(Hansen 2003)

(4)这段对话或许可以理解为后期墨家所特别热衷于探论的类比推理的精彩例子。(Teng 2006)

这些关于庄惠对话的诠释有助于我们更加深入地理解庄子哲学。从惠施的提问来看,他实际上认为经验是主观的,因此庄子无法获悉具体一尾鱼的快乐,以及一般意义的鱼之乐。这一对话可以视为惠施表达相对主义立场的十个悖论的延伸。庄子是否在惠施的相对主义观点之上又加了点东西?或许两人都关注世界所呈现的复杂多样性。或许,惠施关注的是那些具有对照关系的语词之间的相对性质,比如,没有任何事物是绝对的大或绝对的小,而庄子则要解释这种相对性质;他认为这种相对性质或许源于视角的差异性。陈汉生对濠梁之辩的解释颇为流行,那便是从鱼、庄子和惠施的视角的差异性来理解这段对话。所有这些视角都是个体性的视角。断定庄子不知鱼之乐便会陷入自相矛盾,因为它同时断定说,做出判断的人能够知道庄子是否能够知道。

陈汉生对濠梁之辩的解释基于他对庄子哲学更一般的理解,即,庄子肯定视角的多样性并主张"视角相对论"(1983b)。按照这一观点,庄子就不能自洽地宣称只有自己的观点才是合理的:"庄子的元视角(metaperspective)并没有引向对事物的无立场之知。它不是一扇通向物自身(thing in itself)的窗口,而是一扇通向各种令人目眩的可能性的窗口。"(Hansen 1992:284-285)①庄子是相对主义者这一看法不无道理,因为庄子对问题的探究常常从质疑某一特定立场开始,然后提出反问:"其有异乎?"接着他又提出相反的立场,从而使自己超然于争论之外:"其无异乎?"这些问

---

① 陈汉生还认为,他的阐释有助于沟通作为神秘主义的庄子哲学和作为怀疑论的庄子哲学这两种解释。他说:"怀疑论者紧锁批判的眉头,因为绝对知识的失败而深感失望。神秘主义者沉醉在它的不可思议之中。用感性的语言来说,同样是意识到语言的限度,怀疑论者哀声叹气,神秘主义者啧啧称奇……在实质层面并无不同,但他们的情绪反应却大相径庭。"(1992:284-285)然而,我们需要弄清楚的是,差异是否像陈汉生所说的那样,仅仅在于两派不同的心理状态。

题带着无所断定的超然意味,而这正是相对主义立场的一个特点。① 另一方面,我们应当注意到《庄子》内篇的的确确肯定了庖丁解牛(《养生主》)这样一些更具直觉色彩的知识典范。艾文贺令人信服地指出,《庄子》中的某些人物,比如技艺纯熟的庖丁,削木为鐻鬼斧神工的梓庆,以及斫轮之妙难以言喻的轮扁都是庄子之道的积极呈现(1993:643)。他说,"在这些有关技艺高超者的例子中,庄子完全撇开视角主义的论辩,亮出了自己规范性视域的底牌"(ibid.:652)。

庄子的问题带有怀疑论色彩。但是,重要的是要探测庄子之怀疑的广度。瑞丽(Lisa Raphals)认为,庄子在《齐物论》中的论证固然用了怀疑论的方法,但这并不意味着他否定知识(Raphals 1996)。显然,庄子怀疑名的客观性。在此意义上,他怀疑意义、语言及其与世界的关联(Ivanhoe 1993)。同样,我们可以说他是认识论层面的怀疑论者,因为他对名家试图通过"辩"来解决分歧的方式深感怀疑。他并不认为一切知识都是可疑的,而是认为某些关于知识的假设和某些求知的方式有错。他不是极端的语言怀疑论者,因为他也承认语言在实践中的重要性:

> 道行之而成,物谓之而然。恶乎然?然于然。恶乎不然?不然于不然。(《齐物论》)
>
> A road becomes so when people walk on it, and things become so-and-so [to people] because people call them so-and-so. How have they become so? They have become so because [people say they are] so. How have they become not so? They have become not so because [people say they are] not so. (*Zhuangzi* 2; trans. Chan 1963a:183 – 184)

庄子有没有论及实在或真理?讨论《道德经》哲学的时候,我们看到对"道"的其中一种诠释是将之视为形而上概念,它被刻画为一种幽玄的、根本性的原初实在。《庄子》内篇是否也有这样一种对实在的理解?这个问题很

---

① 像罗思文(Rosemont Jr)(1988)和艾文贺(1996)等其他学者也谈论了这一问题。罗思文认为庄子是相对主义者,艾文贺则反对这一看法。

难回答,因为庄子哲学中几乎没有任何陈述或迹象表明庄子在这一方面的思考。史华兹提出,庄子怀疑论的基础实际上是一个本体论问题,亦即人在万物之中的位置:面对复杂的多样性,什么是"个体的实在"?① (Schwartz 1985:222)不过,如果顺着陈汉生的思路,那么我们的结论必然是:庄子不可能持一种一元论的实在观。这让庄子成了特别的形而上学层面的怀疑论者,因为他主张存在很多同样有效——而非同样真实——的视角:不管是蜩、学鸠或鹏的观点,还是井蛙或海鳖的视角,它们都是有效的。用当代哲学术语来说,每种视角的有效条件相应于形成视角的诸多因素——这些因素可能多到无法穷尽——的变化而变化。简言之,如果我们赞同陈汉生把庄子解释为视角相对主义者,那我们就不能认为庄子对"道"只有唯一的理解,亦即真实或绝对的实在(Hansen 1992:285 - 292)。换言之,庄子必定怀疑一元论的实在观。

最后还有一种重要的怀疑论,也就是伦理学层面的怀疑论。学界普遍认为,庄子不是伦理学层面的怀疑论者。在很多学者看来,这一点相当清楚,因为庄子赞成"真人"照之于天和直觉的行事方法(可参见 Yearley 1996, Ross 1999)。"真人"这一概念包含了重要的伦理、宗教、政治、社会和心理的品性。从另一个角度出发,葛瑞汉认为庄子在他的怀疑论中"没有晕头转向"。当然,他的结论也是说庄子不是伦理学层面的怀疑论者(1989:186)。我们担忧伦理学层面的怀疑论,因为我们认为必须做出选择,但是,"只有当一个人感觉到必须在没有选择根据的情况下做出选择时伦理学层面的怀疑论才会带来痛苦"(ibid.)。这听起来似乎令人难以置信,因为选择当然是道德行为的基本准则。不过,只要认识到葛瑞汉是在向我们指出道家伦理中的自然,我们就不再感到困惑了。一旦做出伦理决定,我们通常会尽力选择成为正直、真诚、同情等道德品质的典范。但是,庄子笔下的渔人、庖人、匠人等却是自然自发地做出反应,不受通常的是非标准的束缚。如果庄子是伦理学层面的怀疑论者,那么,他是怀疑通常的伦理规范,以及它们在人类

---

① 史华慈写道:"人们可以享受自然现象的壮观景象而无需追问这种现象本身的'本体论地位'。我们怀疑,正是庄子对作为万物之一的人的关注使得他倾心关注以下问题:个体存在的现实究竟是什么?"(1985:222)

社会中相应的落实和实践。下一节我们就来考察道家得道之士的方方面面,他们在自然自发的反应中体现着凭直觉的技能,或者说技艺。

第三节 技艺的培养

《庄子·养生主》以警世之言开篇,指出通常的知识本质上是有限的:

> 吾生也有涯,而知也无涯。以有涯随无涯,殆已;已而为知者,殆而已矣。
>
> My life flows between confines, but knowledge has no confines. If we use the confined to follow after the unconfined, there is danger that the flow will cease; and when it ceases, to exercise knowledge is purest danger. (trans. Graham 2001:62)

通常的知识限制更为本真的生命之流,甚至可能导致它的败灭。《养生主》相当一部分亡佚了,现在留下来的篇幅很短。它讨论如何养生,开篇第一段就表明,它的关注点在于如何摆脱习俗规范,因为它们妨碍了自我的适当发展。就此而言,它和《道德经》中那些关于语言及习俗的段落(如《道德经》第二、十二章)有相通之处。然而,《庄子》倡导的"养生"是《道德经》所没有的。《庄子》之所以要消解层层累积的习俗和文化束缚,原因在于它们阻碍自我实现自然自发而直觉的表达,从而对本真的自我构成威胁。这些思想近乎杨朱哲学,后者的风格我们可以在那些属于杨朱学派的《庄子》文本(二十八至三十一篇)中有所体会。不过,庄子哲学的独特之处在于它描述了一种技艺,一种知道如何圆满地生活的技艺。《养生主》主要讲了解牛的故事,以此说明如何在生活中培养这样一种技艺:

> 良庖岁更刀,割也;族庖月更刀,折也。今臣之刀十九年矣,所解数千牛矣,而刀刃若新发于硎。彼节者有间,而刀刃者无厚。以无厚入有间,恢恢乎其于游刃必有馀地矣,是以十九年而刀刃若新发于硎。
>
> 虽然,每至于族,吾见其难为,怵然为戒,视为止,行为迟,动刀甚

微,謋然已解,如土委地。提刀而立,为之四顾,为之踌躇满志,善刀而藏之。

> A good cook changes his knife once a year—because he cuts. A mediocre cook changes his knife cone a month—because he hacks. I've had this knife of mine for nineteen years and I've cut up thousands of oxen with it, and yet the blade is as good as though it had just come from the grindstone. There are spaces between the joints, and the blade of the knife has really no thickness. If you insert what has no thickness into such spaces, then there's plenty of room—more than enough for the blade to play about it. That's why after nineteen years the blade of my knife is still as good as when it first came from the grindstone.
>
> However, whenever I come to a complicated place, I size up the difficulties, tell myself to watch out and be careful, keep my eyes on what I'm doing, work very slowly, and move the knife with the greatest subtlety, until—flop! the whole thing comes apart like a clod of earth crumbling to the ground. I stand there holding the knife and look all around me, completely satisfied and reluctant to move on, and then I wipe off the knife and put it away. (trans. Watson 1964:47)

庖丁在解牛的过程中展现了一种高超的技艺,它在实践活动中精进,同时又表现于实践活动之中。一个人在处理各种生活情境的时候要是有庖丁那样的技艺该是多么幸运!以解牛作为技艺的例子,这一点很有意思。显然,这种技艺非常不同于治国、谏君或论辩最佳统治形式所要求的那种聪明睿智。或许庄子试图建立一种与政治生活迥异的(日常)生活模式。但是,政治生活正是杨朱学派与调和派分道扬镳之处。杨朱学派经常争论有修养的人是否应该从政;不过,即便可以认为他们认可政治参与,但他们对于当时存在的意识形态和底层基础显然深存质疑。另一方面,调和派不仅把政治参与视为文明化生活的题中应有之义,而且认为修身过程的顶点在于发展出治理百姓的各种技能和策略。阅读和解释《庄子》有关章节的时候,理解这两种思想体系之间的根本区别相当重要。

庖丁解牛是《庄子》内篇中唯一一则关于技艺的故事。《庄子》其他部分，尤其是属于杨朱学派的《达生》篇还有很多类似的例子：斫轮技艺难以言喻的轮扁（《天道》，属于调和派），操舟若神的舟子（《达生》），痀偻者承蜩（《达生》），梓庆销木为鐻（《达生》）。所有这些故事颠覆了人们对求学而得的智慧和才能的通常理解。这种有意的对比在轮扁的例子中尤为清楚；他质疑桓公所读之书是否足以传达古人的智慧。轮扁①认为技艺教不了——他没有办法把技艺传给儿子——由此，他怀疑能否通过读书来获得真知灼见。轮扁说：

> 斲轮，徐则甘而不可，疾则苦而不入。不徐不疾，得之于手而应于心，口不能言，有数存焉于其间。臣不能以喻臣之子，臣之子亦不能受之于臣，是以行年七十而老斲轮。古之人与其不可传也死矣，然则君之所读者，古人之糟魄已夫！
>
> If I chip at a wheel too slowly, the chisel slides and does not grip; if too fast, it jams and catches in the wood. No too slow, not too fast; I feel it in the hand and respond from the heart, the mouth cannot put it into words, there is a knack in it somewhere which I cannot convey to my son and which my son cannot learn from me. This is how through my seventy years I have grown old chipping at wheels. The men of old and their untransmittable message are dead. Then what my lord is reading is the dregs of the men of old, isn't it? (trans. Graham 2001:140)

《庄子》内篇还有一段文字讨论技能不可言传。《大宗师》区分了理解圣人之道与具有圣人之才；二者都是成圣的必要条件。上文的讨论看到了通常的知识和技艺之间的两点差异。首先，技艺是个人性的和经验性的，（因此）是无法传达的，而通常的知识则可以分享。这一思想或许和《道德经》首句"道可道，非常道"有某种关联。这里也突出了道家学说和名家学说的差异。可以通过语词——名——来传达的，只能是通常的知识。人类文明离不开语言；语言确立并传播居主导地位的态度和信念。因此，依庄子之见，

---

① 《庄子》行文风趣；不妨留意一下，"扁"有"平"之意，车轮匠以此为名令人啼笑皆非。

名家看起来太天真，他们居然认为名称之争是导致分歧的根本原因；其实很多东西超乎言语之外。

技艺和通常的知识之间的第二个重要差异在于，后者可能抑制前者的表现，因为技艺乃是自我自然的流露。但是，自然究竟是什么？它是内在的人之性，抑或是更具体的心？庄子实际上没有提到人之性。他对于心也是疑虑重重，因为当时的道德论述夸大了心的作用。《齐物论》质疑心乃是非之裁判所：

   百骸、九窍、六藏，赅而存焉，吾谁与为亲？汝皆说之乎？其有私焉……夫随其成心而师之，谁独且无师乎？奚必知代而心自取者有之？愚者与有焉。未成乎心而有是非，是今日适越而昔至也。

   Of the hundred joints, nine openings, six viscera all present and complete, which should I recognise as more kin to me than another? Are you people pleased with them all? Rather, you have a favourite organ among them... If you go by the completed heart and take it as your authority, who is without such authority? Why should it be only the man who knows how things alternate and whose heart approves its own judgments who has such an authority? The fool has one just as he has. For there to be 'That's it, that's not' before they are formed in the heart whould be to 'go to Yüeh [Yue] today and have arrived yesterday'. (trans. Graham 2001:51)

包括孟子和荀子在内的论者认为[1]，心乃是具有天赋道德分辨力的官能。对此庄子反驳说，事实并非如此：傻瓜有心，却没有道德分辨力。当然，儒家可以回应说，傻瓜固然有心，却没有运用它或培育它。不过，庄子还有更深的看法：根本没有天赋的直觉决策能力，如果假定有这样一种能力——或指定某一官能有这样一种能力——其结果只能是妨碍更加本真的生活样态：

   人心……有这样一种致命的能力：它妄以为自己是完全与世隔绝、完全个体化的实体，也就是说，"成心"(the fully completed or individual-

---

[1] 参见 Graham 2003b:115。

ized heart)。通过自我封闭,成心能够建立一种将自身割离于道体之流行的自我存在。(Schwartz 1985:229)

那么,庄子是不是要以"道"代"心"?① 人离不开道;在庄子看来,道显现于情感(情)而非知识(知)。"喜怒哀乐,虑叹变蛰,姚佚启态。"②(《齐物论》)庄子对这些基本情感的描述形象而有趣:它们"就像蒸气凝结成菌菇"③,即所谓"蒸成菌"。不难感觉到,跟《道德经》的哲学思想相似,这里表达了回归到更为基本的、前文明的和未经教化的人生状态。《庄子》主张"心斋",因为它认为心关联着文明的负面作用。在《庄子·人间世》中,孔子(颇具反讽意味的是,《庄子》常常把他作为道家思想的代表)教导弟子颜回如何"心斋"。第一步,无听之以耳而听之以心。但接下来,要无听之以心而听之以气。④ 本杰明·史华慈认为,在庄子那里,"气"是一种"神秘的实在,它的作用是……把丰富多彩的、确定且不连续的世界同无的世界联结起来"(1985:218)。他还指出,这或许跟冥思的技术有关。由此可以看到,《庄子》中"技艺"或技能高超的人都是能"忘"者。《大宗师》有一个著名的故事:颜回"坐忘"达到很高的境界,连孔子也要求做他的弟子。我们似乎可以猜测,这些庄子心目中的典范人物所要"忘"的是他们的社会—文化束缚——因此,他们需要"斋"其心。需要"忘"掉的是制造固执的偏好和偏见的文化。它造成了种种琐碎的矛盾和欲求。《庄子·达生》把能忘者比作醉者。⑤ 能

---

① 葛瑞汉认为,在庄子那里,道取代了"真宰"(2003b:115)。另一方面,陈汉生则认为,庄子反驳孟子的"心",但并不是要以"道"代"心",而是反对任何关于天赋直觉能力的论断(1992:277-280)。
② Joy, anger, grief, delight, worry, regret, fickleness, inflexibility, modesty, willfulness, candor, insolence(trans. Waltson 1964:32-33)。
③ vapour condensing into mushrooms(trans. Graham 2001:50)。
④ "气",葛瑞汉译作"energies"(2001:68),而华兹生(Watson)译作"spirit"(1964:57)。"气"这一概念本章稍后再作探讨。
⑤ "夫醉者之坠车,虽疾不死。骨节与人同而犯害与人异,其神全也。"
　'When a drunken man falls from a cart, despite the speed of the fall he does not die. In his bones and joints he is the same as other men, but in encountering harm he is different, because the daemonic is whole in him'(trans. Graham 2001:137)。

忘者完全不同于那些沉湎于当时世俗规范的人。① 对于这样一种文化中的悲剧"英雄",庄子写道:

> 与物相刃相靡,其行尽如驰,而莫之能止,不亦悲乎! 终身役役而不见其成功,苶然疲役而不知其所归,可不哀邪! ……人之生也,固若是芒乎? 其我独芒,而人亦有不芒者乎? (《齐物论》)
>
> Sometimes clashing with things, sometimes bending before them, he runs his course like a galloping steed, and nothing can stop him. Is he not pathetic? Sweating and labouring to the end of his days and never seeing his accomplishment, utterly exhausting himself and never knowing where to look for rest—can you help pitying him?... Man's life has always been a muddle like this. (*Zhuangzi* 3; trans. Watson 1964:33)

把自己从文化传统所设定的目标的压力下解放出来,必定使自己精神焕发。庄子比较了"大知"和"小知":"大知闲闲,小知间间;大言炎炎,小言詹詹。"② 小知囿于琐事,鼠目寸光。在艾文贺看来,庄子的"视角主义"哲学使我们"摆脱传统和计虑心知的掌控"(1993:646),从而"领悟世界内在的伦理架构并切合之"(ibid.:646-647)。"世界内在的伦理架构"或许不同于"传统"。艾文贺的解释很重要的一点是突出了庄子的自由精神(ibid.:646)。《大宗师》刻画了那些卓尔不凡的"真人"的性格和深度。另外有很多学者强调了庄子哲学的精神或宗教意蕴。瑞丽用"发蒙"(illumination)和"觉醒"(awakening)这样的术语来描述庄子的"大知"(1996:30);史华慈在不少地方把庄子哲学说成是"神秘的灵知"(1985:215-237)③;爱莲心(Al-

---

① 庄子的悲剧英雄和孔子的乡愿(《论语·子路第十三》第二十四章,《孟子·尽心下》第三十七章)形成了有趣的对照。
② Great understanding is broad and unhurried; little understanding is cramped and busy. Great words are clear and limpid; little words are shrill and quarrelsome. (*Zhuangzi* 3; trans. Watson 1964:32)
③ 史华慈还说,《庄子》中有一种"准一有神论"的隐喻,其中包括有关创世者、创造原则和真正的统治者的隐喻(1985:226-227)。

linson)对《庄子》内篇的解释围绕这样一个主题:庄子哲学造成了精神的转化(1989);李亦理(Yearley)在描述卓尔不凡的真人的活动和生活时,认为他们是入世但超越世俗生活的种种层面的,包括其世俗道德(1996);森舸澜(Slingerland)认为,从根本上讲,"无为"是一个宗教概念(2000)①;罗斯则说,庄子试图通过冥想来达到一种神秘的宁静(1999)。②

有必要考察一下,庄子的精神觉醒是不是一种需要遁世高蹈的个人追求。庄子哲学在很多方面带有个人主义色彩:不同个体的独特视角,技艺的主观性、个体性把握,以及"大知"的培养。诚然,每一个体最终必须靠自己来掌握这种技艺并超越"小知"。然而,必须强调一点,在庄子那里,解脱并非旨在摆脱世间生活,而是摆脱世间的习俗和意识形态。森舸澜认为,这种自由观并不谋求个体支配或个人利益。他指出,"西方的自然自发往往关联着主观性,但是,与无为相应的自然自发却是另一番情形:它代表着客观性的极至,因为只有在无为之中,具体的人心才合乎超过个体的东西——天意,或道所体现的秩序"(2000:311)。③ 对森舸澜来说,庄子的无为是一种精神理想,其中一个主要的原因在于,无为促进了同宇宙的客观规范秩序之间的和谐。

我们或许可以把精神转化理解为更广泛、包涵性更强的气化过程。前面已经提到,《人间世》提倡由"心斋"而持"气"。"气"这个概念也出现在战国时期的其他文献中。最著者为《管子》。尽管它归在法家管仲(公元前723—前645年)名下,实际上却是一部在一段时期内编纂而成的混杂著作。《管子·内

---

① 在此意义上,森舸澜批评某些对庄子哲学的阐释未能很好地反映庄子对技艺发展的关注。根据森舸澜的看法,庄子所说的技艺之知不仅仅是一种生活方式选择。将庄子哲学降低到只讨论批评世俗规范的问题也就是剥夺了它的形上意义。森舸澜特别提到了艾诺(Robert Eno)和陈汉生对庄子思想的阐述(2000:313-314)。
② 从一系列道家典籍可知,道家的宗教实践和神秘修行已有自己的传统。贺碧来(Isabelle Robinet)的《道教:一种宗教的成长》(Taoism:Growth of a Religion)(1997),孔维雅(Livia Kohn)的《道教的实践》(The Taoist Experience)(1993)等著作主要关注道家思想的宗教方面。这些研究把道家的宗教面向和哲学面向结合起来考察,在道家研究中起着重要作用。
③ 森舸澜提到了葛瑞汉的观点(参见 Graham 1983:9-13)。

业》对养气进行了广泛的探讨。① 葛瑞汉认为,它的养气观集冥想术、姿势关注及饮食节制于一体,很接近孟子所讲的养"浩然"之气(《孟子·公孙丑上》第二章;Graham 1989:100)。在葛瑞汉看来,这一时期把"气"理解为一种"能量流",它包含一切并把一切统一起来(1989:101)。气将活力赋予身体尤其是呼吸,同时气如空气一般周流于身体外部;气的含义接近于"古希腊的'pneuma'(风,空气,呼吸)"(ibid.)。有意思的是,与"气"相关,"神"的内涵也从原初的"神灵"发展为一种可以在人身上显现的特性。换言之,"神"被用来指称特定存在者或特定行为的属性,而非指称神灵。在此意义上,神是一种神妙的洞见,它激起"精神上的敬畏"(ibid.)。这种洞见包括知道如何摆脱那些限制气在个体与更广的宇宙秩序之间自然流行的束缚。在《庄子·达生》这篇属于杨朱派的文献中,我们可以看到一个范例。木匠这样描述他的技艺:

> 梓庆削木为鐻,鐻成,见者惊犹鬼神⋯⋯"臣将为鐻,未尝敢以耗气也,必齐以静心。齐三日,而不敢怀庆赏爵禄;齐五日,不敢怀非誉巧拙;齐七日,辄然忘吾有四枝形体也。当是时也,无公朝,其巧专而外滑消。然后入山林,观天性,形躯至矣,然后成见鐻,然后加手焉;不然则已,则以天合天,器之所以疑神者,其是与?"
>
> Engraver Ch'ing [Qing] chipped wood to make a bellstand. When the bellstand was finished viewers were amazed, as though it were daemonic, ghostly... [The engraver explains his secret:] 'The dexterity for [making the bellstand] concentrates, outside distractions melt away, and only then do I go into the mountain forest and observe the nature of the wood as Heaven makes it grow. The aptitude of the body attains its peak; and only then do I have a complete vision of the bellstand, only then do I put my hand to it. Otherwise I give the whole thing up. So I join what is Heaven's to what is Heaven's. Would this be the reason why the instrument seems daemonic?'
> (trans. Graham 2001:135)

---

① 罗浩(Harold Roth)的《管子》研究有很高的学术价值。他强调了《管子》和《庄子》这两个文本之间的关键联系(1991b,1999)。

具有这种神妙洞见的人是否会留恋俗世？有修为的人是否要卷入世务，这已经是当时人们争论的一个热点问题。我们在这里关注两个相关但不相同的问题：第一个问题关于一般意义上的涉世，第二个问题要具体一些，讨论对国家政治事务的参与。关于第一个问题，我们可以有把握地说，庄子并不主张离世。文本当中到处可见的比喻和例子实际上揭示了一种对自然界的深沉意识。游于社会和习俗所立的安全边界之内，自然界总是被遮蔽或忽视。技艺的例子来自普普通通的职业和活动，世间的生活由它们支撑和建立：解牛、游水、木工、打渔，等等。这些例子并非安顿在超越的意识之中而仅仅与尘世中的人擦肩而过。相反，他们精通活动，和世界不完美的一切打交道（Schwartz 1985:235）。他们异于常人之处在于，并不顾念生命的兴衰乃至死亡（《庄子·应帝王》）。这种适应性让个体能够应对不同的状况和环境，因此它从根本上被理解为技艺："道家的生活艺术是一种至高无上的智性反应，这种反应一加分析或选择就会遭到破坏……对道的把握是一种无法明言的实践之知而非概念之知。"（Graham 2001:186）安乐哲通过"势"（情形，势能，操纵）这一概念来阐明庄子的自由如何包含了忘却分辨以便在不同的情形下畅通无阻（1998b:227）。这让我们想起庄子拒斥儒墨思想。庄子拒斥它们，并非因为它们不适用于任何情形，而是因为儒家和墨家都认为自己的思想在任何情形下普遍为真或普遍适用。因此可以说，从庄子的观点来看，儒家和墨家都不愿意改变他们的思想，可能也就同样不可能培养出一种足以让自己自然自发地适应不同环境的技艺。

学者吴光明（1982）对庄子哲学的阐释融入了强烈的游戏感。他认为，庄子哲学把它的读者直接带入批判的自我反思；这样一种自我反思对于个体处理世务来说意义重大，其中一个重要原因在于，它令人可以从容自然地应对不断变化的情境。艾伦·福克斯（Alan Fox）认为，庄子"肯定［世间生活］是美好愉快的"。他对于庄子试图针对的读者更为谨慎（1996:69）。他指出，《庄子》并没有说清楚，究竟是每个人应当抑或能够具备这些技艺和洞见，抑或甚至只是某些人能够具备它们（1996:70）。

关于政府参与问题，史华慈对此有精辟的论述。他援引颜回"坐忘"的例子："［在庄子那里］一切真人所面对的问题是如何回避政治。"（1985:232）颜回"心斋"成功之际，他摒弃了自我，遗忘了心机，不仅如此，他还对政治事务失去了兴趣(1985:233)。在一定程度上,我们或许可以这样理解,颜回的情形以夸张的形式贬低孔子对儒家事业的执着——在这个故事中,孔子请求颜回收他为徒。或者,从强调自我保存的杨朱哲学出发可以更加确切地理解颜回的启示,因为即便《庄子》中有些章节并无被明确认定为直接出自杨朱学派,它们还是极有可能受到了杨朱哲学的影响。孟子(《滕文公下》第九章)把杨朱作为极端的利己主义者。对杨朱思想的这种看法延续至今,这很可能是因为汉代以降儒学一直处于主导地位。不过,如果我们考察这一时期的其他文献,比如《淮南子》,就会发现杨朱哲学似乎并非那么肤浅。① 它不仅包含了深刻的精神和道德主题,而且还在当时的政治论争中扮演了重要的角色。葛瑞汉这样论述杨朱思想在中国社会史和思想史上的位置:

> 中华帝国一直需要一种使统治阶级可以抵抗道德压力而不从政的哲学。这种哲学最先见于杨朱思想,然后被道家思想取代,公元后数个世纪又被佛教所取代……按照杨朱哲学,性,即人性从根本上讲乃是人依其天命而享尽天年的能力,但它可能因为沉溺物欲或者外部力量而受到戕害。(1989:56)

或许《庄子》的思想体系已经涵摄了杨朱学派默然不仕的态度。或许《庄子》也在某种程度上认识到,权力可以腐化人性中那些优良的品质。在一定意义上,似乎杨朱思想和庄子哲学都要逃离政事,当然其理由不同于孟子所讲的自私。史华慈指出,《庄子》认识到:"政治秩序并不能补救人类的困境。这种困境根源于个体心灵本身。政治领域本身反映了这一虚妄的意识。它在一个未被救赎的世界里依然司空见惯……庄子本人似乎也像逃离瘟疫一样逃离政事。"(1985:233)

考虑到这些评论,似乎特别有讽刺意味的是,《庄子》文本同时包含了杨朱派和调和派的思想,二者对政治事务和政治决策的看法有着根本性的分歧。杨朱派对政治社会的态度至多是模棱两可的,而调和派则试图把儒法

---

① 例如,参见 Roth 1999。

两家对于权力和权威的通常观念与道家的技艺观念(尤其是其中的无为)加以融合。这一尝试的结果令人担忧。比如说,"势"的观念。在庄子哲学中,"势"指的是应对不同环境时的灵活和通达,而在法家那里,"势"专指统治者如何通过巧妙应对各种情形来维持权威。培养道家的洞见和技艺,可以有积极的一面,也可以有消极的一面,顾立雅(Herrlee Creel)描述了二者之间的微妙界线。我们可以积极地理解道家哲学:培养个人的洞见和技艺,以便应对生活中的意外事件。但是,如果学习技艺是为了操纵老百姓,情形就完全相反了。而且,从一种情形滑到另一种情形(顾立雅分别称之为"冥思的"[contemplative]道家和"老谋深算的"[purposive]道家)非常容易:

> 对世人的议论毫不在乎,与世无争,沉默寡言,处于社会的最底层依然自得其乐,等等,此固善言。但是,人类厌倦了这类事情。不管怎样努力摆脱作为一个人,大部分道家毕竟还是人。结果我们发现,他们著作中反复陈述的言论产生如下实际效果:通过无为,道家的圣人实际上无所不为;通过至弱,他战胜坚强;通过至卑,他统治了世界。这不再是"冥思的"道家。它已经转到了"老谋深算的"一面。(1953:110)

我们会在下一章更加详细地考察吸收了道家内容的法家思想的演化。顾立雅的看法给我们敲响警钟:如果没有恰当的伦理关怀作为基础,权力就会给人类带来巨大的灾难。这种情形曾经发生在中国的秦王朝。①

第四节 《庄子》哲学的意蕴

《庄子》对语言的怀疑所指向的,是在语言层面呈现的人类生活的一个无法回避的特点。既定规范的传播面临一个残酷的恶性循环:既定规范既由个体内化于自身,个体反过来又教导并要求别人遵循规范。庄子敏锐地意识到语言的不足,以及语言对塑造人类意识的强大影响。庄子的沉思揭示了语言的一个深层悖论:作为交流工具,语言的成功部分依赖于它的简单

---

① 下一章会论及秦朝的专制、操控和恐怖到了何种程度。

性;而这种简单性又可能是失望和挫败之源,因为它导致了不精确和过度概括。语词的意义不是固定的,它总是在人们的使用过程中发生变化。

庄子提出的认识论问题引人入胜。如果考虑到它们在中国思想史中的位置,那么这种体会就会更深。孔子将规范的行为形式视为自然秩序的组成部分,而荀子则认为它们是手段——一种对行为进行规范的有力工具。名家试图通过名来建构确定性,而后期墨家则展示汉语结构中名的深刻复杂性。《道德经》关注语言作为一种社会现象误导人们的目标和追求,而《庄子》的批判所针对的,主要不是语言的使用而是和语言的使用相关的假设。庄子并非为思辨本身而沉湎于思辩的认识论。随着争论的展开,以下一点变得越来越明显:语言作为人类交流的基本手段,也是一种重要的政治工具。在战国时期的文献中,可能属《庄子》把这层联系讲得最为清晰。

从伦理学角度出发,我们也看到了一种渐进的启蒙,它比后来欧洲的启蒙运动早了很多个世纪。相与争鸣的思想家越来越清楚地意识到,把道德观奠基在一个独立于人类的某种超越的根源之上,这种做法很难得到辩护。这一意识在中国早期哲学中的演进,以及它们与欧洲启蒙运动的相似之处,都是有待于将来进一步研究的重要课题,因为它们可以加深我们对哲学伦理学的理解。

战国时期的思想家虽然质疑道德的超越基础,但他们仍致力于关于精神的课题及其更广的宇宙论内涵。他们注重培养精神性,其中包含了他们对人类与自然及宇宙现象相融相合的深切关怀。已经有大量优秀的文献探讨早期中国哲学中的精神性和宇宙论。[1] 不过,早期中国哲学中的精神性和宇宙论对于人类的精神和心理有何助益,这方面的跨学科研究仍有待开展。[2]

---

[1] 参见孔维雅、贺碧来、约翰·S·梅杰(John S. Major)、艾兰(Sarah Allan)和罗浩等人的著作。

[2] 森舸澜(2003)、吴光明(1982,1990,1996)和弗朗索瓦·于连(François Jullien)(1999,2004)都对中国哲学中无为的实践意义进行了出色的分析。吴光明和于连甚至还进行了中西哲学比较。这些令人振奋的中国哲学研究表明,哲学、宗教和心理学之间的跨学科研究将会产出数量可观的研究成果。斯蒂芬·斯蒂克(Stephen Stich)和斯蒂芬·劳伦斯(Stephen Laurance)等人正在从事一项规模宏大的跨学科、跨文化项目,旨在研究文化、心灵和认知之间的关联(http://www.philosophy.dept.shef.ac.uk/culture&mind/)。

庄子对技艺的关注引发了三个需要我们思考的哲学问题。第一个问题是关注世界不可化约的丰富多样性；后期墨家也注意到了这一点，并且因此强调语言不足以把握世界的多样性。第二个问题是在这样一个充满多样性的世界中，并不总是能完全把握或预测因果联系（可能因此之故中国哲学不取以系统的、科学的进路解释世界）。在庄子看来，对于个体来说，重要的是要懂得如何应对世界上变幻莫测的面向：蝉各不相同，善于捕蝉的人却知道如何将它们一一捕获；牛各不相同，但善于解牛的人却知道如何游刃有余地将它们一一分解；木材各不相同，但好的木匠却知道如何让每块木材各尽其材以制成精美的器具。要应对瞬息万变的世界，尤其是要想化不利为有利，技艺具有特别的重要性。这让我们回想到"势"，它包含了掌控不同局面的策略技术。① 第三个问题是在一个复杂多样且不断变化的世界中，个体如何定位，他们如何活动如何相互影响。庄子哲学关注不同的参照框架如何决定个体的思想和理解。这就引发了诸多重要的元哲学问题：关于知识，关于探究的限度，甚至还有关于哲学自身的目标。理解知识主要着眼于内容，这是流行的看法，庄子的认识论却对此质疑。在他看来，"知识总是一种诠释而非一种复制或再现"。② 庄子的视角主义立场挑战把作为内容的知识与理解活动分离的观点。并且，如安乐哲所言，庄子质疑"作为认知对象的世界独立于认知者"（1998b:220）。对中西哲学家的认识论做进一步研究将会有趣地发现不同的文化有不同的预设，同时也将丰富我们对哲学、对追寻智慧的理解。

---

① 《孙子兵法》这部军事战略专著成书于春秋时期，相传为孙子（公元前535？—前470年）所撰。这部书以应对瞬息万变的战局的策略而出名。这些策略还可以应用到战争之外的领域，它们在当代商业和管理中的广泛应用已证明了这点。

② 张耀南编：《知识与文化——张东荪文化论著辑要》，北京：中国广播电视出版社，1995，172页以下。引自 Ames 1998b:221。

延伸阅读建议

Chuang-Tzu: The Inner Chapters, translated by Angus C. Graham (2001), Indianapolis: Hackett Publishing Co.

Fox, Alan (1996) 'Reflex and Reflectivity: *Wuwei* in the *Zhuangzi*', *Asian Philosophy*, vol. 6:1:59-72.

Ivanhoe, Philip (1983) 'Zhuangzi on Skepticism, Skill, and the Ineffable Dao', *Journal of the American Academy of Religion*, vol. 61, no. 4:639-654.

Roth, Harold (1991) 'Psychology and Self-Cultivation in Early Taoistic Thought', *Harvard Journal of Asiatic Studies*, vol. 51:599-650.

Wu, Kuang-ming (1982) *Chuang Tzu: World Philosopher at Play*, American Academy of Religion Studies in Religion, no. 26, New York: Crossroad Publishing Co.

Yearley, Lee (1996) 'Zhuangzi's Understanding of Skillfulness and the Ultimate Spiritual State', in Philip Ivanhoe and Paul Kjellberg (eds.) *Essays on Skepticism, Relativism and Ethics in the Zhuangzi*, Albany: State University of New York Press: pp. 152-182.

第九章　法家哲学

春秋战国时期的论争或多或少都对当时的思想或实践现状提出了挑战。我们已经看到,儒家尽管赞成传统生活的很多方面,但它也在自作主宰成就自我的可能性及政治权威的可能基础等方面提出了问题。道家对习俗生活与实践的拒斥尤甚,不过,它在关心普通民众如何过上好日子这一点上则是继承了传统。唯有法家对当时生活的基本原则严加拒斥。它拒斥关系在生活诸方面尤其在公共领域中的重要性,拒斥官吏体制的影响,拒斥伦理意识培育的制度化,而且可能最关键的一点在于它拒斥一切主张为民众的利益推行仁政的想法。研究中国思想史的专家顾立雅(Herrlee Creel)认为,法家哲学"在相当大的程度上是反革命哲学"(1953:135)。顾立雅的理由如下:法家站在治国为君的立场上,拒斥正在日益兴起的治国为民的观点(其他大多数学派倡导此说,儒家用力尤甚)。

汉代史家司马谈将法家列为一"家",此说在很多方面有所误导。首先,固然韩非(公元前280?—前233年)是最成体系的法家代表,但我们并不能确定究竟谁是法家思想的奠基者;其二,实际上,并非所有被归入法家的思想家都把法(刑法,penal law)作为基本论题①;其三,究竟哪些观念或课题算是法家思想特有,学界对此存在重大分歧。论述过法家思想、或对法家哲学产生过重大影响的思想家包括管仲(公元前723—前645年)、商鞅(卒于公元前338年)、申不害(卒于公元前337年)、慎到(公元前390?—前315年?)和韩非。阅读法家文献,我们可以感受到其中对刑法及其应用的着力讨论和慎重考虑。当时存在的各种思想论题为法家哲学的产生提供了背

---

① 例如,人们普遍认为申不害是法家思想的一个重要拥护者,但是,对申不害哲学做过广泛细致研究的顾立雅认为,"申不害不属于法家……一个如此认真关注行政管理的人不可能怀疑法在政府管理中的作用"(Creel 1974:135)。

景:儒家强调统治者的典范人格,墨家讨论法之为准则①,不同学派关于语言的论争,关于人性和政府角色的学说,以及围绕政治权威与官吏机构的作用所展开的争论。学派交叉的现象也时有发生:比如,虽然法家激烈反对儒家,但韩非与李斯(公元前 280?—前 208 年?)却同出于儒家荀子的门下。秦拜李斯为相,用其政治策略推行法治。在韩非的著作中,我们也可以看到综合法家策略与道家无为思想的努力(Nivison 1999:801)。虽然法、道两家在很多方面针锋相对,但后来被称为"黄老思想"的流派却把道家的无为融入法家的君主之术(De Bary and Bloom 1999:241 - 256)。例如,韩非主张秩序的维持有赖于法,有赖于臣下在必要时执行惩罚,而君主却要隐于法与罚的背后。法家认为,君主当深隐莫测而无为,只有这样才能维持权威驾驭臣民。

有意思的是,相当一部分法家都是当时实际的参政资政者,这一点我们在中国其他学派那里很少见到。商鞅是秦国大臣,申不害也是战国末期韩国大臣(Bodde 1986:74)。在秦灭韩(公元前 221 年)之前不久,韩非曾为韩国出谋划策。这些政治战略家无疑曾经撰文著书论政。不过,他们的著述兴趣主要来自政治抱负而非哲学反思。因此,史华慈认为法家思想是"行为科学"(1985:321)和"社会—政治组织学"(ibid.:335),顾立雅认为它是"官吏制度理论"(in Schwartz ibid.:336),而葛瑞汉则认为它是"一门关于治国术的非道德的学问"(Graham 1989:267)。这一时期的法家文献中,韩非的著作最具有批判的自觉。韩非吸收法家哲学的各种思想因素,试图用自己的原则把它们统合起来。因此,如要深入理解法家思想的应用及最终失败,我们可以参考某些历史事件以及战国时期与秦代的某些施政措施。例如,秦代的严刑酷法和恐惧镇压必然会让后来的中国民众把它们与法家哲学联系在一起。因此,要了解法家哲学的特性,就有必要考察它对秦代及之后的中国人民造成的影响。

---

① 史华慈指出墨家思想元素(对礼和内在动机的拒斥,强调效用,注重赏罚的作用)可能已经为法家哲学准备好基础,尽管二者的差异也不应小视。(Schwartz 1985:329)

第一节　三个基本主题:法、术、势

　　韩非被认为是法家哲学的综合者(Fung 1948:157;Chan 1963a:252;Schwartz 1985:339-343)。他吸收此前法家著述中的关键概念,并把它们整合成一个论述社会秩序、政治权威和官吏体制效率的庞大体系。他也是公认的法家哲学之"集大成者"(Fung 1948:157)。韩非的思想状况及归于他名下的文本《韩非子》①对于决定哪些文本、哪些思想家可以划入法家哲学的范围非常重要。换言之,究竟哪些东西构成法家哲学,这在一定程度上取决于韩非从法家学说中采集了哪些观念(另一方面,那些对君主权威特别关注的政治韬略家也在一定程度上决定了法家哲学的范围)。这可以解释前面提到的问题:"法家哲学"是一个有争议的说法。之所以有此问题,原因不仅在于"法家哲学"是历史学家的一个回顾性说法,而且在于法家哲学的性质与特征本身就不甚清晰。②然而,既然有某些思想家共同专注于用刑法控制民众以及由此建立起来的管治制度,我们还是从中找到一些课题以描绘法家思想的轮廓。韩非吸收了商鞅的"法",申不害的"术"以及慎到的"势",认为有效的统治需要统合法、术、势这三个基本主题。下面我们逐一展开讨论。

法:准则与刑法

　　关于"法"这一概念在法家那里的用法,必须澄清两点内容。首先,"法"在各家的讨论中常常指"准则"或"标准"。我们已经在墨子哲学中看到这一点。墨子讨论工匠的准则,并进而把它们应用于兼爱(即,每个人无偏私地对待他人)等行为典范。我们甚至发现《论语》也提到准则:孔子年七十而从心所欲不逾矩(《为政》第四章)。韩非也使用这一广义上的法,即法之为准则;像墨子一样,韩非也将准则的应用从日常生活扩展到人的行为:司南、规

---

① 对韩非的作品最全面的英译是廖文魁(W. K. Liao)的《韩非子全书:中国政治科学经典》(*The Complete Works of Han Fei Tzu:A Classic of Chinese Political Science*,vols. 1 and 2,1939,London:Arthur Probsthain)。

② 戴闻达(J. J. L. Duyvendak)讨论了不同的历史学家如何将不同的思想家和文本归入法家。(Duyvendak 1928:66-71)

矩、权衡、绳墨及人之行为的对错(《韩非子·有度》)。在《有度》这一篇文字中,韩非交替使用"法"的两种用法:广义上的法,即作为度量之方的法;狭义上的法,即法家所讲的作为刑法的法。法律是评判对错的制度:"以法治国,刑过赏善而已。"①我们频频看到法之为准则与法之为刑法在法家文献中的交替使用。

另外需要澄清的是,在讨论刑法之法之前就已经有了刑法典的观念及刑法典的应用。② 商鞅是秦孝公(公元前381—前338年)的大臣,据记载他推动了一系列改革,帮助秦国从一个落后的小国发展为一个军事强国(Duyvendak 1928:1-40)。据说他还热衷于研究刑法(Duyvendak 1928:8)。一些文献提到,早在公元前513年,晋国就开始使用刑罚。③《论语》曾议论过管仲(《八佾》第二十二章,《宪问》第九、十六、十七章)。后来其他法家继续发展了管仲所倡导的一些措施,其中包括推进中央集权,建立官吏体制,强制实施统一的法令以管理社会生活与经济生活。④ 也有关于严酷而恐怖的刑法的记载,包括像刖(去足)、劓(去鼻)、黥(身上刻字标记)、阉(去势)之类的肉刑(Bodde 1963:379)。汉字"刑"从"刀",也表示刑法制度,但它的使用要早于法家狭义上的"法"(Schwartz 1985:323)。

商鞅论法,主张法要严,小过而重罚,强调如此一来轻罪与重罪都可以防止,从而确保君主对民众的控制:

> 行罚,重其轻者。轻者不至,重者不来。此谓以刑去刑,刑去事成。(《商君书·靳令》)
>
> In applying punishments, light offences should be punished heavily; if

---

① To govern the state by law is to praise the right and blame the wrong. (*Han Fei Zi*, Chapter 6, 'Having Regulations', trans. Liao 1939, vol. 1:45)

② 史华慈讨论了促发法的产生的早期文献资料。('Anticipations of Legalism' 1985: 323ff.)

③ 《左传》记载,公元前513年,孔子对刑法典与刑罚的制度化表示忧心。(James Legge, trans. [1893-5] vol. 5:*Tso Chuan Chu-su*,53,6b-7a:732)——译者按:《左传》载,鲁昭公二十九年(公元前513年),晋铸刑鼎,孔子讥之,曰:"晋其亡乎! 失其度矣。"

④ Schwartz 1985:324-325.

light offences do not appear, heavy offences will not come. This is said to be abolishing penalties by means of penalties, and if penalties are abolished, affairs will succeed. (*Book of Lord Shang*, Chapter 3, para. 13; trans. Duyvendak 1928:258－259)

　　学者们倾向于追随韩非,夸大刑法在商鞅思想体系中的位置。实际上,我们必须记住,商鞅有更加完整的社会—政治变革计划,刑法只是其中的一部分。为了充分把握他的刑法,有必要稍微详细了解他的社会—政治变革计划。《商君书》是反映商鞅思想的原始资料。然而,此书最完整的英译本译者戴闻达认为,商鞅所写的东西几乎没有——如果不说完全没有的话——保留在《商君书》中(1928:144－146)。不过,他又认为研究此书很有价值,因为其中有些章节所提到的早期法家议论的话题在往后的关键时刻有所发展(ibid.:159)。根据此书以及其他历史资料①,我们知道商鞅提出过一个完整的社会—政治变革计划,包括推进农业与经济改革,加强军备与作战能力,以及改革行政管理与政治制度。

　　《商君书》特别详尽地论述了如何控制民众。这种控制必须在社会、经济和政治生活中无孔不入:农作物的产量与质量、粮食价格、粮食买卖、商业活动、市场行为等(Duyvendak 1928:176－184)。甚至还讨论了食品的定价问题(ibid.:179)。如果说这些政府管理措施让我们觉得扰民的话,那么,士兵所受到的残忍待遇更让我们感到毛骨悚然:

　　　　其战也,五人束簿为伍,一人死而其刲四人,能人得一首则复。(《商君书·境内》)

　　　　In battle five men are organized into a squad; if one of them is killed; the other four are beheaded. If a man can capture one head then he is exempted from taxes. (*Book of Lord Shang*, Chapter 5, para. 19, trans. Duyvendak 1928:295－296)

---

① 司马迁的《史记》(trans. Burton Watson[1961])详细描述了商鞅的生平和成就。戴闻达介绍了其他提及商鞅的史学文本(Duyvendak 1928:1－40)。

《商君书》决断事情的特点在于严格依照作为准则的法。在商鞅看来，君主拥有绝对的控制权意味着不容许存在丝毫始料未及的事物。将任何事物留给偶然性都是一种软弱。此为商鞅讨论刑法之法的背景。《商君书·错法》讲道，"度数已立而法可修"①。准则在一切生活领域的确立与应用完全是一个度量过程：根据适当的度量准则评价行动或事态。接下来，则是相应的赏罚。

韩非对商鞅这种细密的做法印象深刻，他将其称之为"定法"，即确立准则(fixing the standards)。②君主为了控制民众就必须确立准则。这件事非常重要，因为中国的人口在公元2年就达到了五千七百万。③ 这一问题商鞅在人口普查近两千年之前就已经明白："凡治国者，患民之散而不可抟也。"④（《商君书·农战》）韩非倡导用法以治（确立准则，违反准则即施罚）的思想主要表达在《五蠹》篇。文章一开始便提到人口数量的变化："上古之世，人民少而禽兽众。……[今者]人民众而货财寡……故民争……而不免于乱。"⑤（《韩非子·五蠹》）韩非认为，由于人口的增长，统治形式不得不有别于儒家的主张：人口这么多，不可能相信人人有德。韩非对（人口）数量变化的关注并非当时政治思想的异数，我们稍后就会看到，申不害讨论政治韬略时也涉及这一问题。

商鞅的准则工程不仅要求行为守法，而且在更深层次上要求民众的思

---

① When measures and figures have been instituted, law can be followed. (*Book of Lord Shang*, Chapter 3, para. 9, trans. Duyvendak 1928:243)

② 《韩非子》第四十三篇即名曰《定法》。

③ 这是最早的人口完全统计数据。参见 Hans Bielenstein(1947) "The Census of China during the Period 2 - 742 A. D. ", 载于 *Bulletin of the Museum of Far Eastern Antiquities*, Stockholm, XIX:125 - 163, 转引自 Herrlee Creel,1974:116。

④ In administrating a country, the trouble is when the people are scattered and when it is impossible to consolidate them. (*Book of Lord Shang*, Chapter 1, para. 3, trans. Duyvendak 1928:193)

⑤ In the age of remote antiquity, human beings were few while birds and beasts were many... [now] people have become numerous and supplies scanty... people quarrel so much that... disorder is inevitable. (*Han Fei Zi*, Chapter 49, "Five Vermin", trans. Liao 1939, vol. 2:273 - 277)

想也守法。他探讨了如何驯化民众,让他们只知道追求君主认为好的东西。《错法》篇谈到了如何通过刑法控制民众的心理。其中一点是在所颁刑法的基础上严格执行赏罚。① 韩非赞曰,刑法可以"一民"②(《韩非子·有度》),再没有比它更有效的政治控制手段了。

《商君书》最关注的问题是如何控制民众。这种思想把君主置于民众的对立面,因而与儒家的仁政观,尤其是孟子的哲学形成了强烈的对比。在韩非看来,商鞅的计划在用刑法控制民众方面做得非常彻底。不过,它还必须补充以君主对臣下的控制。韩非援引申不害的观点来说明如何任命臣下以及如何控制他们的权力。

术:管理臣下的技艺

申不害在韩昭侯(公元前362—前333年在位)之世地位显赫(史书记载,昭侯曾拜他为相)(Creel 1974:21-24)。根据一些史书的记载及韩非的转述,政治术是申不害学说的核心特色:

> 术者,因任而授官,循名而责实,操杀生之柄,课群臣之能者也,此人主之所执也。(《韩非子·定法》)
> ... the means whereby to create posts according to responsibilities, hold actual services accountable according to official titles, exercise the power over life and death, and examine the officials' abilities. It is what the lord of men has in his grip. (*Han Fei Zi*, Chapter 43, "Deciding between Two Legalistic Doctrines", trans. Liao 1939, vol. 2:212)

申不害认为,鉴于春秋战国时期很多君主沦为臣下的傀儡,君主能够完全掌控臣下这一点至关重要。政治术可以实现这个可欲的结果,但不是通

---

① 赏罚是治国之"二柄",即两个抓手。韩非讨论了这两种逐步实现政治秩序的互补工具(《韩非子·二柄》)。罚与赏分别用来防止或鼓励某些行为。赏,用以促进那些效忠于君主的行为。

② "unify the folkways of the masses" (*Han Fei Zi*, Chapter 6, trans. Liao 1939, vol. 1:45)。

过重新肯定君主或圣王之地位,而是通过建立一种能够客观度量臣下的能力与成绩的体系。申不害的方案是创立一套限制官员权力的机制。这样一来,申不害的君主有点像霍布斯的君主,他是社会契约的守卫者,但唯其一人不受契约所规定的法令的制约。允许君主的权力不受限制,就此而言申不害的理论过于简单,但是,从另一方面来看,它却洋溢着现代气息:建立制度基础,不再依靠人际关系或世袭官爵。因此,史华慈认为,申不害的官吏制度理论是"世界社会思想史上极其重大的事件"(1985:336)。当然,申不害提出的行政管理组织与当代自由社会中的行政管理组织之间存在很多重要差异。最突出的一点在于,社会—政治稳定与责任只是申不害制度改革的间接目标,维护君主权威才是他的最高宗旨。申不害对官僚极不信任是有理由的(Creel 1974:61),他特别强调内敌的危害性:

今人君之所以高为城郭而谨门闾之闭者,为寇戎盗贼之至也。今夫弑君而取国者,非必逾城郭之险而犯门闾之闭也,蔽君之明,塞君之听,夺之政而专其令,有其民而取其国矣。(《申不害残篇》)

The reason why a ruler builds lofty inner walls and outer walls, and looks carefully to the barring of doors and gates, is to prepare against the coming of invaders and bandits. But one who murders the ruler and takes his state does not necessarily force his way in by climbing over difficult walls and battering in barred doors and gates. He may be one of the ruler's own ministers, who gradually limits what the ruler is permitted to see and restricts what he is allowed to hear, until finally the minister seizes his government and monopolizes his power to command, possessing his people and taking his state. (*Shen Pu-hai Fragments*, trans. Creel 1974:61,344)

相传申不害著书两篇,但现已亡佚。我们只能主要通过当时其他思想家的引用来了解他的思想。① 阅读这些残篇,我们将体会到申不害对行政

---

① 顾立雅的著作对申不害的思想进行了最全面的讨论,同时还对与申不害有关的残篇作了分析:*Shen Pu-hai:A Chinese Political Philosopher of the Fourth Century B.C.*

管理的理解何等深刻。君主离不开臣下的专业知识技能,但是,承认或公开这种依赖却是危险的。按申不害的描述,君主之位不值得羡慕,那是一个高度异化的位置。君主从根本上依赖臣下,却得披着独立自主、高高在上的面纱。如何保持君主之于臣下的权威是申不害哲学的中心。韩非把"术"作为申不害的关键概念。残篇没有提及"术";当然,这并不能证明申不害没有谈到"术",因为留存的残篇只是申不害著述非常少的一部分内容。术,或曰主术是隐密的。公开对臣下的依赖不啻于强化和暴露自己的弱点。然而,在很大程度上,术又是公开的,它实施在刑名之中。这一理论的关注点在于,明确每个岗位的职责,也就是说,每位官员的头衔名号必须与其职责相匹配。这当然不是全新的看法。孔子倡导正名;荀子尤其强调君主由制名而确立、推行行为准则的权力。道家对这种费尽心机控制民众的做法深表怀疑,并对日常语言的使用进行了更一般的批判。因此,在这些论争所构成的背景之下,申不害利用头衔名号阐明及设立标准的做法并不新颖。

然而,刑名的新颖之处在于:要运用刑名客观地选拔官员以及评定其岗位绩效。在实践层面,这意味着明确的"工作描述"(Schwartz 1985: 338)和基于客观标准的黜陟让君主成为官员唯一的仲裁者。这样一套行政管理制度并不容许以下二者间的不一致:一方面,颁布客观标准;另一方面,君主任意凌驾于整个体制之上。当然,只有在把透明性和职责分明当作制度基础的首要目标的情况下才会提出这样的问题。然而,法家的目标乃是君主如何树立权威;从这个角度看,君主自然不应当系缚于体制或规则。

刑名有一个有意思的方法特点,那就是符合君主所决定和颁布的标准。符合之方也见于商鞅的定法:设立标准,用以考核官员的行为。有一套标准,这意味着通过执行客观的评价方法来减少由于主观选择或主观看法所导致的变数。不过,标准本身既取决于君主,自然并不是客观的。法家的符合之方对于法家的事业来说具有特殊的重要性,因为它旨在消除臣民中存在的异见。执行作为标准的法是为了消灭差异,正如设立作为刑法的法是为了确保行为一致。强制推行这两种法,正是君主驾御数量庞大的臣民的手段。顾立雅认为,"术"与其同音字"数"有关

(Creel 1974:125 - 128)。① 他还指出,理解统计学和运用定名之间关联很深:"不仅要知道'有多少',更要知道有多少'什么'。对'什么'的回答是一个名。名即范畴。"(Creel 1974:113)

通过对数目的细密考量来实现控制乃是法家思想的特征之所在。不过也要注意到,归于申不害名下的一些残篇包含了道家的无为思想。下面这段话把这一点表达得很清楚,它让人觉得道法家的君主也是仁义之君:

> 镜设,精,无为而美恶自备。……凡因之道,身与公无事,无事而天下自极也。(《申不害残篇》)
>
> The ruler is like a mirror, which merely reflects the light that comes to it, itself doing nothing, and yet, because of its mere presence, beauty and ugliness present themselves to view... The ruler's method is that of complete acquiescence. He merges his personal concerns with the public good, so that as an individual he does not act. He does not act, yet as a result of his non-action [*wuwei*] the world brings itself to a state of complete order. (*Shen Pu-hai Fragments*, trans. Creel 1974:63 - 64;351 - 352)

这段文字似乎跟申不害的主要思想不相合。君主"身与公"(将个人的考虑融入公共的善)的观点尤其有悖于申不害所倡导的行政管理术:君主隐藏自己的动机和行动(ibid.:63)。主术的秘密性质对于君主成功维持权威来说至关重要。虽然刑名可以帮助君主选择和评估臣下,但保持神秘莫测却可以让他独立于官吏体制。申不害对这一行政管理的重大问题处理得相当精明。顾立雅的见解颇为深刻:

> 申不害强烈主张,君主应当完全独立于臣下。他这是在跟中国正统政治哲学最古老最神圣的原则作对。……甚至可能早在周代以前

---

① 显然,"数"在春秋时期是个常用字,可以表示"数目"、"数字"、"若干"、"常常"、"数数"、"数落"(即责备所犯的错误)等(Creel 1974:126)。战国时期,"数"也指技术。但是,这一时期"术"的使用越来越频繁,并用来专指政治韬略。

……就已经出现了这样一种观点:君主应当恭听臣下的劝谏并加以慎重采纳。……不是所有君主都能纳谏,但几乎所有君主都知道假装如此是有利的。(Creel 1974:64-65)

在讨论了商鞅的"法"与申不害的"术"之后,再来看慎到的"势"。这样就会更加强烈地感受到,法家汲汲追求的社会控制是何其严密。

势:权力

慎到是战国时期稷下学宫的思想家之一,很可能正是在那里他接触了各家思想。慎到跟道家哲学关系密切,有学者认为他是"成熟道家"的先驱之一(Hansen 1992:204-210)。由于他的学说融合了道、法两家,人们也认为他跟黄老学派有关。黄老学派也许是有的,但它的学说性质尚待讨论,因为我们不清楚,有哪些文献、哪些哲学家属于这个学派,也不清楚它的源头究竟在哪里。"黄"在这里应该是指黄帝这位明智、超然且"神妙"的圣者(Schwartz 1985:248)。"黄老"常常用来指综合道家与法家思想,而且往往跟维持权力的法家思想联在一起。不过,有学者指出,必须注意黄老思想的范围很广,它与《道德经》、《庄子》以及同一时期其他文献中的思想因素都有密切关系(Schwartz 1985:242-250;Graham 1989:374,379)。①

慎到的著述只有残篇传世②,对他的思想讨论最多的早期经典有《韩非子》和《庄子》。③ 韩非以慎到为"势"的主要代表。法、术、势,常常被视为法家学说的三大基本概念(Fung 1952,vol.1:318)。慎到认为,君主治国离不开势。"势"的含义很多,包括"位置"、"权力基础"、"神采(charisma,个人的超凡魅力)"、"权威"及"政权起伏"等。我们不是很容易把握,"势"在慎到那里究竟

---

① 葛瑞汉也探讨了《管子·内业》中黄老之学隐晦与神秘的面向。(Graham 1989:100-103)
② 汤普森(P. M. Thompson)将这些残篇收录成《〈慎子〉辑佚》(*The Shen Tzu Fragments*)(1979),他的重要工作涉及从古代典籍中搜集慎子思想,认真考订作者,包括慎到本人是否有所撰述。
③ 荀子也对慎到的思想有所讨论,但他似乎混淆了申不害和慎到的学说,将前者归为"势"的主要支持者。

何所谓。似乎它一般指君主如何保持权威即驾驭民众的能力。积极地讲,势可以"得助于众";消极地讲,势可以"服众"①(《韩非子·难势》)。在慎到那里,"势"的用法可能跟"道"有关。因此,"道"的理解不同(Hansen 1992:206 - 209),"势"的含义也就会发生变化。如果我们把他的"道"理解为神秘的、超越的实在,那么,"势"就意味着高深莫测的君主得以维持权威的神采;如果我们把"道"理解为现实的、历史的实在,并且个体在道之中应当接受道赋予的位置,那么,"势"就可能指君主处理社会与政治实务的能力。

韩非对慎到的"势"提出责难。按照他的表述,慎到所主张的"势"与德治有着根本上的差异:"势位之足恃,而贤智之不足慕也。"(《韩非子·难势》)当时大多数思想学派主张德治,甚至连墨家也是如此:墨家主张对做不到兼爱的人严加惩罚,其最终目的则是确保公共的善。慎到拒斥德治模式,这一立场与其他法家是一致的。慎到指出,德是靠不住的,理由很简单:既存在着"蚓"(罪恶与腐败)又存在着"龙"(德的典范)。因此,势可以维持秩序与控制,不受君主个人之德或个人之才的影响。这一点虽然韩非没有明确论述,但我们还是可以感觉到某种隐含着的意思:法则——这里是政治基础层面的法则——帮助君主稳居宝座。

韩非对慎到的"势"提出两点批评,一点从儒家立场出发,一点从他自己的法家立场出发。就第一点而言,韩非以儒家的口吻指出,君主的德性较之势更为根本:势为有德者所用不是更好吗?慎到没有说错,势很重要。但是,更要紧的则是,掌握势的人其能力与道德品质究竟如何。关于这个问题,史华慈讲得很清楚:

> 一切维持整个社会秩序的客观法令与控制机制,一位没有权威的君主不可能成为它们的最高源泉。当然,如果制度运作良好,那么,制度本身就会增强环绕君主周围的神秘感与距离感。但是,最终还是环绕君主周围象征性的权威之光使得制度的运行成为可能。……在一个抹煞个体主动性、拒绝让它成为社会行为之源的制度中,任何东西都要依赖一个象征性的个人。(Schwartz 1985:340)

---

① *Han Fei Zi*, Chapter 40, trans. Liao 1939, vol. 2:200.

韩非承认权威的重要性，但同时指出，它是派生的而非根本的东西。换言之，他不愿意接受政治权威说到底根基于神采之上。韩非认为，势仅仅是一种制度，因此它有待人为创立：

> 夫势者，名一而变无数者也。势必于自然，则无为言于势矣；吾所为言势者，言人之所设也。……虽然，非一人之所得设也。（《韩非子·难势》）
>
> The power-base is something with a single name but innumerable variations. If it necessarily derived from the spontaneous there would be no point in talking about the power-base. When I speak of the power-base it is of something instituted by man... the point is that [the power-base is] not something that a single man could institute. (*Han Fei Zi*, Chapter 40, cited in Graham 1989:280)

这把我们引向韩非更加关心的问题。这个问题关系到势在他的法家思想体系中的作用。韩非认为，法是支撑君主权威的决定性因素："抱法处势则治，背法去势则乱。"①（《韩非子·难势》）也许韩非没有正确表达慎到对势的理解，因为法在慎到的残篇中具有突出的位置。② 当然，韩非的立场非常明确：理解政治权威固然重要，然更要者在于理解政治权威之源头。韩非以为，法优先于势。

集大成者韩非

韩非，韩之诸公子，相传为韩王安（公元前 238—前 230 年在位）或桓惠王（公元前 272—前 239 年在位）著书立说（Watson 1964:2）。颇具讽刺意味的是，韩非思想最大的实践者，却是韩国的敌人、臭名昭著的秦始皇（公元前

---

① When by embracing the law they occupy the power-base there is order, when by rejecting the law they lose the power-base there is disorder. (*Han Fei Zi*, Chapter 40, cited in Graham 1989:281)
② 这可能是因为他觉得得站在自己的老师荀子一边，而慎到是荀子的对手之一。（Graham 1989:268,279）

259—前 210 年)。韩非综合法、术、势三大主题,将它们编入一个全面论述政治控制的哲学体系之中。韩非的著作出类拔萃,为中国法家哲学的代表作。这一定程度上是因为其他法家人物留存的文献有分量的不多。不过,冯友兰强调过韩非著作本身的品质:"[韩非子]是法家最后一位、也是最伟大的理论家。"(Fung 1948:158)无论是就韩非的哲学而言,还是从秦始皇统治时期运用韩非思想所取得的成就来看,冯友兰的说法都是对的。统一的度量衡、货币、文字等等创新之举都是法的应用,它们极大地推进了秦始皇对国家的控制。当然,上述统一措施也在很大程度上促进了国家社会与经济的发展。

尽管有如此突出的成绩,然而令人沮丧的是,秦始皇的统治还是失败的,因为它毕竟属于缺乏人文关怀的暴政。吊诡的是,缺乏人文关怀一点从法家的眼光来看却是实实在在的成功。韩非写道:

夫垂泣不欲刑者,仁也;然而不可不刑者,法也……是以赏莫如厚而信,使民利之;罚莫如重而必,使民畏之;法莫如一而固,使民知之。(《韩非子·五蠹》)

[For a ruler t]o shed bitter tears and to dislike penalties, is benevolence; to see the necessity of inflicting penalties, is law. . . . rewards should not be other than great and certain, thus making the people regard them as profitable; punishments should not be other than severe and definite, thus making the people fear them; and laws should not be other than uniform and steadfast, thus making the people comprehend them. (*Han Fei Zi*, Chapter 49, trans. Liao 1939, vol. 2:281; 283 – 284)

韩非以为,法与术是法家思想的两大支柱。有人问韩非,他的思想体系中法与术孰轻孰重,韩非回答说,二者如衣食,缺一不可(《韩非子·定法》)。他进而评论商鞅与申不害的观点皆非究竟之说。第三个主题势在韩非思想中的位置不是很明确。虽然很多学者认为,势乃法家三个基础概念之一,但韩非并没有像讨论法、术的时候那样坚持势的中心地位。他甚至认为,势并不是根本的东西;事实上,它必须恰当地建立在法的基础之上才是有效的(《韩非子·难势》)。

韩非也讲道家之学。《韩非子》一书中,《解老》、《喻老》诸篇深入评论《道德经》中的许多章节,并藉此阐明法家之说。例如,《道德经》说,治大国若烹小鲜。烹小鲜不宜多翻,韩非认为,这个比喻是说君主不能朝令夕改①(《韩非子·解老》)。不过,最能总结韩非治国思想的莫过于《五蠹》篇。蠹是书中或衣物中的蛀虫,比喻有害于政者。② 这篇文献讨论了五蠹及其对治国的影响,我们可以从中看出韩非思想的重要内容:

(1) 辩说者。他们称先王之道而倡仁义之说,疑当世之法而贰人主之心。

(2) 言古者。他们是搞阴谋的臣下,企图借敌国之力以成其私心而遗社稷之利。

(3) 带剑者。他们聚徒众,立节操,从武力上威胁到国家的控制力。

(4) 患御者。他们贿赂身居要津者,以求免于兵役。他们破坏了国家的军事力。

(5) 商工之民。他们贩卖无用之物、奢靡之器,蓄私产,导民之欲而牟农夫之利(国家兴盛离不开农夫)。

在这里我们可以看到,一位心中最怕社会失控的思想家会把什么视为当务之急。韩非似乎主要关注两件事:其一,人民数目众多;第二,不大可能指望他们除了自利之外还有什么别的追求。韩非提出的对策是树立制度与措施,确保整齐划一,确保结果不出计划之外。不过,这些制度措施,比如法,并不是法家思想唯一突出的特征。毕竟,法家哲学将君主置于臣民的对立面。

---

① *Han Fei Zi*, Chapter 20, trans. Liao 1939, vol. 1:185.

② 商鞅也用"虱"一词讨论对政治控制的威胁。戴闻达将这个词译为"parasites"(寄生虫)。商鞅列出了一系列"虱":仁慈、诗书、礼乐、修善、辩说、诚信、羞战等(Duyvendak 1928:85)。

第二节 法家哲学中的论争

人 性

儒家讨论人性,因为他们认为,"源初的人性是什么?"这一本体论问题可以帮助我们解决关于人类之善这一伦理学问题。从孟子那里我们知道还有其他一些思想家相信这一进路。或许,他们误入歧途?如果真有"源初的"、前社会化的人性,我们又如何可能从经验上证实它的伦理性质?荀子哲学开始偏离这一进路。诚然,他宣称人性本恶,但是,他在强调儒家价值的同时还强调法。荀子怀疑,能否依靠大众有序实现共同的善。在荀子看来,仁政本身不足以约束反社会的行为;因此,孟子错矣。荀子的关注点在于,要建立一个文明的、人性的社会,首先应使民众行为正当。

在不信任人性的道路上,荀子的学生韩非走得更远。他有兴趣追问的,不是人性的源初状态是什么,而是如何控制人的行为。韩非拒斥探讨人性的本体论问题,相反,他把关注点放在人的生存状态:

> 古之易财,非仁也,财多也;今之争夺,非鄙也,财寡也。(《韩非子·五蠹》)
>
> ... men of yore made light of goods, not because they were benevolent, but because goods were abundant; while men of today quarrel and pillage, not because they are brutish, but because goods are scarce. (*Han Fei Zi*, Chapter 49, trans. Liao 1939, vol. 2:278)

墨子认为价值多元是社会失序的基本原因。与之不同,韩非把利益冲突归因于资源匮乏。他把争论从价值理论转到了社会科学。在一定意义上,他的关注点较之儒墨的价值之争更加现实。冯友兰曾经从这个角度比较了法家与儒家:

儒家的观念是理想主义的，法家的观念是现实主义的。因此之故，在中国历史上，儒家总是指责法家卑鄙、粗野，法家总是指责儒家迂腐、空谈。（Fung 1948:165）

法家与儒家的人性观内在关联着它们各自对国家治理的性质及目标的看法、以及归根到底对人类生活的看法。儒家与法家这两家学说截然对立。

民:普通民众的角色

孔子谨慎地指出,唯有那些具有恰当才能与知识的人才可以领导民众。（《论语·泰伯》第九章）墨家在讨论法的时候亦持同样的看法。但法家则对普通民众的不信任尤为突出。韩非说,民众的智力与小儿相当:"民智之不可用,犹婴儿之心也。"①(《韩非子·显学》)进而言之,如果君主以为民众会把他的利益放在心上,那就太不明智了:

> 夫圣人之治国,不恃人之为吾善也,而用其不得为非也。(《韩非子·显学》)
>
> ... the sage, in ruling the state, does not count on people's doing him good, but utilizes their inability to do him wrong. (*Han Fei Zi*, Chapter 50, trans. Liao 1939, vol. 2:306)

从《去强》和《弱民》两篇文字不难看出,商鞅也持类似的态度。他还设计了控制民众的方案:敦促君主驱使民众干两种活,即农与战(《商君书·农战》)。能做到这一点则国强。组织绝大多数民众从事农业生产,则民"朴"（Duyvendak 1928:186）。

法家蔑视民众,认为民众有三个特点:能力明显不足;不可靠;数量庞大。在法家看来,人口是——在当今中国仍是——一种必须加以考虑、加以对付的可怕力量。庞大的人口威胁着法家心目中的政治权威,这一威胁感

---

① The intelligence of the people can not be depended upon, just like the mind of the baby. (*Han Fei Zi*, Chapter 50, trans. Liao 1939, vol. 2:309)

在君主不信任民众的情况下尤其明显。按照商鞅与韩非的手腕，法的用处便是要针对民众和国家的矛盾。韩非甚至设法吸收反对顺从权威的道家哲学来为压制民众辩护。韩非解《老子》第五十九章，辩说君主应当防止普通民众发展、运用批判性思维：

> 书之所谓治人者，适动静之节，**省思虑之费**也。所谓事天者，不极聪明之力，不尽智识之任。苟极尽则费神多，费神多则盲聋悖狂之祸至，是以啬之。（《韩非子·解老》，黑体为引者所加）
>
> Therefore, government of the people, as is said in Lao Tzu's text, should suit the degree of motion and repose and *save the trouble of thinking and worry*. The so-called obedience to heaven means not to reach the limits of sharpness and brightness nor to exhaust the functions of wisdom and knowledge. If anybody ventures such extremity and exhaustion, he will have to use too much of his mental energy. If he uses too much of his mental energy, then disasters from blindness, deafness, and insanity will befall him. Hence the need of frugality. (*Han Fei Zi*, Chapter 20, trans. Liao 1939, vol. 1: 180; italics mine)

在民众参与政治活动与社会发展的问题上，法家较之儒家有更强的权威主义性格。史华慈述儒法之异曰：

> 我们看到，在儒家那里，活生生的个体的代理人（尽管只代表先进的精英分子）在塑造社会方面发挥着主导作用。……在法家那里，我们看到的则是，"客观"的"行为"监控机制成为实现社会—政治的明显目标的自动工具。以此观之，我们可以说，在孔子生活的时代已经有一股后来发展成人们称之为法家的潮流，而《论语》在某种程度上则代表了对这股潮流未雨绸缪的疑虑和反抗。(Schwarz 1985:328)

儒家的政治等级制度——尽管它所允许的普通民众的参与度非常有限——毕竟还是从仁政的角度出发承认国家治理与民众之间有着相依关系

(《论语·为政》第二十一章)。法家的治国理论明显缺乏对民众地位的重视。如上所述,法家哲学已被冠以"反革命"称号,因为它拒斥治国为民的公论(Creel 1953:135)。戴闻达考察了这一意识形态的历史嬗变。战国时期的冲突与动乱促使某些人寻求强力:"这些君主首先感兴趣的,是实实在在的强力。强力成为他们权威的新源泉。"(Duyvendak 1928:80)在法家思想中,国家利益等同于君主利益。

善人与善法

韩非认为,圣王的时代已经过去,新的形势要求打破传统:

> 故圣人议多少、论薄厚,为之政。故罚薄不为慈,诛严不为戾,称俗而行也。故事因于世,而备适于事。(《韩非子·五蠹》)
>
> ... the sage, considering quantity and deliberating upon scarcity and abundance, governs accordingly. So it is no charity to inflict light punishments nor is it any cruelty to enforce severe penalties: the practice is simply in accordance with the custom of the age. Thus, circumstances change with the age and measures change according to circumstances. (*Han Fei Zi*, Chapter 49, trans. Liao 1939, vol. 2:278)

这段文字把韩非思想其中一点说得再清楚也没有了:治国问题必须用可以计算的、理性的进路来解决。有些人捍卫习俗与传统,以为有一种万世适用的进路应对社会—政治危机。韩非拒绝这种顽固不化的思路。他警告说,这样做不啻于守株待兔:

> 宋人有耕者,田中有株,兔走触株,折颈而死;因释其耒而守株,冀复得兔,兔不可复得,而身为宋国笑。(《韩非子·五蠹》)
>
> There was in Sung a man, who tilled a field in which there stood the trunk of a tree. Once a hare, while running fast, rushed against the trunk, broke its neck, and died. Thereupon the man cast his plough aside and watched that tree, hoping that he would get another hare. Yet he never

caught another hare and was himself ridiculed by the people of Sung. (*Han Fei Zi*, Chapter 49, trans. Liao 1939, vol. 2:276)

已经发生变化的新形势要求新的政治基础。《韩非子·难势》议论慎到思想,对政治权威的本质讲得最清楚。前面提到,慎到主张以势为政治基础建立君主的权威。韩非把君主的权威比作君主居于其上的云。云就是起支撑作用的势。即便君主是能力有限的"蚓",也能够"乘云"。韩非没有怀疑势的重要性。不过他进而澄清,势只有建立在法的基础上才足够牢靠:慎到愚蠢地认为,势能够自我保护。势的担保在于政治体系而非神采。商鞅与韩非已经注意到,神采作为政治手段是无效的。他们以强硬立场回应了孔子的主张。孔子强调,为政靠典范人格。孔子相信,实现共同的善需要培育民众的德性:"君子之德风,小人之德草。草上之风必偃。"①(《论语·颜渊》第十九章)

商鞅从两个方面回应儒家的仁政说,一者关于个人能力,一者关于德性的影响力。他否定二者,同时主张立刑法:

> 故曰:仁者能仁于人,而不能使人仁;义者能爱于人,而不能使人爱。是以知仁义之不足以治天下也。……圣王者不贵义而贵法。(《商君书·画策》)

> ... it is said, "The benevolent may be benevolent towards others, but cannot cause others to be benevolent; the righteous may love others, but cannot cause others to love." From this I know that benevolence and righteousness are not sufficient for governing the empire... A sage-king does not value righteousness, but he values the law. (*Book of Lord Shang*, Chapter 4, para. 18, trans. Duyvendak 1928:293-294)

---

① The excellence of the exemplary person is the wind, while that of the petty person is the grass. As the wind blows, the grass is sure to bend. (*Analects* 12:19, trans. Ames and Rosemont Jr 1998a:158)

韩非则更加坚决地反对仁政,认为仁治最终会破坏刑法体系,从而威胁到国家的权力(《韩非子·二柄》,《饰邪》)。仁治与法治根本相左。韩非设矛楯(盾)之喻以明之:

> 人有鬻矛与楯者,誉其楯之坚:"物莫能陷也。"俄而又誉其矛曰:"吾矛之利,物无不陷也。"人应之曰:"以子之矛,陷子之楯,何如?"其人弗能应也。(《韩非子·难势》)
>
> Once there was a man selling halberds and shields. He praised his shields for their solidity as such that nothing could penetrate them. All at once he also praised his halberds, saying, 'My halberds are so sharp that they can penetrate anything.' In response to his words people asked, 'How about using your halberds to pierce through your shields?' To this the man could not give any reply. (*Han Fei Zi*, Chapter 40, trans. Liao 1939, vol. 2: 203–204)

此则寓言首先就是反对其师荀子的学说。荀子强调,治理好国家需要礼与法,二者为互补关系。诚如韩非所言,儒法二家根本不相容? 不是龙能乘风而蚓不能乘风吗? 维持政治权力或许离不开政治制度,但是,不也需要知道怎样才能建立政治制度吗? 史华慈解释了韩非矛盾说背后的哲学问题:

> 如何让人数众多的民众听命于君主一人一直是权威的最大秘密。……在一个抹杀个体主动性、拒绝让其成为社会行为之源的制度中,任何东西都要依赖一个象征性的个人。……在法家系统中,权威应当是建立起来的权威,而不是"神采"式的权威,因为"神采"将会把我们引回到强调个人之殊出作用的错误做法。(Schwartz 1985:340)

法家强调把制度作为政治基础。这种政治基础是善政之本,但它似乎没有在儒家学说里出现过。儒家似乎仅仅依靠圣王作为榜样的影响力。但是,法家的政治基础还是不够充分,因为它不允许对君主进行审查——就像在霍布斯那里,君主高居于社会契约之上。某些法家文献,尤其是那些受到道家思想影响的法家文献(撰于汉代的《淮南子》即是一例),已经把君臣间的监察制度融入到政治基础设施。不过,这并非秦代法家统治的实情。我们接下来看看君臣关系。

臣:官吏体制

臣的职责很重要,它在法家政治基础设施中要完成两大主要功能。其一,任命有才能的人做官。当然,儒家主张还要符合另一个标准,也就是说,官员还需有德。申不害讨论刑名时再加上一点,认为大臣的任命与绩效评估需要诉诸客观因素。其二,臣的任务之一是充当君与民的中介与桥梁。《论语》告诉我们,这项任务并不容易:

> 子夏曰:"君子信而后劳其民,未信则以为厉己也;信而后谏,未信则以为谤己也。"(《论语·子张》)
>
> Zixia said, "Only once [junzi] have won the confidence of the common people do they work them hard; otherwise, the people would think themselves exploited. Only once they have won the confidence of their lord do they remonstrate with him; otherwise, their lord would think himself maligned."
> (Analects 19:10, trans. Ames and Rosemont Jr 1998a:220)

很多儒家属于士(scholar-official)阶层,其中一些人身居官位,自然会考虑如何更好地实现自己的职责。相形之下,法家人物倾向于从君主的视角想问题,因为他们相信,为政治国最终是为了君主的利益。前面曾经详细提到申不害对臣压倒君的担忧疑虑。戴闻达认为,战国时期臣的权力不断增强,致使君主感到不得不强调绝对控制:

> [君主]感到两面受制:受制于古老的习俗制度,亦受制于那些几乎无法羁缚的贵族的特权。所有这些都属于已经逝去的旧秩序。因此,几乎不可避免的是,我们看到像商鞅这样一些强势的政治家据说已经开始剥夺贵族的特权。(Duyvendak 1928:80)

商鞅的现实关怀在于，一旦支持贵族的特权，那么就会有越来越多的人觉得贵族生活值得追求，再进一步，则是不希望看到的结果：农人弃农而求官爵。官员当然由国家所负担，商鞅蔑称之曰"游食者"①(《商君书·农战》)。他们像"虱子"一样威胁着国家(《商君书·农战》、《去强》)。申不害论君臣之相待：臣完全不能去猜度君在多大程度上依赖他们。对于和臣下的关系，君主必须能够操弄以下几个方面：臣下的哪些建议可以采纳，拒绝采纳建议的时候应当如何应对，又如何掩藏对臣下的依赖。

申不害主张为官员任命设立客观准则，对于中国官吏体制发展来说这非常重要。一个人是否有能力做官是可以量化的客观之事，这一点是关于官员作用的论争所留下来的持久遗产。中国为选拔高级官员而设置的国家考试制度从605年一直延续到1905年，长达1300年。摆脱世袭制，走出裙带关系，这标志着中国政治思想的重大发展。但是，法家的官吏体制缺乏透明度与明确的职责界划，而这两点却是现代官僚制度的基本要素。韩非综合商鞅与申不害的学说，认为民与臣都对君主权力构成威胁(《韩非子·定法》)。君主居于臣民的对立面，他利用严酷的惩罚迫使臣民就范："赏罚者，利器也。君操之以制臣，臣得之以壅主。"②(《韩非子·内储说下六微》)法家推翻了客观性概念，以确保君主自由驱使臣下。我们看到，客观性准则的运用不过是为君主服务的工具。

隐密，权力与知识控制

通过客观的、公开发布的刑法来维持君主对于民众的权力，这一韬略本身则是秘而不宣的。法越是公开，术越是隐密，君主的权力越是安全。商鞅和申不害都相信，隐密是政治权力的有机组成部分。韩非指出了法与术的相反比例：

---

① *Book of Lord Shang*, Chapter 1, para. 3, trans. Duyvendak, 1928:191.
② Reward and punishment are the state's sharp tools. If held in the hands of the ruler, they control the ministers. If held in the hands of the ministers, they control the ruler. (*Han Fei Zi*, Chapter 31, trans. Liao 1939, vol. 1:211)

法者，编著之图籍，设之于官府，而布之于百姓者也。术者，藏之于胸中，以偶众端，而潜御群臣者也。故法莫如显，而术不欲见。(《韩非子·难三》)

The law is codified in books, kept in governmental offices, and promulgated among the hundred surnames. The tact is hidden in the bosom and useful in comparing diverse motivating factors of human conduct and in manipulating the body of officials secretly. Therefore, law wants nothing more than publicity; tact abhors visibility. (*Han Fei Zi*, Chapter 38, trans. Liao 1939, vol. 2:188)

韩非描述了一幅令人不安的图景——君主通过严密监视民众来加强权力："上明见，人备之；其不明见，人惑之。……惟无为可以规之。"①(《韩非子·外储说右上》)不仅要对民众屏蔽或封锁信息，同时还要严格监控学术。在商鞅看来，学术与讨论，尤其是围绕法的争论必须加以禁止：

所谓壹教者，博闻、辩慧、信廉、礼乐、修行、群党、任誉、清浊不可以富贵，不可以评刑，不可独立私议以陈其上。(《商君书·赏刑》)

What I mean by the unification of education is that all those partisans of wide scholarship, sophistry, cleverness, good faith, integrity, rites and music, and moral culture, whether their reputations are unsullied or foul, should for these reasons not become rich or honoured, should not discuss punishments, and should not compose their private views independently and memorialize their superiors. (*Book of Lord Shang*, Chapter 4, para. 17, trans. Duyvendak 1928:282)

允许民众拥有评判国家事务的独立视角，这无疑是削弱国家。必须禁

---

① If the superior's cleverness is visible, people will guard against it; if his stupidity is visible, people will bewilder him... Only by not doing anything I can watch them. (*Han Fei Zi*, Chapter 34, trans. Liao 1939, vol. 2:99)

止那些与效忠君主相左的习俗或传统:"父之孝子,君之背臣也。"①(《韩非子·五蠹》)消除知识最彻底的办法莫过于限制学术。韩非子以冷酷的语调提请君主注意此事:

> 故明主之国,无书简之文,以法为教;无先王之语,以吏为师……(《韩非子·五蠹》)
>
> ... in the state of the enlightened sovereign there is no literature written on bamboo slips, but the law is the only teaching; there are no quoted sayings of the early kings, but the magistrates are the only instructors...(*Han Fei Zi*, Chapter 49, trans. Liao, vol. 2:291)

戴闻达提到,史载秦王见《五蠹》之书而欲与作者游。他认为,秦始皇的焚书部分要归咎于法家哲学:

> 毫无疑问,正是法家的反文化教义已经让[秦始皇]决定做出招致千秋骂名的举措:公元前213年的焚书。(Duyvendak 1928:126)

治国与人文发展

法家思想在很多方面带有化约主义的特点。它将政治权力问题作为自己的基本关注点,与此同时,它化约掉了对人文、对人的潜在成就的关注。这样一来,民众只是国家权力的工具。他们的基本功能有二:其一,生产粮食;其二,抵抗军事进攻或从事军事扩张。凡是与这两个基本功能相冲突的其他追求都遭到禁止。商人的私人财富积累遭到禁止。文化、传统、学术和德性诸方面也遭到禁止。高度重视关系的儒家德性更是法家哲学攻击的主要目标。

与刑法相随,诸如腰斩之类无情的肉刑被发明出来确保民众生活在恐惧之中(Duyvendak 1928:14)。具有讽刺意味的是,法家人物似乎无一善终,

---

① ... the dutiful son of the father was a rebellious subject of the ruler. (*Han Fei Zi*, Chapter 49, trans. Liao, vol. 2:286)

暴死成为他们命运的特征：商鞅被车裂；韩非遭到在秦为相的同学李斯的陷害，被迫自杀于狱中；而李斯本人，由于秦二世（公元前 230—前 207 年）听信宦官赵高（？—前 207 年）的谗言，被腰斩于市。

或许，法家哲学最糟糕之处在于，法家理论的很多方面在秦国及秦朝，尤其是秦始皇统治期间付诸实践。约稍晚于公元前 300 年，荀子过秦，述其所闻曰：

> 他发现那里的百姓头脑简单，老实巴交，畏官吏，乖顺听话。至于官吏，也是兢兢业业地工作，从家宅到官署，从官署径直到家宅，没有任何私人兴趣。荀子说，官民皆有"古风"，没有一点当时的愚昧之气。（Creel 1953：137）

民众"深惧官吏而从之"。① 纯粹为了维护统治者的权力而用来对付老百姓的手段，其残酷程度无法用语言形容。同样为了维护统治者的权力，秦统一之前的那种思想论争的丰富性与创造性遭到无情压制。或许，由于害怕下一代人的思想过于活跃，秦王朝下决心从中国文明中毁掉春秋战国时期的思想家著述。这或许可以解释，为什么传世的法家文献如此之少：我们对他们的研究常常限于其他经典对法家的引述。随着学者们从心理、思想上疏远法家，法家哲学一些有价值的洞见也遭到抛弃。例如，黄老学派可能是一个似是而非的代表体系：圣人无为守静，臣下则有为治事（Schwartz 1985：249 – 250）。再者，在当代中国，人们用同一个"法"字来指称法律体系。不幸的是，这可能意味着，法家之法的残留痕迹——作为政府与民众对抗的标志——很难擦除。最后，与中国的法家统治相伴随的阴森之气可能已经成为说明民众接受以下看法的工具：儒家思想——一种许诺共同之善的文明观——是理想的乌托邦。下一章我们将会看到，秦之后的汉代，儒家被确立为国家意识形态。

---

① 王先谦：《荀子集解》，台北：世界书局，1961，19.12b，转引自 Creel 1953：133。

延伸阅读建议

　　Basic Writings of Han Fei Tzu, translated by Burton Watson(1964), New York：Columbia University Press.

　　Book of Lord Shang, translated by J. J. L. Duyvendak(1928), London：Arthur Probsthain.

　　Creel, Herrlee(1974) *Shen Pu-hai：A Chinese Political Philosopher of the Fourth Century B. C.*, Chicago：University of Chicago Press.

　　Schwartz, Benjamin(1985) 'Legalism：The Behavioral Science', in *The World of Thought in Ancient China*, Cambridge：The Belknap Press of Harvard University Press, pp. 321-49.

第十章 《易经》及其在中国哲学中的位置

《易经》是一部古代的典籍,书中的某些部分可以追溯到公元前9世纪左右。《易经》中较早的部分包括别卦(hexagram)及其卦爻辞。每卦由六根爻(阴爻或阳爻)组成。"阴"代表一系列与柔顺(receptiveness)相关的品性,而"阳"则代表一系列与刚健(firmness)相关的品性。爻辞包含预测及行动建议(Cheng 2003:517)。相传周朝的创立者周文王(约公元前1105年—前1056年在位)作六十四别卦及卦爻辞,它们构成了《易经》最早的一层内容。《易经》还有两层内容系后来所加。《易经》成书之前,人们已用别卦进行占卜活动,或用它们代表一组概念。周代之前的夏、商两代有各自的占筮之书,分别为夏《易》与商《易》(Cheng 2003:517)。每一别卦由两个经卦(trigram)重叠而成,而每一经卦则由三根爻(或阴或阳)相叠而成。八个经卦,即八卦,相传系(儒家的)文化英雄伏羲(约公元前2800年)所作(Legge 1899:32)。八卦之卦形、卦名及象征物如下:

☰ ☱ ☲ ☳ ☴ ☵ ☶ ☷
乾 兑 离 震 巽 坎 艮 坤
天 泽 火 雷 风 水 山 地

八卦两两相重,成六十四卦。在西周时期,《易经》为占筮之书。人们用蓍草推衍出与特定事件相应的确切卦象。商代的卜辞主要是向先祖咨询并试图对他们施加影响,到了周代则发展为解释宇宙进程及其与人世、个人及特定事件的关联(Lynn 1994:1)。

《易经》在东周时期(公元前770—前256年)增加了新的内容,即通常所说的"十翼"。这是对卦及卦爻辞的注释。相传孔子作"十翼",但现代学者对此疑而不信。大约在汉代早期(约公元前200年),"十翼"常称为"易传",由卦、卦爻辞及"十翼"的总和称为"易经"。也就是在这一时期,《易经》和《诗经》、《书经》、《礼记》、《春秋》合称为儒家之"五经"。这些典籍弘扬儒学并进而巩固了儒学在汉代社会中的地位。

《易经》的哲学意义不在于它早期的占筮用法。后来的注释即"十翼"自战国以降便对中国哲学的发展起了特别重要的作用。不同的思想家以各种方式阐述着《易经》的精神:一种注重相待、变化和感应的世界观。到了汉代,当时居于主流的思想方法是把不同思想学派的的概念和课题加以综合,在这样的背景之下,《易经》的基本思想被广泛应用于宇宙论、天文学、政治、社会及其制度、伦理学、养生与个体幸福等诸多领域。不同表现形态的天人感应观念不断得到发展;这些发展也影响了宋明理学的形成。宋明理学在哲学上的支配力量一直延续到清代。

第一节 《易经》的经与传

每卦的卦名表达了该卦的核心思想,但它实际上指向一整套相关的概念。卦名的例子有乾、坤、否、蛊、复、恒、涣、升等。卦名由于两个重要的原因没有严格关联于某一个概念。其一,每一卦意味着一种过渡状态而不是一个静止的概念。任一状态下的事物可能会在任一时间点发生变化。其二,每一卦及卦名以多种方式关联着一组意义。例如,乾卦指天的威力,它刚健,进取,创始万物并光照一切;因此,乾可以指其中的任何一项意思或者全部。就人事而言,它指法天而治并有雄健精神的圣王。因此,它关联着阳,这是一系列刚健品性的核心,与之相对的则是作为一系列柔顺品性之核心的阴。占筮之际,解卦者必须熟悉与每一卦相关的种种特性。《易经》每卦都有彖辞(即卦辞),只言片语,高深莫测。以恒卦为例:

䷟ 恒:亨,无咎,利贞,利有攸往。(《周易·恒卦》)
Perseverance is such that prevalence is had, and that means that there will be no blame and that it is fitting to practice constancy here. It would be fitting should one set out to do something here. (Hexagram 32, trans. Lynn 1994:335)

解卦需要将"恒"的相关品性应用于所占之事。毋庸讳言,即便解卦者经验老到,仔细观察世界并作出有根据的猜测,解卦时的神圣断言可能仍然充满了随意与迷信(Cheng 2003:518－519)。

我们说《易经》分三个层次,这一分类既考虑到方法与内容,又照顾到撰述的年代先后。前面提到,第一层次包括六十四卦及其卦爻辞。第二层次的内容相传由孔子本人或熟悉孔子思想的门人所作。它包括二种四篇,即《彖传》上下、《象传》上下。《彖传》主要解释各卦的卦义,而《象传》主要解释各爻的爻义。① 从内容上看,它们本质上反映了儒家的精神(Lynn 1994:2－3),主张天、地、人三才之道,强调《易经》对于建立高效的政府及良好政治秩序的重要性。

第三层次计六篇,创作时代更晚,学界推定其中部分篇章大约撰于公元前3世纪(Lynn 1994:3)。此六篇与第二层次之四篇构成"十翼"或《易传》。第三层次之首篇为《文言》,包括两个残篇,分释乾、坤两卦,即《乾文言》与《坤文言》。其余六十二卦的注释内容没有流传下来。②《文言》用阴阳范畴对一些儒家美德进行了讨论。

第三层次之第二、三篇,即"十翼"之第六、七篇为《系辞传》③上下,在全书中哲学意蕴最为深刻。《系辞传》包含两类内容:其一,《易经》的性质和意义;其二,对某些卦爻辞的评论(Lynn 1994:3)。《系辞传》在哲学上影响很大,因为它对《易经》地位的解释,主要不是讲它的占筮之用,而是说明它的某些理论预设与基本原理,尤其集中讨论了天人的统一性质。

"十翼"最后三篇包括《说卦》、《序卦》、《杂卦》。《说卦》可能撰于汉代早期,阐说八卦象例④。《序卦》旨在证明六十四卦卦序的合理性。《杂卦》篇幅较短,它不依卦序而杂糅众卦,两两对举(比如,把《乾》、《坤》两卦放在一起讨论),论说各卦卦旨。虽然《易传》撰于汉代之前,但正是在汉代,学者

---

① 原文如此。实际上,《象传》所释为爻象及卦象。——译注
② 孔颖达《周易正义》引庄氏说:"以《乾》、《坤》德大,故特文饰以为《文言》。"如此说成立,则《文言》本只有《乾文言》与《坤文言》两部分内容。——译注
③ 原文以为,"系辞"又称"大传"。然"大传"似指"易传"整体,而非专指"系辞"。——译注
④ 原文讲,《说卦》"用阴阳及五行阐释八卦卦义"。似不当。——译注

们大大推进了对卦象及其在占筮活动中用法的研究。① 此外,当时对《易传》的讨论集中在文本的宇宙论意义,以此解释天体、四季、山川等现象,并把它们与人事联系起来。因此,要理解《周易》中最有意思、最有哲学味的《易传》部分,有必要考虑到汉代思想争论的若干主要特征。

第二节　汉代的综合与关联思维

由底层老百姓发动的起义最终推翻了秦王朝的统治(De Bary and Bloom 1999:228)。老百姓既深受秦代严刑峻法之害,故秦王朝一垮台便立废法制。不过,汉代统治者也面临着严峻的任务:如何设计社会、思想与政治结构以便守住秦王朝所开创的庞大帝国。汉代的很多思想争论集中于国家统治问题,常常把宇宙层面天的神圣统治与圣王的治国相提并论。有些统治者热心推动这些讨论,他们既为了证明自己统治及政制的合法性,也为了要延长统治,同时还要殚精竭虑延长自己的寿命。结果统治者杂糅了各种资源,包括早期哲学传统中的各家学说,道家的炼丹术及长生之方。就前者而言,统治者鼓励汇集古代文献。刘殿爵和安乐哲描述了当时与典籍整理活动相关的各种让人印象深刻的活动:

> 为思想发展搭建框架,就此而言汉代的贡献是多方面的:增设国家图书馆、学官等官方机构,首度尝试编纂卷帙浩繁的史书,编定图书目录,发端经学注疏传统,创立长期沿用的考试制度(它为历朝历代选拔官员,直到 1905 年被废除为止),提升儒家为国家意识形态(这也决定了整个帝制时代科举考试的内容),等等。(1998:9)

这些发展对中国思想传统产生了深远的影响。汉代从一个恐怖统治的

---

① 葛瑞汉认为,《易传》的成书年代不会晚于西汉(1986:13)。然而,汉代之前鲜有提及《易经》及其思想。《论语·述而》:"加我数年,五十以学易,可以无大过矣。"这里的"易"是否指《易经》,有待商榷;荀子讲"五经",也没有提到《易经》;阴阳概念尽管有所讨论但并未被置于关联性的框架之内;《墨经》提及五行,而在《孙子》和《韩非子》中则带有贬低的意味(Graham 1986:9)。

时代中生长出来,因此注定要从过去时代的错误中学习。汉代早期,不少文献旨在说明秦代的过失何在,其中包括贾谊(公元前 200—前 168 年)的《过秦论》,司马迁的《史记》,以及发轫于班彪的《汉书》(De Bary and Bloom 1999:228 – 232)。《史记》与《汉书》这两部汉代伟大的史书讲述、重构过去,并试图从历史中吸取教训。它们表达了对历史及自身传统的尊重,同时也为古代中国确立了历史书写的宗旨与体例。它们既是历史又是说教,因为它们不仅要重述历史事件,而且还要运用历史事件来展示难题、伦理典范及道德衰败的事例。对于《史记》与《汉书》所代表的历史书写的双重功能,华兹生写道:

> 历史的功能……是双重的:一是传授传统,二是呈现典籍中有教育意义的道德典范。一者记述历史中的言行,一者透过历史事件阐明道德原则,这两个传统贯穿中国历史撰述的全部。(1999:368)

与汉代其他文献类似,这些历史叙述也试图综合不同学说的思想要素以表达特定的观点。《史记》记载,司马谈将当时的哲学学说分为六家。六家中的五家(即阴阳家、儒家、墨家、法家和名家)有得之一偏的缺陷。司马谈认为,唯有第六家,即道家的观点达到了综合的极至,它"因阴阳之大顺,采儒墨之善,撮名法之要"①(《史记》卷一百三十,转引自 Graham 1989:379)。司马谈自由借用不同流派、不同学说的思想。这一方法在当时的思想界广为应用。它的另一个用例是《庄子·天下篇》。前面在讨论《庄子》哲学的时候已经指出,《庄子》中某些篇章,包括《天下篇》在内,可能出自战国后期调和派之手。②《天下篇》综述墨子、后期墨家、慎到、惠施,甚至老子与庄子等各家学说并加以分类。该篇作者认为,各家学说无非一偏之见,无一能

---

① [The Dao school] is grounded in the overall harmonies of the Yin-Yang school, selects the best from the Ju [Ru: Confucians] and Mohists, picks out the essentials of the Schools of Names and Law. (Sima Qian, *Shiji*, chapter 130, cited in Graham 1989:379)

② 葛瑞汉认为,《天下篇》的写作应早于《史记》,因为前者似乎没有意识到有一个道家"学派"。《天下篇》的作者分别讨论老子与庄子学说(之缺点),并且对前者表现出了明显的偏爱(2001:282)。

尽"天地之道"。倘若诚如葛瑞汉所言,《天下篇》系调和派所作,那么我们似乎可以说,这位调和论者一如其名,毫不犹豫地通过整合不同思想资源来形成自己的观点。事实上,《天下篇》一开始就写道,各家如盲人摸象:"天下多得一察焉以自好……虽然,不该不遍,一曲之士也。"①司马谈与《天下篇》的作者示范了一种特定的论证风格:现有诸说(依照作者的评价)都不充分,作者在综览各家学说的基础上最终提出自己的观点。

汉代早期,调和论的学说似乎喜欢把道家作为建构综合性哲学的基本框架。自秦代始,学者便对道家而非儒家情有独钟。比如,我们已经看到,法家如申不害、韩非等在讨论驾驭臣民的主术时便试图综合道家哲学的因素。另一方面,法家断然拒绝儒家的仁政。道家与法家的综合往往被称作"黄老"。"黄"指的是传说中的黄帝,"老"则指老子。② 要了解黄老思想的范围并不容易,原因之一在于缺乏专门讨论这一思想体系的文献。它似乎涵括了与老子及法家相关的思想诸如正形名、君主的无为、阴阳二元、君臣共荣,甚至还利用儒家的仁、义、君子等术语(Graham 1989:374)。③ 公元前 2 世纪,黄老思想在朝廷势力最大。道家的成功在很大程度上要归功于掌权者。比如,汉景帝(公元前 157—前 141 年在位)和汉武帝(公元前 141—前 87 年在位)就着迷于黄老思想必须提供的东西,尤其是医卜方士表面上所拥有的超人力量。方士同时还宣扬不老之药(De Bary and Bloom 1999:293)。

然而,到了西汉后期,儒生开始对掌权者产生某种影响。特别突出的有董仲舒(公元前 179—前 104 年)。他成功说服汉武帝不再支持道家思想。

---

① '... below in the empire there are many who find a single point to scrutinise and delight in as their own... However, they are not inclusive, not comprehensive; these are men each of whom has his own little corner' (*Zhuangzi* 33, trans. Grahma 2001:275)

② 我们必须慎重理解"黄老"一词,因为用道家和法家描述黄老思想的做法带有简化论色彩(参见 Schwartz 1985:237; Graham 1989:374)。史华慈对于"黄老"这个标签及其定义十分谨慎(1985:237 - 254),而葛瑞汉在思考黄老之学与其他学说的关系时则强调了其可能的影响程度(Graham 1989:374 - 376;379 - 410)。

③ 1973 年,马王堆西汉墓出土了两种帛书本《老子》(一般称为《道德经》),其中一种附有四章文献,称为《黄老帛书》(Graham 1989:374)。

在《春秋繁露》这部诠解《春秋》的著作中,董仲舒和他的学生论述了天的道德秩序和圣人移风易俗的"枢纽"统治相合。①《春秋繁露》细致说明了天人之间在数字学、解剖学和心理学等层面的对应。董氏主张儒家基本的天、地、人三才之道②,以及人的殊出地位。他还援引诸说,用阴阳、气及道家的无为虚静解释三才之道(trans. Queen, in De Bary and Bloom 1999:295 - 310)。董氏在政治、思想等层面产生了显著而深远的影响,因为他的努力直接帮助确立了"以五经为基础的意识形态"(De Bary and Bloom 1999:294)。五经即儒家的五部经典,包括《易经》、《诗经》、《礼记》、《书经》及《春秋》。五经得到帝王的承认还只是儒学在西汉后期大获成功的标志之一。公元前136 年,为天下士人设了正式官职即"五经博士";公元前 124 年,立太学(国家大学),培养精通五经的后备官员(ibid.)。实际上,汉代儒生成为"古代文献的教育者和指导者,所谓的古代文献最初没有专限于儒家,而是囊括了中国最好的文献遗产……一旦被确立为国家之学,又有考试制度和国家大学确保它的可持续性,它几乎成了帝国体系本身必不可少的组成部分"(De Bary and Bloom 1999:317 - 318)。

　　除了综合不同思想因素的倾向之外,汉代思想家还试图通过研究人世现象和宇宙进程及现象(包括天地、天体、天气与气候,甚至还有天神鬼怪)的相合与关联来理解人世现象。在此方面,《史记》与《汉书》这样的史书亦莫能外。历史学家把历史解释为世界展开过程的一部分:"汉代学者受到阴阳五行说的影响,把历史想象成不同的时代按照固定次序周行流转。时代的流转乃至一切历史现象都是由出生、成长、衰败、重生诸环节组成的普遍进程的显现。这一进程不断实现于人类事件之中。"(Watson 1999:368)尽管"阴阳"一词在《诗经》、《左传》等早期文献中就已经出现,但那时它的用法只是表达互补关系而非变化概念。例如,在《诗经》(约成书于公元前 10 世纪)中,"阴"跟"雨"联用(《国风·邶风·谷风》,trans. Legge 1935:55),而

---

① 《春秋繁露·王道》。参见桂思卓(Sarah Queen)英译,De Bary and Bloom 1999:298 - 299。按照传统的看法,《春秋繁露》系董仲舒所作,但现代学者认为,该书辑录了董仲舒、董的弟子及其批评者的文字(De Bary and Bloom 1999:294)。

② 在《孝经》、《大学》等诸多战国时期的儒家文献中,天、地、人三元关系是一个基本概念。它在王阳明(1472—1529 年)的新儒家思想中更是成为核心主题。

"阳"指太阳晒干露珠(《小雅·南有嘉鱼之什·湛露》,ibid.:276)。在《大雅·生民之什·公刘》中,我们再次看到"阴"与"阳"互补的用例:"阴"、"阳"分别指山的阴面与阳面,而"相其阴阳"则是根据太阳的位置把握阴影与阳光的规则更替。即便在《道德经》中提到阴阳的地方(第四十二章),也没有天人关联或宇宙论关怀的明显意味(Schwartz 1985:355)。尽管如此,这些"阴阳"的早期用例仍很重要,因为从中我们可以看出,阴、阳两极并不是敌对的(Major 1993:28)。就此而言,它们强化了中国概念框架的一个重要特征,即强调相依与关联。到了汉代,阴阳经常与五行一起用作解释变化的交替样式。

和阴阳一样,五行概念及其应用也在汉代得到了发展。汉代之前,一些关于数字学范畴的讨论试图解释不同畿域中的存在者之间的类似甚至对应关系。不过,这些讨论没有专门提及五行。比如,《左传》提到了四时、五味、五色、五声、六疾和六气。① "五材"在《左传》中出现了两次②,这可能是最早提到五种质料或要素的地方之一。这五种质料"地出之,人用之"(Graham 1986:77)。到了汉代,五行——木、火、土、金、水——指的是特定要素的特定性质,而非要素本身(Henderson 2003:191)。汉代早期,人们相当明确地区分了质料、德性和过程。例如,水的特性(即,德性)不同于它的灭火能力(过程)。只是到了后来,比如在《淮南子》(成书于公元前2世纪)中,五行才被理解为相从相序、循环不已的不同阶段。此种意义上的五行,其确切译法是"five phases"而非"five elements"(Graham 1986:77)。人们普遍认为,邹衍(公元前324?—前250年?)首倡宇宙相合论框架下的阴阳五行之说(Fung 1952:159-163)。司马迁的《史记》把邹衍列为阴阳家的创立者③,并认为邹衍写过一篇《终始》论五德之终始(cited in Sivin 1995b:11)。遗憾的是这篇文献没有流传下来。

---

① 《左传·昭公元年》,参见 Graham 1986:71。
② 《左传·襄公二十七年》、《昭公十一年》,参见 Graham 1986:74,note 52。
③ 人们关于邹衍的思想家地位尚有争议。葛瑞汉认为,邹衍的名声乃是来自于说服当权者采纳其意见的非凡能力;他还暗示,不应将邹衍看作任何一个学派的思想家(1986:11-13)。葛氏的观点与学界对邹衍的普遍评价相左。席文(Sivin)认为,邹衍的思想对中国思想史产生了重大影响(Sivin 1995b:8)。

汉代学者通过很多方式把阴阳与五行关联起来。成书于公元前241年的《吕氏春秋》恐怕是最早在包括宇宙在内的不同领域间建立对应关系的文献之一。① 此书以吕不韦(公元前291？—前235年？)的名字命名。书的一部分内容是吕不韦为秦始皇而作的指引,其他内容则很可能由其门人于公元前241年编定。全书兼收并蓄,但以黄老思想为主。② 在《吕氏春秋》中,尽管君是最高权威,但行政管理却是臣的职责。君主离不开官僚机构,因为他赖之而行动。然而,尤为重要的是,君主道德高尚,不会任意役使臣下;他体现着"天下"的标准(Sivin, in De Bary and Bloom 1999:237-238)。《吕氏春秋》采纳了"天圆地方"之说。此说在公元前3世纪颇为流行,《易经》在讲理想的君主政体时也对此有所讨论。

席文(Sivin)认为,天圆地方说源自天文学的观测,很可能最初是一个自然主义的命题。③ 不过,这一自然主义命题后来的诠释——《吕氏春秋》即是一例——赋予它形而上学的意义,并用来讨论善政问题。天与地——前者圆,后者方——之间的相依开始用(天)阳与(地)阴加以表述。阳与阴进而跟创生与承载、统摄与界划,君与臣等互补的对子相结合。《吕氏春秋》中的"圆道"把天道典范和理想的圣人之治关联起来,后者又与官僚机构的行政管理相互依存:

> 天道圆,地道方。圣王法之,所以立上下。何以说天道之圆也？精气一上一下,圆周复杂,无所稽留,故曰天道圆。何以说地道之方也？万物殊类殊形,皆有分职,不能相为,故曰地道方。主执圆,臣处方,方圆不易,其国乃昌。(《吕氏春秋·圆道》)
>
> The Way of Heaven is round; the way of Earth is square. The sage

---

① 葛瑞汉认为,这是"最早一个时间确凿的陈述天人对应框架的哲学文本"(1986:13)。
② 显然,他们吸收了"几乎当时所有哲学学派的思想资源,却唯独吝于法家学说"(Sivin, in De Bary and Bloom 1999:237)。
③ 席文写道:"[天圆地方说]可能起源于天文学家两种地理定位测量方式的差异:一种是根据相对于天空中北极星的辐射度以定位;一种是根据地面沿经、纬两个方向上的线性距离以定位。"(De Bary and Bloom 1999:238)同样的论述参见 Major 1993:32-35。

kings took this as their model, basing on it [the distinction between] above and below. How do we explain the roundness of Heaven? The essential *qi* alternately moves up and down, completing a cycle and beginning again, delayed by nothing; that is why we speak of the way of Heaven as round. How do we explain the squareness of Earth? The ten thousand things are distinct in category and shape. Each has its separate responsibility [as an official does], and cannot carry out that of another; that is why one speaks of the way of Earth as square. When the ruler grasps the round and his ministers keep to the square, so that round and square are not interchanged, his state prospers. (trans. Sivin, in De Bary and Bloom 1999:239)

这时期其他一些优秀的文献在方法论层面具有类似的创造性。《管子》一书以政治家管仲的名字命名,它的编纂工作实际上历时两百年,直到公元前 1 世纪才最后完成(De Bary and Bloom 1999:256 - 257)。它的很多思想被厘定为法家,尽管其最著名的篇章《内业》因为关于道家冥思静功的描述而被归为道家。

《淮南子》一书,归于博学的淮南王刘安(公元前 179?—前 122 年?)名下,大约编纂于公元前 2 世纪中期(Major 1993:3 - 5)。它大量引用《庄子》、《老子》、《韩非子》、《吕氏春秋》及各书注疏。诸如庄子与韩非之间相冲突的观点在《淮南子》中却相与补充,融合为一。《淮南子》考察圣主的本性与实践,吸收了道家的虚静与无为,以及儒家关于人性基于天道的命题。达道的圣人默然而静,同时又无事不应(《原道训》,trans. Lau and Ames 1998:71)。《淮南子·天文训》叙述了很多历算上的细节,涉及行星运动,至日,四季与春、秋分,太阴的居位与征兆,等等(Major 1993:55 - 139)。这篇文献还强调天人之间的互惠,列举宇宙现象与人类生活之间的相应关系。① 从文本上看,《淮南子》二十一篇体现了汉代中国哲学的精神,尤其是广泛吸收现存

---

① 例如,《天文训》四十一节认为:"天有四时以制十二月,人亦有四肢以使十二节;天有十二月以制三百六十日,人亦有十二肢以使三百六十节。"(trans. Major 1993:135)一些数字上的对应未免显得过于简单。

学说的综合方法。它的宇宙论探讨将天文学、经验科学、神话学、伦理学及政治学诸领域的论题都聚合在一起。

将宇宙的方方面面纳入感应架构之内,这也是汉代思想论争的独特发展。宇宙感应论的关键概念是气。气在早期中国哲学中就已被多方使用并由此获得多种含义。它可以指能量、精神、气温、(一个人的)性情或本质。气最初指"我们在大气中看到的气雾或在动的云雾"(Sivin, in Henderson 2003:190)。汉代之前,《左传》曾用气指称气候的不同方面:阴、阳、风、雨、晦、明为天之六气。① 作为汉代关联宇宙论的根本概念,气指的是不同领域相关事物之间发生感应的媒介。在后来的宇宙论学说中,气变得更加复杂,它可以在各种状态之间变化。比如,气凝而为固体,散而为烟雾。因此,"中间隔着一段距离的两个事物之所以发生感应,一方面由于气这一把它们联系在一起的媒介散布振动,另一方面则是由于它们由大致相同的气所构成"(Major, in Henderson 2003:190)。

人们对宇宙与人事对应关系的讨论越来越细致,比如,还具体到人的健康问题。《吕氏春秋·圆道》:"人之窍九,一有所居则八虚,八虚甚久则身斃……留连为败。圆道也。"②"一有所居"指气居于一窍。这是将气范畴运用于人体。《春秋繁露·通国身》类比了国家的健康状况与身体的健康状况:

> 气之清者为精,人之清者为贤,治身者以积精为宝,治国者以积贤为道。身以心为本,国以君为主。……形体无所苦,然后身可得而安也;百官各得其所,然后国可得而守也。

The purest vital force (qi) is vital essence.

The purest men are worthies.

Those who regulate their bodies consider the accumulation of vital essence to be a treasure.

---

① 见《左传·隐公十一年》。葛瑞汉指出,除了宇宙论,用气来讨论人体健康也是一个特点。气关系到身体的呼吸和能量,并且常与血(循环系统)并称(Graham 1986:71 – 72)。

② Human beings have nine orifices. If [the qi] abides in a single one, eight will be depleted. If eight are depleted for a very long time, the body will die... stagnation results in failure. That is the Round Way. (trans. Sivin, in De Bary and Bloom 1999:239 – 240)

Those who regulate the state consider the accumulation of worthy men to be the Way.

The body takes the mind-and-heart as the foundation.

The state takes the ruler as the master...

Only when the body is free from pain can it achieve tranquillity.

Only when the numerous offices each obtain their proper place can the state achieve security.

(trans. Queen, in De Bary and Bloom 1999:297)

同样的主题亦见于《黄帝内经》三篇。① 这三篇文献糅合哲学、医学与政治学,描述宇宙秩序与个体健康之间的对应关系。《内经》的部分内容以黄帝提问、大臣作答的形式展开。大臣扮演双重角色:既是教诲学生的导师,又是劝谏君主的臣子(Sivin, in De Bary and Bloom 1999:274)。② 《内经》的基本主题是人体及其对应关系,它在讨论过程中引用了阴阳、五行等各种可能的概念,这一点与汉代的其他文献并无二致。席文认为,对汉代哲学的全面评价必须考虑到《黄帝内经》(ibid.:275)。

前文论及《春秋繁露》这部汉代引人注目的儒家经典。它在讨论圣人的道德修养时,把注意力转到了君王的情感和季候之间的关联:"主好恶喜怒乃天下之春夏秋冬也,其俱暖清寒暑而以变化成功也。"③(《春秋繁露·王道通三》)汉章帝(75—88年在位)会诸儒于白虎观讲论五经(De Bary and Bloom 1999:344)。《汉书》作者之一班固撰《白虎通》,集诸儒议论,其中详述天地、判狱、人性、人际关系及五行之关联处甚多。《孝经》、《礼记》这两部

---

① 这三个文本是:《素问》、《灵枢》、《太素》(Sivin, in De Bary and Bloom 1999:273-278)。
② 席文还指出,这种君臣之间对话的形式"折射出精英阶层的政治理想:作为有学识的君主形象,帝王不仅关心如何治国,而且关心如何体现宇宙秩序与个体之间的联系"(ibid.:284)。
③ The master's love, hate, happiness, and anger are tantamount to Heaven's spring, summer, autumn and winter, which, possessing warmth, coolness, cold, and heat, thereby develop, transform, and complete their tasks. (trans. Queen, in De Bary and Bloom 1999:301)

重要的儒家核心典籍也在东汉(25—220年)时最后校定。《孝经》强调,不同的阶层,从天子到庶人,要以孝为本。它还着重指出,君王必须向臣民负责。① 《礼记》阐明礼对于精神生活、宫廷生活及日常生活的道德意义。书中展现了一种宏大的世界秩序一统观,认为圣人与百姓的内在道德变化可以实现统一的世界秩序。《礼记》中的两篇《大学》与《中庸》在宋代备受瞩目,理学家朱熹(1130—1200年)将之列为儒家经典"四书"中的两种。这两篇短文鲜明地体现了儒家的仁政观:仁政化民众,行天道,影响深远。

作为汉代五经之一的《易经》,在决定汉代儒学性格、塑造理学等方面发挥了巨大作用。在《易经》等文献中,汉代儒学强化了以孔、孟、荀为代表的先秦儒学的乐观精神:人有能力积极影响世界的变化。同时,汉代儒学还从两个重要的方面拓展了先秦儒学。其一,通过吸收其他学派的思想,特别明显地丰富了修身观和为政观。其二,将人事与天道的关联涵摄于人文主义视野之中。人类事务牵连着自然界,这一信念可能提升了人对于自然界的责任感。我们接下来把注意力转向决定了《易经》哲学品格的关联思维,看看它有哪些特点。

第三节 关联思维:《易经》的精神

《易传》精思熟虑,围绕经文及其占筮等问题展开了多向度的反思,涉及《易》筮原理、卦象的创作及涵义、筮法的宇宙论基础、人的行动的位置以及占筮对于个人行动与社会变化的意蕴。《易经》的经与传都不是系统的哲学论文。不过,《易传》的反思是建立在深层的哲学思想之上的。我们在这一节集中讨论《易传》中最具哲学价值的《系辞》与《说卦》,并循此探索《易经》中有关关联思维的七个关键要素:(1)观察的首要地位;(2)整体及周遍的视角;(3)辩证互补的二元论;(4)关联思维与感应;(5)对卦义和其对应关系的诠释进路;(6)恒变与常动;(7)《易经》之为行动指引。

---

① 《孝经》在前现代的东亚世界、尤其是在德川时期(1603—1867年)的日本十分流行(De Bary and Bloom:325 - 326)。

观察的首要地位

中国思想强调,反思以观察具体现象界为基础。我们已经看到,在先秦的哲学论争中,对世界的细心观察显得尤为突出。儒、墨、道、法诸家质询人类世界的组织形式,道家、墨家与名家究心语言及其与实在的关联,这些都可以看出各家对如何应对生活中各种处境事态及兴衰变迁的关注。要解决这些问题,需要观察并领会自然、政治、社会环境以及事物间的关系。《易经》明确指出,卦象的创制基于观:

> 古者包犧氏之王天下也,仰则观象于天,俯则观法于地。观鸟兽之文,与地之宜。近取诸身,远取诸物。于是始作八卦,以通神明之德,以类万物之情。(《系辞下》第二章)
>
> When in ancient times Lord Bao Xi ruled the world as sovereign, he looked upward and observed [*guan*] the images in heaven and looked onward and observed [*guan*] the models that the earth provided. He observed the patterns on birds and beasts and what things were suitable for the land. Nearby, adopting them from his own person, and afar, adopting them from other things, he thereupon made the eight trigrams in order to become thoroughly conversant with the virtues inherent in the numinous① and the bright and to classify the myriad things in terms of their true, innate natures. (*Xici zhuan* 2.2, trans. Lynn 1994:77)

包犧氏之观无所不包,上至天文,下逮人事,兼及天文与人事的对应。成中英认为,观是《易经》的根本,由此提出"《易经》源于观"的说法(2003:517-524)。上述这段论八卦起源的文字还揭示了《易经》哲学思想的另一重要特征:必须深刻意识到,自我之外的瞬息万变很可能对自我产生重大影

---

① 林理彰(Richard John Lynn)用"numinous"来对译"神",后者带有超验的意味。《易经》强调个体认识神域的能力。有时,圣人据说拥有神妙的力量,能够应用《易经》的智慧通达天地(参见 Lynn 1994:note 11 at p.70)。

响。这一信念的背后是一种宏阔的宇宙观：一物可能受万物的影响，反过来它又可能影响他物。如果秉持这一自我观，那么对于一个人来说，他必须理解到，他处身的环境是包含诸多相互关联的维度的，而每一维度之间又蕴含着多姿多彩的存在与事物。

整体及周遍的视角

中国哲学倾向于整体及周遍的视角，这表现在各种不同的"整体"观之中。先秦儒家注目于人类社会；墨家以效益主义角度关心天下之利；道家则在意道之周遍性。同样，《易经》亦关注整体的面向。在它看来，道是无所不包的整体，事件的演变以及事件的展开过程都在其中：

> 夫《易》，开物成务，冒天下之道，如斯而已者也。是故，圣人以通天下之志，以定天下之业，以断天下之疑。(《系辞上》第十一章)
>
> The *Changes* deals with the way things start up and how matters reach completion and represents the Dao that envelops the entire world. If one puts it like this, nothing more can be said about it. Therefore the sages use it to penetrate the aspirations of all the people in the world, to settle the great affairs of the world, and to resolve all doubtful matters in the world. (*Xici zhuan* 1.11, trans. Lynn 1994:63–64)

这里的道非常接近于作为感应媒介的气①。不同的领域相互感应，不同的事物共属一体，这些都是《易经》整体视域的重要方面。与当时其他的儒家文献一样，《易经》也倡导儒家的天、地、人三才之道：

> 《易》之为书也，广大悉备。有天道焉，有人道焉，有地道焉。兼三才而两之，故六。六者非它也，三才之道也。(《系辞下》第十章)
>
> As a book, the *Changes* is something which is broad and great, complete in every way. There is the Dao of Heaven in it, the Dao of Man in it, and the Dao

---

① 韩康伯释坤曰："止则禽敛其气，动则辟开以生物也。"(《系辞上》第六章)

of Earth in it. It brings these three powers together and then doubles them. This is the reason for there being six lines. What these six embody are nothing other than the Dao of the three powers. (*Xici zhuan* 2.10, trans. Lynn 1994:92)

六十四卦通过阴、阳爻充分把握了天、地、人三者的一体性及互相作用。《易经》并没有把更广的整体视为超越者或独一无二者；虽然天道作为广大的宇宙居有优势，但它毕竟不能脱离人世。实际上，普通百姓都可以拥有《易经》的智慧（"百姓与能"，《系辞下》第十二章）①。这里强调的是大宇宙（例如，星体的运动）和小宇宙（例如，国家）之间的感应，而非大宇宙控制小宇宙的权力等级。由于《易经》文本的暗示风格，再加上部分内容系后来增加，《易经》所讲的"整体"其性质究竟如何是一个有争议的问题。我们可以从字面上把它理解为对一切存在者的本体论论述，也可以把它理解为隐喻，理解为旨在鼓励合作精神的意象。

辩证互补的二元论

乾坤相依是《易经》概念框架的组成部分。《系辞上》首章就描述了乾坤之互补，以及与二者相关的特性：

> 天尊地卑，乾坤定矣。卑高以陈，贵贱位矣。动静有常，刚柔断矣。……乾道成男，坤道成女。乾知大始，坤作成物。（《系辞上》第一章）
>
> As Heaven is high and noble and Earth is low and humble, so it is that *Qian* [Pure Yang, Hexagram 1] and *Kun* [Pure Yin, Hexagram 2] are defined. The high and the low being thereby set out, the exalted and the mean have their places accordingly. There are norms for action and repose, which are determined by whether hardness or softness is involved... The Dao of *Qian* forms the male; the Dao of *Kun* forms the female. *Qian* has mastery over the great beginning of things, and *Kun* acts to bring things to completion. (1.1, trans. Lynn 1994:47)

---

① Trans. Lynn 1994:94.

这里的二元对子不是彼此对立而是相互依待。高与低辩证互补,尊与卑、贵与贱、动与静、刚与柔、始与成亦是如此。在尊与卑等对子中,固然存在等级序列,但毕竟是互补关系的等级序列。二元对子中的每一项,比如说卑,都没有被绝对界定。相反,每一项的意义都是相对的,根据当下的处境由另一项所决定。亨德森(Henderson)曾解释说,每一对子的相待互补关系是相对的而非绝对的:

> 至阳处仍潜藏着阴的因子,反之亦然。而且,阴与阳是关系概念而非绝对者:上了岁数的男人,相对于妇人是阳,相对于年轻的男人则是阴。(Henderson 2003:191)

这正是汉代所发展的阴阳理论的一个特点。值得注意的是,虽然阴关联着低、卑、贱、柔,但并不意味着它是低级之物,因为一方面阳只有相对于阴才有意义,另一方面阴和阳是相互转化的状态而非静止确定的东西。① 按照汉代思想,决定阴阳的不是它们的内在特性而是彼此的相对位置(Wilhelm 1977:195)。《系辞》强调了阴阳二者在创生、护持天道与人道过程中的位置与必要性。阴阳二元架构被用来解释各种现象,包括四季更替、生死循环和朝代兴衰。这一相互转化、相互依待的动态阴阳二元架构使中国先前的二元论黯然失色,从而成为中国思维的主导范式(Henderson 2003:191)。"一阴一阳之谓道"(《系辞上》第五章)这句话同样反映了阴阳之间的动态消涨。道还被描述为不断更新的神圣源头:"盛德大业至矣哉!富有之谓大业,日新之谓盛德。"②(ibid.)二元对子间的辩证关系乃是汉代哲学的表征,它强调事物间的关联,因此其中一方的变化将引发另一方的感应活动。

---

① 关于阴阳理论更为详细的讨论及其与卑微意义上的阴性之间的关系,参见 Rosenlee 2006:45-68。
② As replete virtue and great enterprise, the Dao is indeed perfect! It is because the Dao exists in such rich abundance that we refer to it as the 'great enterprise', it is because the Dao brings renewal day after day that we refer to it here as 'replete virtue'. (*Xici zhuan* 1.5, trans. Lynn 1994:54)

关联思维与感应

关联思维,尤其是注重天道人事之关联的思维构成了汉代哲学的一大特色。我们必须把关联或相应跟模拟区别开来。类比强调相与比较的两项之间具有重要的相似面,而关联则是指不同领域的事件或事件链之间的平行关系。阐发关联思想是很多汉代文献要解决的重大课题。关联思想的方法,乃是拓展不同领域的变化或运动之间的相应关系。亨德森论述了关联思维的动态形式:

> 关联思维在各种实在秩序或宇宙领域(诸如人体、政治体、天体)之间建立系统的对应关系。它认为,这些相关的秩序有同一理序,也就是说,它们在数字、结构、种类或其他基本的方面相与应和。(Henderson 2003:187)

相应关系涉及行星运动、天地变化、气象状况、政治活动、农业生产、人类福利和个人(尤其是与饮食控制相关的)健康。特别需要指出的是,在天道现象与汉帝国官僚体制之间,仪礼活动、君主的态度与四季更替①、自然灾害之间,宇宙结构与人的九窍、366 个关节之间,以及季节变化与药性甚至人的心情之间②都存在着相应关系(Henderson 1984)。

至于关联思维的起源,则是一个有争议的问题。不过,可能在农民的历书中就已有了比较早的、相对简单的关联关系,因为农民的历书往往会写出每月的气候状况和相应的动植物候(Henderson 1984:21)。在汉代早期,天道变化被运用于新建国家权威的结构与功能的合法性证明。例如,《白虎通》认为,君臣关系应当效法日月关系。有时候,关联被描述为天道大宇宙和国家小宇宙之间的关系,大宇宙的事件关联着小宇宙的事件,反之亦然。例如,《史记》把星宿与朝臣的位置等同起来(Henderson 2003:188 - 189)。

---

① 《礼记·月令》规定了君主每月基本的行动、礼仪和禁忌。
② 《春秋繁露》认为,人的心情或情感与特定的宇宙单位(比如季节)之间有直接关联(in 11.186,in Henderson 1984:4)。

气、阴阳和五行被用来界定各种相应关系。例如,五行被关联于五色、五臭、五味、五声、五方、五风、五谷、五岳、五湖、五圣、五脏、五情、五大行星、五种动物及五大社会阶层(ibid.:191)。人们在实践活动中用到关联。例如,医生看病必须懂五行,只有这样才能开出对症的药方。同样,君王如果正确了解汉王朝与五行的关联,就可以确定何种礼仪何种政策是适宜的。我们在《春秋繁露》、《淮南子》和《史记》等文献中都可以看到关于政治宇宙论的争辩。

必须注意到,感应不是关联的本质特征。① 换言之,相关联的两项未必相互感应。② 不过,感应是大宇宙—小宇宙关系的内在特性,因为它意味着这是两个相关相待的领域,而不是意味着大宇宙高高在上统治其他一切。例如,大宇宙中发生的事件诸如自然灾害有时被解读为社会—政治层面的小宇宙将发生灾难的征兆。同样,治国无方也会影响到自然秩序的方方面面,包括星辰、风雨、飞鸟及昆虫(ibid.:190)。感应理论认为,"因为共通感,宇宙中处于不同领域的同类事物会相互影响。它们彼此感应一如合调的律管"(Henderson 1984:20)。亨德森认为,这一感应概念与人们对音乐及乐器的经验有关。例如,琵琶丝弦振动,边上另一把琵琶有共通感的丝弦也会随之而振动。③ 我们在《易经》中还可以看到感应概念背后的预设,即:一个人应当与他者或环境的不同方面合调,从而做出恰当的反应。《系辞上》曾用人自身与运动变化步调一致、相与"酬酢"来说明合调与感应:

显道,神德行,是故可与酬酢,可以祐神矣。(《系辞上》第九章)
The *Changes* manifests the Dao and shows how its virtuous activity is infused with the numinous. Thus one can through it synchronize himself with things and with it render service to the numinous. (1.9, trans. Lynn 1994:62)

---

① 亨德森在《早期中国的关联思想》("Correlative Thought in Early China")(1984:22-28)一文中很有说服力地指出了这一点。
② 亨德森认为,《淮南子》提到的366天与人的366个关节之间的关联只是简单的数字上的对应而已,与感应无关(ibid.)。
③ 此外,音乐上的"数字",例如五声、八音以及十二律,常常对应于健康或天气的变化(Henderson 2003:189-190)。

"酬酢"的意思是"主敬宾（酬），宾回敬主（酢）"（Lynn 1994:73, note 43）。这一意象非常生动地说明了关联思维中的感应概念。不过必须注意到，"酬酢"还只是一个独立事件，而在关联思维中，对变化的回应将进一步引发新的变化。

史华慈认为，《易经》本为占筮之书，要求将符号与具体的情境联系起来，这本身就是一种关联思维（1985:393）。有八卦，两两相重则有六十四卦，它们比起阴阳、五行模式可以容纳更多的关联。《易经》早期的占筮部分没有专门提及关联，但《系辞》却断言《易经》本身就是一个与天地大宇宙相应的小宇宙：

《易》与天地准，故能弥纶天地之道。仰以观于天文，俯以察于地理，是故知幽明之故。（《系辞上》第四章）

The *Changes* is a paradigm of Heaven and Earth, and so it shows how one can fill in and pull together the Dao of Heaven and Earth. Looking up, we use it [the *Changes*] to observe the configurations of Heaven, and, looking down, we use it to examine the patterns of Earth. Thus we understand the reasons underlying what is hidden and what is clear. (1.4, trans. Lynn 1994:51; translator's annotation)

《系辞》还明确提到感应，并用不同的现象与变化概念及特征相配：

广大配天地，变通配四时，阴阳之义配日月，易简之善配至德。（《系辞上》第六章）

In capaciousness and greatness, change corresponds to Heaven and Earth; in the way change achieves complete fulfilment, change corresponds to the four seasons; in terms of the concepts of yin and yang, change corresponds to the sun and moon; and in the efficacy of its ease and simplicity, change corresponds to perfect virtue. (1.6, trans. Lynn 1994:56)

《易经》与汉代其他文献中的关联遍及诸多领域，包括炼金术、音乐、风水、天文学、医学与宗教。其背后一个重要的预设是,一个人能够——根据意象及其特定的关联,以及对过去的参照——做出适宜或正确的反应。下面我们考察与理解《易经》相关的诠释方法。

对卦义和其对应关系的诠释进路

我们已经看到,《系辞》认为,对六十四卦卦象及告诉人们如何做决定的卦爻辞进行反思非常重要。《易传》对卦象进行了广泛的探讨,这表明要理解《易经》思想就必须先领会卦象。《系辞上》明确讲道,"故夫象,圣人由以见天下之赜"(第十二章)。事实上,《易经》及其占筮之用的起源问题首先是卦象的起源与发展问题。我们已经在前面所引包犠氏的故事中看到,卦象基于观察世界的经验。每一卦有一卦名以及与之相应的一系列特征。卦象的这些后续发展较之从世界的经验物象中抽绎出符号更加抽象。

卦爻辞对卦象的解读依赖于从当时的社会实在发展出来的观念,这一点自然无疑。尽管如此,卦爻辞究竟如何形成仍然可以有很多反思。例如,《家人卦》评论卦辞说,"女正位乎内,男正位乎外"。① 这一评论基本上秉持儒家精神,划定家庭生活的界线(Wilhelm 1997:217 - 219)。对于卦象的起源及其相关的观念,诠释扮演着关键角色。不仅如此,《易经》要用作占筮之书,诠释同样是一件主要的工作。《系辞》认为,诠释六十四卦及其在特定情形中的意蕴非常重要但又有些困难:

> 其称名也小,其取类也大。其旨远,其辞文,其言曲而中。(《系辞下》第六章)
>
> The way they [the hexagrams] are named involves insignificant things, but the analogies so derived concern matters of great importance. The meanings are far-reaching, and the phrasing elegant. The language twists and turns but hits the mark. (2.6, trans. Lynn 1994:87)

---

① As far as the Family is concerned the woman's proper place is inside it, and the man's proper place is outside it. (Hexagram 37, trans. Lynn 1994:363)

《易经》的每一卦都有一长串相关的含义。这意味着,占卦者需要把自己的情况与特定的卦象结合起来。以《兑卦》的卦辞、彖传、象传为例:

兑:亨,利贞。
《彖》曰:兑,说也。刚中而柔外,说以利贞,是以顺乎天而应乎人。说以先民,民忘其劳;说以犯难,民忘其死;说之大,民劝矣哉!
《象》曰:丽泽,兑。君子以朋友讲习。(《兑卦》)

Judgment: *Dui* [Joy] is such that prevalence is had. It is fitting to practice constancy here.

Commentary on the Judgments: *Dui* means "to give joy." It is by being hard inside and yet soft outside that one manages to give Joy and still fittingly practice constancy. This is how one can be obedient to Heaven and yet responsive to mankind. If one leads the common folk with Joy, they will forget their toil, and if one has them risk danger and difficulty with Joy, they will forget about dying. Great is Joy, for it is the motivating force of the common folk!

Commentary on the Images: Lake clinking to Lake; this constitutes the image of Joy. In the same way, the noble man engages in talk and study with friends. *Clinging* [*li*] means "linked" [*lian*]. No more flourishing application of Joy can be found than this. ①(Hexagrams 58, trans. Lynn 1994:505)

这里乃至整部《易经》几乎都没有提供任何有关解卦的指导。那么,比如说,若占卦者关心的是健康问题,又该如何解释上述内容呢?环绕着解卦问题的神秘性反映了环绕着感应之理解的模糊性。何为恰当的关联,对此并无定论共识。例如,汉王朝究竟对应于五德中的哪一个?对于这个问题汉王朝至少四易想法。有两次,为了与新德相应,汉王朝还变易朝服等礼仪着装的用色,更改历法纪年的起始月份(Henderson 2003:192)。在很多情况

---

① 卫德明对一些象进行了专门研究,尤其集中讨论了《易经》中论象的《象传》。

下,宇宙论者需要做出重大妥协,以便符合某种数字框架。① 比如,四季,或更一般的阴阳必须纳入五行之中。《黄帝内经》记载,黄帝试图阐明在养生问题上阴阳与五行的关系:

黄帝曰:五行以东方甲乙木主春,春者,苍色,主肝,肝者,足厥阴也。今乃以甲为左手之少阳,不合于数,何也?

岐伯曰:此天地之阴阳也,非四时五行之以次行也。且夫阴阳者,有名而无形,故数之可十,推之可百,数之可千,推之可万,此之谓也。(《黄帝内经·灵枢·阴阳系日月》)

The Yellow Emperor said, "According to the Five Phases, the eastern quarter, the first two of the ten stems [used to count days in the week], and the phase Wood rule over spring. Spring [is associated with] the color of the blue sky and governs the liver functions. The liver functions are those of the attenuated yin tracts connected with the feet. But now you claim that the first stem [corresponds to] the immature yang tract connected with the left hand, which does not tally with these regular relationships. Why is that?"

Qibo said, "These are the yin and yang [correspondences] of Heaven and Earth, not the sequential changes of the four seasons and the Five Phases. Now yin and yang are names without physical form [i.e. abstractions, not concrete things]. 'They can be enumerated ten ways, separated a hundred ways, distributed a thousand ways, deduced a myriad ways' refers to this." (7:2,41, trans. Sivin, in De Bary and Bloom 1999:277 - 278; translator's annotations)

对于汉代宇宙论者而言,关联问题需要灵活解决。一边是机械的关联图式,一边是诠释的自由度,他们需要在二者之间达到平衡。这对于作为占

---

① 亨德森认为,这种妥协反映出这里的某些范畴(如"五行")对于汉代宇宙论者运思的重要性(2003:191 - 192)。

筮之书的《易经》来说特别重要,因为每一卦都可以多种方式运用于各种不同的情境。由此,葛瑞汉讨论了应用阴阳宇宙图式时遇到的张力。如果明确规定阴阳的关联(比如,阴关联雌、冷、水、方、下;阳关联雄、热、火、圆、上),那么阴阳就会失去其作为注重自发与互感的事件解释框架的意义(1986:33-34)。葛瑞汉的议论充满了洞见:

> 随着明确规定[阴阳]诸方面,关联思维变得清晰了;它不再是一种依傍格式塔而自然成形的过程。……这种形式建构最有意思的地方在于……正是这种思维方式使得它努力将沉潜的一切带出水面。其结果是一贯的、当然也是非常简化的图式。……不过,一旦陷入程式化,关联思维就不再有能力做出精妙的区分或合并。(1986:34)

我们很容易看到,在《易经》中,意义多元的宇宙论使得明确界定与诠释自由度之间的平衡问题变得愈发复杂。如果一个人萦绕心头的是前苏格拉底问题——"什么是构成世界的终极质料?"(Schwartz 1985:357)——那么,这一点就特别值得注意。《易经》世界观及其诠释的开放性与描述世界的科学式话语完全不合。比如,后伽利略时代的科学醉心于因果联系的系统化与标准化(Graham 1986:34),这在《易经》看来是不可能的。《易经》的世界是一个多元的、不可化约的世界,不同事物之间存在着无限多样的关系(ibid.)。当然,这么说并不是要把与《易经》诠释有关的问题一笔勾销。相反,这是让《易经》思想背后的预设浮现出来,即,世界是丰富多样、相互关联的。刘殿爵与安乐哲认为,我们在《易经》中也可以看到早期道家那种偶然的、没有主宰者的世界。他们的论述抓住了《易经》的努力方向:协调或解决在一个不断变易的世界中的各种情境:

> 《易经》并非试图提供一种系统的宇宙论,以便解释我们可能遭遇的一切情形并告诉我们应该如何行动。相反,它给出一套意象语汇,促使我们面对生活中不断变化的状况时,能理清思路并做出恰当的反应。……我们发现,《易经》中无所不在的,并非真假、对错、善恶等言说物之"所是"的语汇,而是诸如和与乱、诚与伪、信任与掩饰、当与不当之类的

语汇,这些语汇告诉我们,首先需要把握事物间的连贯性:事物"如何成功"地结合在一起。(Lau and Ames 1998:34)

恒变与常动

《易经》主要讲变易,这一点书名本身就说得很清楚:"易"者,变易也。《系辞》与《说卦》专门讨论了变易的性质以及与变易相关的各种问题,诸如变易的预测与应对,从过去的变易中学习如何处理当前的变易,把握行动的时机。《易经》中有许多地方谈到阴阳的四季更迭等时间意义上的运动。比如:

> 日往则月来,月往则日来,日月相推而明生焉。寒往则暑来,暑往则寒来,寒暑相推而岁成焉。往者,屈也;来者,信也。屈信相感而利生焉。(《系辞下》第五章)

> When the sun goes, then the moon comes, and when the moon goes, then the sun comes. The sun and the moon drive each other on, and brightness is generated in this process. When the cold goes, then the heat comes, and when the heat goes, then the cold comes. The cold and the heat drive each other on, and the yearly seasons come into being in this process. What has gone is a contraction, and what is to come is an expansion. Contraction and expansion impel each other on, and benefits are generated in this process. (2.5, trans. Lynn 1994:81)

《易经》用"生"这一隐喻(相对的二者"相感")描述四季交替循环。《易经》无论是经还是传都没有特别提到五行,尽管如此,变易背后的哲学非常像是一种特定形式的五行理论。把握五行的概念方式主要有两种,即相生与相克。相生,即木生火,火生土,土生金,金生水,水生木,如此这般不断循环。相克,即木克土,金克木,火克金,水克火,土克水,如此这般不断循环。上面这段文献表明,《易经》似乎支持相生而非相克。另一个支持相生的例子是《说卦》第六章。在列举了八经卦各自的独特性质之后,指出变易是必要的:因为每一经卦所关联的性质都是特定的,所以须有变易促成万物成其所是:"能变化既成万物也。"一个阶段必然为下一阶段所取代;变易无可遏止。和阴阳一样,五行也不仅仅是一个分类图式。它是一个测预、解释变易的概念框架。

自古以来,《易经》的首要任务便是预测变易,从而帮助君主应对变易。在占筮活动的背后是对变易的预期和预测。《系辞》与《说卦》援引古代明王的占卜经验,说明《易经》一直作为占筮之书的基本原则:

神以知来,知以藏往。……是以明于天之道,而察于民之故,是兴神物,以前民用。(《系辞上》第一章)

By virtue of its numinous power, it lets one know what is going to come, and by virtue of its wisdom, it becomes a repository of what has happened … [The intelligent and perspicacious ones of antiquity] used the *Changes* to cast light on the Dao of Heaven and to probe into the conditions of the common folk. This is the numinous thing that they inaugurated in order to provide beforehand for the needs of the common folk. (1.11, trans. Lynn 1994:64–65)

八卦相错,数往者顺,知来者逆。是故《易》逆数也。(《说卦》第三章)

… the eight trigrams combine with one another in such a way that, to reckon the past, one follows the order of their progress, and, to know the future, one works backward through them. Therefore, the *Changes* allow us to work backward [from the future] and reckon forward [from the past]. (*Shuogua* 3, trans. Lynn 1994:121)

第一段文献归纳出来的结论意味着,这些圣王在儒家的意义上很成功,因为他们推行仁政,造福百姓。它还鼓励人们从占筮中学习。出自《说卦》的这段文字表明过去的智慧应该如何适用于当前的经验。时间概念对于占筮活动而言具有根本的意义。它关注的核心问题是,一个人如何反思过去的经验并把它用于当下的处境中去。卫德明(Hellmut Wilhelm)用共时性概念解释占筮过程:

每一处境都可以用两种方式来理解：或通过直接经验，或通过理论推测。直接经验源自存在的动态性，理论推测则根据存在的持续性以及支配它的规律性。……结果，占卦者能够把自身处境加以理论化，换言之，占卦者得以进入自身处境的理论化面向。由此，他可以参照《易经》中按理论化面向建立的文本，最终从先辈的经验与伟大导师的洞见中获得建议和指导。因此，神谕所揭示的共时性仅仅意味着对相同事态的两种不同经验模式的理解。（1977：12）①

另有一种时间观初看起来似乎与将过去、现在、一定意义上还有未来带到一起的共时性概念相冲突。这种时间观认为，时间处于流逝之中，于是便有变迁频频发生："变动不居，周流六虚。"②（《系辞下》第八章）"六虚"指六爻，六爻之间的流迁象征着世间的变易。阴、阳爻的转换（阴爻变成阳爻，或阳爻变成阴爻）产生卦变。《说卦》讨论了爻的变化——最基本层面的变化——如何引发经卦间的转化；从一经卦到另一经卦代表着从一个阶段转到另一阶段。这一持续"流"变的图景跟占筮的共时观相容：前者关系到预测变易及应对变易的紧迫性，后者则是每个占筮过程背后的时间观。既然世间恒变常动，恰当应对便非常重要。时间在这里同样是关键问题，因为应对恰当与否、成功与否在很大程度上取决于应对是否及时。一个人不仅要获得恰当的资源，而且应该知道行动的正确时机：

君子藏器于身，待时而动，何不利之有？动而不括，是以出而有获。（《系辞下》第五章）

The noble man lays up a store of instruments in his own person and waits for the proper moment and then acts, so how could there ever be anything to his disadvantage! Here one acts without impediment; it is due to this that

---

① 卫德明很有说服力地指出，仅当我们预设一个（解释一个问题如何与《易经》中的正确答案协调的）系统，问题和答案的同时性才有可能成立（而无堕入偶然性之虞）（1977：11）。

② Change and action never stand still but keep flowing all through the six vacancies [the six line positions]. (*Xici zhuan* 2.8, trans. Lynn 1994:89)

when one goes out, he obtains his catch. (2.5, trans. Lynn 1994:83)

卫德明指出,及时概念与"时"的本义有关。"时"最初与四季变化的意识有关,这种意识对于及时开展农事活动至关重要:

> 《易经》没有那种理论性的时间观。它对"时"的理解非常接近于这个字的字源义。"时"最初意味着"播种的时机",接着引申为一般的"季节"……就原先的字形来看,其上还有一个表示"脚底"(相当于拉丁语中的"planta")的部分,代表计量单位。在中国,"脚底"还跟"种植"有语义关联;因此,这个字表示留给某种活动的一段时间。后来,它的含义扩展到四季,因为每一季都充满着自己特定的活动;在此基础上,才有了一般意义上的时间这一引申义。《易经》常常在"季节"意义上使用这个字,而时间的很多特性都可以追溯这一"季节"义。(1977:17-18)

"时"在这里还有一种独特的意味:借助占筮活动,等待正确的时刻,抓住时机。卫德明认为,《易经》经文部分的推理所基于其上的时间概念指的是"具体的"时机,它满载着在不同时刻发生变化的各种可能性(1997:17)。① 如果能够明白这些变化,明白古人如何处理它们,那就足以应对不同的情境。我们接下来讨论《易经》对于行动的指引。

---

① 卫德明写道:"我们在这些引文中所碰到的时间概念都是非常具体的。在这里,时间被直接经验和感知。它并不只是仅仅代表抽象变化的原则,而是充实于每一段演进行程之中;现实的行动者并不仅仅置于现实流变之中,同时,他也反过来作用于现实并促成它走向完满。具体心灵中的空间不只是广延的架构,而是充实着山陵、湖泊和平原的某种东西——它的每一部分都向不同的可能性敞开——与此相似,时间在这里也被理解为某种充实之物,它孕育着诸多可能性。这些可能性随着不同的时刻而发生变化,并且看似奇迹般地引发事件或使事物定形。这种时间具有如下属性:事件处于对与错、有利与不利的关系之中。"(1977:17)

《易经》之为行动指引

占筮活动的基本预设是,人可以发现未来的动向并影响它的进程。这一观点预期人事将会影响到其他领域的变化,而其他领域的变化也会影响到人事。《系辞》用理解关联来说明占筮活动,并肯定它具有指引行动的性质:"极数知来之谓占,通变之谓事。"①(《系辞上》第五章)

成中英认为,尽管占筮活动或占筮过程本身不是哲学,但它的预设却揭示出其背后意义重大的哲学思想(Cheng 2003)。它的哲学框架一方面指出人类状况的有限性,另一方面又提示人具有决断及行动的自由。这一立场强调,重要的是知道在特定的处境中应当做什么。刘殿爵与安乐哲认为,知道做什么在中国传统中居于中心位置:"在中国,智慧的追求永远在于找到一条优雅的、富有生发性的途径,羁络、规训并塑造永无休止的变化之流——那是人类经验得以展开的地方。"(1998:38)我们已经在前面的讨论中看到及时对于行动的重要性,刘殿爵与安乐哲称之为"抓住时机"(ibid.)。《系辞下》讲道:"变动以利言,吉凶以情迁。"(第十二章)这是指出了将情境向着有利的方向转化的重要性。"利"与"吉凶"被放在一起讨论,强调只有随境而动才能达到最佳结果。按照通常的理解,吉凶等观念总是夹杂着对自然事件或宇宙事件的迷信,以为它们可以兆示人事②;没有什么标准来规定究竟何者对应于何者,这一点给诠释关联的活动带来了相当宽松的自由度。

进而言之,中国哲学中的知识是从实践的维度加以建构的。刘殿爵与安乐哲强调,中国的知识概念有一种"改良"意图,隐含着对效验与实用的关注(1998:26)。借用赖尔的区分,中国传统中的知识是"知道如何做"(know-

---

① The means to know the future through the mastery of numbers is referred to as "prognostication", and to keep in step freely with change is referred to as "the way one should act". (*Xici zhuan* 1.5, trans. Lynn 1994:54)

② 荀子热衷于建立一种无需诉诸超越之天的政治制度之合法性(这一点在其对儒家正名理论的构想中看得特别清楚)。《荀子·天伦》限制天的权力并破除迷信(相关讨论参见本书第三章)。

ing-how)而不是"知道是什么"(knowing-that)。① 张东荪在讨论中西方哲学的特征时做了类似的区分:

> 此两种思维不仅在所用范畴及其价值上存在差异,而且在态度上也存在显著区别。比如说,探究任何特定事物或事件,西方人的思维倾向于先问"这是什么",接着再问"我们如何处理它",而中国人的思维则是相反的倾向:先问"我们如何处理它"。因此,我们可以说,西方人持一种"优先考虑'什么'的态度",而中国人持一种"优先考虑'如何'的态度"。②

要紧的是不要截然区分两种进路:一种是西方的,一种是中国的。张东荪的提法很谨慎:差异是重点的差异,而不是两种相对反的进路在类型上的差异。根据对中国哲学传统的考察,我们知道早期中国思想的重心不在于如何规定因果关系或普遍自然律的一般特性,而在于如何通过批判性反思找到处理手头特定问题的方法并将其成功解决。根据中国哲学的这一特点,对于一个人来说很重要的是既要关注具体情境,又要领会情境如何在时间之流中发展变化。换言之,一个人应当有一种期待变化的态度:

> 子曰:"危者,安其位者也;亡者,保其存者也;乱者,有其治者也。是故,君子安而不忘危,存而不忘亡,治而不忘乱,是以身安而国家可保也。《易》曰:'其亡其亡,系于苞桑。'"(《系辞下》第五章)

---

① 在《知道如何做与知道是什么》("Knowing How and Knowing That")一文中,赖尔批评了流行的观点:"一方面,智力是一种特殊能力,它的运用乃是特殊的内部活动,即我们所说的思考活动……另一方面,实践活动之所以能够获得'机智'、'聪明'之类的赞誉,只不过是仰仗与这些活动相伴随的思考命题的内在活动……"(p.1)赖尔跨越理论与实践的鸿沟,主张:其一,不能用"知道是什么"定义"知道如何做";其二、"知道如何做"是一个在逻辑上先于"知道是什么"的概念(pp.4-5)。

② 张东荪著,张耀南编:《知识与文化:张东荪文化论著辑要》,北京:中国广播电视出版社,1995年,375页。转引自 Lau and Ames(1998:29)。——译者按:引文据英译文译出。作者所注引文页码可能有误,未能找到原文。

The Master said: "To get into danger is a matter of thinking one's position secure; to become ruined is a matter of thinking one's continuance protected; to fall into disorder is a matter of thinking one's order enduring. Therefore the noble man when secure does not forget danger, when enjoying continuance does not forget ruin, when maintaining order does not forget disorder. This is the way his person is kept secure and his state remains protected. The *Changes* say: 'This might be lost, this might be lost, so tie it to a healthy, flourishing mulberry.'" (2.5, trans. Lynn 1994:83)

"自满"一词对于这里所讲的潜在缺陷非常适用。作者借孔子之口,表达了对那种将自己同关系及环境隔离开来的短视做法的鄙夷之情。这里从个人利益的角度说明理解感应和期待变化的重要性。但它还有重要的道德意蕴,因为我们很多——即使不是绝大多数——决定与行动将会对他人造成影响。相信感应的力量,这关联着两个观点:其一,因果联系是复杂的;其二,个体不是遗世独立的实体,而是栖身于一个宽广而多彩的环境之中。

第四节 《易经》的影响

在汉代,关联思维主要应用于国家统治和行政管理。为了说明秦、汉王朝的建立与合理性,人们提出各种有关天道事件与国家事件相应的说法。不过,关联思维渗透到生活的不同领域,时至今日仍然在以不同的形式继续保存在中国社会之中。例如,按照中国人的养生观,身体是个小宇宙,健康与疾病可以用气血来解释。关联思维也扩展到诗歌、哲学、宗教及流行文化的方方面面。当代建筑学仍然普遍用到风水,它从占星学、地理学、生理学、心理学和美学等角度考虑气。食物的分类遵照营养价值(比如,分为阴性[凉性]的食物和阳性[热性]的食物)或味道(五味),这仍是中国人一般看法的有机组成部分(Henderson 1984:46-48)。

《易传》就是不同领域的个体之间存在关联这一世界观的产物。它吸纳了当时的哲学特性,同时又融合了儒家思想的关键内容,包括君主的重要作用,天地的佑助,人类改善自身处境的能力,怀有一种社会—政治的乌托邦期许,希望个人目标与社会目标吻合无间。因此,《易经》推动了宋明理学的发展并成为其中的一部分。但是,关联思维的影响并不限于儒家。在中国哲学中,到处可以看到强调不同事物间具有统一与相应关系的世界观。刘殿爵与安乐哲所描述的道家世界观我们并不陌生;尽管它用了道家的语言"万物",但"协同发展"乃是汉代哲学必不可少的组成部分:

> 没有秩序原理(archē,principium)——没有高高在上的大一独立于世界之外并作为世界的直接原因统治世界。相反,只有万物或万有在协同中的发展。在此协同之中,事物进程之模式也永远在变动,我们可以在周遭的世界中发现这一点。我们的经验因内在的不确定性而有某种程度的新异性与不可测度性,但是,由于这种规则,我们的经验在某种程度上变得一贯和确定了。(1998:19)

《易经》本身就是滋养相随观念的温床,而相随观念的世界观基础则是:世界是相互关联、不断变化的。这一世界观构成了中国思想的基本特性之一。它是对世界的一种形而上学描述,但它并非宣扬决定论与静态主义的本体论。它所指向的是过程与变易而非事件与实体。于此世界观之中,流逝的时间"充满"着过程,因此,周遭环境的变化不断影响到个体生命。当然,另一方面,个体的行为与反应也会影响他者。个体与个体在一个变化不息的世界中相互关联,这一观点构成了中国思想的特质,它塑造了中国的思想传统与制度传统,并且到了现代仍然对其产生重要影响。

延伸阅读建议

Cheng, Chuang-ying (2003) 'Philosophy of Change', in Antonio Cua (ed.) *Encyclopedia of Chinese Philosophy*, New York: Routledge: pp. 517–524.

Henderson, John B. (1984) 'Correlative Thought in Early China', in *The Development and Decline of Chinese Cosmology*, New York: Columbia University Press: pp. 1–58.

Henderson, John B. (2003) 'Cosmology', in Antonio Cua (ed.) *Encyclopedi-*

a *of Chinese Philosophy*, New York: Routledge: pp. 187 – 194.

Lynn, Richard John (1994) *The Classic of Changes: A New Translation of the I Ching as Interpreted by Wang Bi*, New York: Columbia University Press.

Graham, Angus C. (1986) *Yin-Yang and the Nature of Correlative Thinking*, IEAP Occasional Paper and Monograph Series no. 6, Singapore: Institute of East Asian Philosophies.

Lau, D. C. and Ames, Roger (1998) *Yuan Dao: Tracing Dao to its Source*, New York: Ballantine Books.

Major, John S. (1993) 'A General Introduction to Early Han Cosmology', in *Heaven and Earth in Early Han Thought*, SUNY Series in Chinese Philosophy and Culture, Albany: State University of New York Press.

Sivin, Nathan (1995) 'The Myth of the Naturalists', in *Medicine, Philosophy and Religion in Ancient China: Researches and Reflections*, Aldershot: Variorum (Ashgate Publishing), Section IV, pp. 1 – 33.

第十一章 中国佛教

佛教于汉代(公元1世纪时)传入中国。初传之际,可能影响较小,佛教只是在一些外国商人组成的社区内部小范围践行的信仰。儒学为汉代主流意识形态,在此情形之下,佛教对中国大多数民众不可能有大的影响,也未能真正引起中国士大夫的关注。然而,到了公元3、4世纪①,中国又一次因民族与领土战争而陷入分裂状态,儒家失去了作为国家所支持的意识形态地位。这时,佛教及其哲学观念首先得到中国少数民族的重视。② 佛教思想的要义经受了严格的考察。这种"外来"意识形态的宣扬者最初用中国哲学现有的观念尤其是道教的观念来表达佛教观念。只是到了6世纪,中国佛教独特的教义方告成形,从而使得它既区别于印度佛教,又不同于儒家与道家。

中国佛教的发展经历了很长一段时期,其历史分期与宗派划分也很复杂。鉴于此,本章的讨论不免显得简略和零碎。首先有必要理解佛教思想要义,包括考察它在印度哲学中的起源。本章第二部分探讨佛教在中国传播的初期阶段,尤其集中于佛教思想与中国本土思想之间的并存与交涉。最后,我们将概述中国佛教不同宗派之间的教义差别。

---

① 经历汉末战乱之后,三国时期(220—280年)采取了一些维护稳定的措施。公元184年,太平道(道教的一支)领导了一场针对当时汉帝的农民起义,因起义者头戴黄巾,史称"黄巾之乱"。汉室覆灭之后,三国各自称帝,各自宣称自己承续汉室正统。不过,三国之间达成的盟约保证了一种军事意义上的稳定。三国之后,则是晋朝(265—420年)和南北朝(420—589年),二者合称"六朝"。
② 南北朝时期,强大的鲜卑族攻入晋都洛阳。晋王室被迫南渡,迁都建康(今南京)。在鲜卑族建立政权的北方,佛教思想得到接纳,一方面因为鲜卑人敌视儒学及中国文化的其他特征,另一方面则是因为他们显然为僧侣的神通所吸引(Wright 1959:42 – 64; esp. at 56)。

第一节 佛教思想要义

多数佛教思想导论都会概述以下这些佛教特有的关键概念：苦、无常、四谛、八正道、涅槃、缘起、业、轮回，等等。不过，我们显然不能仅仅满足于从概念出发理解中国佛教思想，而不考虑佛教得以产生的印度哲学背景，以及佛教后来在中国的分化。这个问题对于中国佛教来说尤为突出，因为我们需要了解特定观念从印度到中国的传播，以及中国思想家对它们的进一步修正。鉴于此，我们将讨论佛教思想的核心观念，并阐述其相关的起源及后续演化。本节关于佛教核心观念的讨论很大程度上参考了卡鲁巴哈那（David Kalupahana）《佛教哲学》一书对佛教哲学的纲要式论述。卡鲁巴哈那以佛教之前的印度思想为背景探讨佛教哲学。① 尽管其关注点不在中国佛教哲学，但卡鲁巴哈那对佛学要义起源的论述显出其敏锐的哲学思考，对我们的讨论来说十分重要。

佛教的创立者为乔答摩·悉达多，其生卒年不详，不过一般认为，约与孔子同时，生活在公元前6世纪左右。佛教哲学的许多方面，诸如苦行，冥思，相信有超感官的知觉，相信瑜伽直觉，质疑自我、意识与事物之持续性，以及关于终极实相的观念，这些已见于《奥义书》传统及耆那教义（Kalupahana 1976:3–15）。用哲学术语来说，佛陀的思想特征，在于综合了对人类生活的经验观察和对超感官现象的信念，后者之领域正包括轮回及无我意识。他的思想体系对有关超自然存在或超自然之域（包括诸天、地狱或天堂）的形上问题鲜有关注。在早期文献中，这些观念纯粹为了引导道德行为，并没有反映出对其存在的本体论承诺（Kalupahana 1976:66）。当然，这不是说，佛教思想后来的发展同样没有此类形上思考。

以认识论观之，佛教强调一切知识来源的限制。这也是对当时流行的

---

① 卡鲁巴哈那运用认识论、因果论及伦理学等现代哲学范畴来检视佛教哲学。人们或许会担心，是否可以将现代西方哲学范畴加到一个没有依照西方哲学框架建构起来的材料之上。然而，本书的首要任务，是用中国哲学自身的范畴来理解中国哲学，然后在适当的时候跟西方哲学的范畴加以比较。我们也是在这一关键点上考量中国佛教；因此，卡鲁巴哈那的方法非常切合我们这里的意图。

认识论的一种批评,后者主张结合理性、感知或超感感知可以洞见真理。诚然,佛陀没有怀疑感知或超感感知,因为他肯定了作为知识最初来源的六根,即眼、耳、鼻、舌、身、意。不过,他关心的问题是,这些感知形式所获得的对象内容是如何被错误建构的,因为主观偏见污染了人们对经验的解释。就此而言,无明(巴利文:avidya)可能来自以下两方面:或者缺乏知识,或者将错误的观点强置于所探究的对象之上(Kalupahana 1976:19-24)。无明影响深远,因为它将导致对自性的误解,进而引发有漏皆苦的人类困境。佛教思想所关注的核心之一在于苦之本性及苦之解脱。作为佛教根本教义之一,四圣谛这样解释苦:

> (1)苦谛:众生皆苦;(2)集谛:苦源于渴求;(3)灭谛:灭除渴求也就能灭除苦;(4)道谛:灭苦之方在于持守正道,而其极至则是僧伽冥思守戒的生活。(Hurvitz and Tsai 1999:416)

就道德而言,最基本层面的渴求是由感官快乐而来。此种渴求产生苦,因为它们的对象及其快乐瞬间即逝。追求感官快乐的人,其性情往往自私、贪婪无厌、执着于眼前之利。人类困境的根本原因之一,在于人们深切渴求那种由社会规范所界定的永恒幸福。苦(巴利文:dukkha),兼摄肉体之苦与精神之苦。就程度而言,苦不尽相同,有剧痛,有隐痛,有因渴求持久不得满足而生之苦。除了因为渴求不得满足之外,渴求生苦还有更深层的原因。个体最深切之渴求并非外在的感觉愉悦,而是自我的永恒。永恒自我乃渴求之最根本对象,因为享受人生之乐的毕竟还是这个"自我"。惟有止息这一深切渴求,人才能自苦中解脱。这种解脱把人从永恒自我这一固然可人、却不免虚假的信念中解放出来。不明四谛,则灭苦无望。上述解脱理论自有其认知上的意味,因为解脱有待于在理智上认识到个体之无常。鉴于此,赫尔维茨(Hurvitz)和蔡(Tsai)认为,"佛教奠基其上的根本真理不是形上学或神学的真理,而是心理学的真理"(1999:413)。

在实践层面,四圣谛的道谛宣导八正道,以此表达一种宁静戒行生活。八正道包括正见(正确的知见)、正思惟(正确的思考)、正语(正确的言语)、正业(正确的行为)、正命(正确的生计)、正精进(正确的努力)、正念(正确的心思)及正定(正确的禅定)。八个层面由低而高,前后相循。当然,修至阿罗汉(巴利文:arahant)果位(这是佛教的人生目标)必须同时做到八正道。阿罗汉时时存思佛教教义,又是冥修生活的典范。或许可以把八正道简单理解为规范性的道德导向,人们依此培养正确的行为态度。(上面对四谛也做了类似方式的理解。)另外,八正道的背后是佛教教义对人生的更深层理解。在佛教看来,现象层面的自我——日常生活中与接为构,有思维,有意志,有意识的自我——并非统一或不变的实体,因为它由五蕴,即五种因素或过程构成:

(1)**色**(巴利文:rupa):物质,物质过程,肉身。
(2)**受**(巴利文:vedana):凭借六种感官与外界接触所产生的感受。
(3)**想**(梵文:samjna):通过六种感官获得对物质客体或精神对象的认识。
(4)**行**(梵文:samskara):影响行动的情感、印象、意志活动等心理因素。
(5)**识**(梵文:vjnana):关于自我或现象界的意识。

个体——现象层面的自我——由此常处流变之中的五蕴和合而成。所以,我们所看到的肉身之我乃是无常的合成物,并没有关联着某个永恒的自我或灵魂。

关于存在的观念在佛教以三法印表达:

(1)**诸行无常**(巴利文:anicca;梵文:anittya):这种理论以经验为基础,以生灭为关注点。
(2)**有漏皆苦**(巴利文:dukkha;梵文:duhkha)。
(3)**诸法无我**(巴利文:anatta;梵文:anatman):任何存在都没有一个不朽的个体自我。

三法印集中体现了佛教对印度宗教与哲学传统自我观的反动。《奥义书》传统赞成自我不朽的观点(Kalupahana 1976:38-39),佛教则认为,自我由五蕴构成,所以自我是无常的,永远处于变化之中;这一现象之我乃是一系列的因所导致的果。不能把握三法印就会产生悲苦。为了解释五蕴如何运作,赫尔维茨和蔡提到,一个不能正确理解自我与生存的人,就会产生更大的苦:

> 生死轮回的根源在于无明,亦即是深层的妄念,以为独立个体与永恒是存在的。但是,实际上它们并不存在。由无明,生命体滋生包括欲望在内的各种心理现象,随欲而来的则是企图将物据为己有……五蕴构成现象层面的自我,举凡言、行、思,无非五蕴之和合,其特质亦随五蕴而变。这种过程贯穿一生。死亡来临之际,存在者的非物质部分与物质部分相互分离。其中的非物质部分,就是其他体系所谓的灵魂的构成要素,它会携带前生之业所造成的果,在十界(存在的十种境域)之中获得另一种存在形式……(1999:416-417)

自我是与他者相离的个体,这一错解交织着一种不正确的因果观。如果每一自我都被视为个体或独立的存在者,那么,因果关系当然就是线性的了。然而,在佛教哲学看来,在过程与事件的背后,有一条彼此相待的因果链。据此,存在是一直变易的过程,其中的存在者彼此关联,一者的变化牵连着他者。复杂的因果关系及其引发的现象不仅属于物理界,同时也属于心理界及精神界。佛教因果观,又称因缘观或缘起观,有以下几个明显的特点:

(1)因果事件是实在的,不仅仅存在于感知之中。
(2)缘起具有某种必要性,因为一切存在缠绕于彼此相待的因果之中。
(3)缘起容许有规则性;因果有其一定的模式。说某事是"偶然"的,那只是因为我们对那种情形下发生作用的具体因果过程无所知。
(4)缘起是条件性的,也就是说,事件或后果既非严格决定,又非纯属任意。

佛教因果观的这些特点与当时的各种因果观针锋相对。因果事件是实在的(第一点),这是针对某些《奥义书》思想家的唯心论主张:作为精神的构造物,因果关系没有客观实在性。强调必要性(第二点)与规则性(第三点),这是试图反对佛陀在世的时候流行的一种非决定论。因果性是条件性的(第四点),则标志着佛教着眼于过程,而非(个别的)人或事。任何事件都有必要性、规则性和条件性。因此,因果模式提供了事件的部分图景。但是,我们同时也必须理解因缘塑造的环境以及事件牵涉中的具体因果和事物。当然,必须记住,仅从这些方面来讨论一个事件,仿佛可以把它包围限制起来,这并不完全恰当,因为一种情境所产生的后果将会成为后续未来"事件"的条件。时间中的事件只是一张张在某个时间点上凝固的快照。这种因果缘起说合乎中道,也就是说,既避免两个极端(增益见和断灭见),又把它们统合起来:增益见以为自我恒存,断灭见以为死亡就是一无所有(Kalupahana 1976:27-29)。

在这样的概念框架之下会产生很多形上学的问题:感官现象与超感官现象之间因果互动的性质;现象层面的事物(诸如活生生的人体)如何生起;如何在无我的观念下解释现象层面的自我痛感和快感;人格的持存;对过去的知识,以及其他基于归纳推理的东西;心灵的性质;肉身死后业力继续流变的形上基础与认识论基础何在,等等。这些问题,有很多在早期佛教中并没有涉及,只是在后来得到了讨论。它们仍然是当代学界争论的话题。

缘起说有着重要的伦理学意蕴。自我在有条件的情境中既是行动者又是受行动影响者,因此,(基于独立自我的)自主意识和(以自我由外因所决定为基础的)宿命论都可以避免。作为行为主体,现象层面的自我受种种原因影响,同时自我所产生的后果又成为其他未来事件的条件。任何行为,或者说业(梵文:karma),无论在身体层面还是在精神层面,都会产生相关的果(梵文:vipaka)。从业的角度看,即便思维或思维过程也是作业;因此,培养八正道所说的正念与正定非常要紧。业的思想已见于早期主流的婆罗门传统与苦行传统(Kalupahana 1976:44)。在《奥义书》传统中,现象层面的自我能控制业。耆那教则认为,业一旦形成,就脱离了个体的掌握。佛教拒绝把业看成这样一种非时间的、被决定的东西。相反,它从因缘理解业。佛教的业观同时考虑了外部刺激、有意识的动机和无意识的动机。它也在一个动态的情境时间框架内考察后果,这框架既部分地决定于环境,同时又是特定之因的结果。依此,每一个别行为或思维的意义——它们由自我所担当——深远且复杂,因为它们的果将成为诸多未来事件的因。

业观关联着自我观。在佛教看来,真正的自我是一种心理—身体的自我(Kalupahana 1976:51-52),它实质上是持续不断的意识流,尽管和物质身体有所联系,但并不随此身体死亡而消失。另一方面,通过身体而示现的自我陷于生(巴利文/梵文:jati)死(巴利文/梵文:jaramarama)轮转之中。佛教反对将身体存在视为自我持存的主流看法。相反,它主张自我与身体存在相分,因此肉身存在的终结并不等于自我的终结。自我持存是轮回(梵文:samsara)背后的基础。轮回与业的观念引发了一种更加通俗、更加带有惩戒意味的伦理学。按照这种伦理学,若一意识流积聚了许多恶果,便会受到惩罚,使人在现世受报而遭遇不幸(Kalupahana 1976:49),或者在来世受报而转生为一种低于人的存在。这样一种理论固然能够自圆其说,但也引发了关于业与轮回更一般、更重要的问题,以及如何理解特定的作为和它对于意识流的意义二者之间的关系。另外,我们也不甚明了,不同意识流的出现或改变是否可以让作为一个"个体"的人经验许多不同的意识流。这些问题虽然在后来的佛教思想中得到探索,但是,早期佛教对它们的处理不够清楚,同时也很难令人满意。

涅槃(梵文:nirvana)观念也会碰上这些跟因果缘起说有关的问题。涅槃的字面义是"寂灭",也就是说,生死轮回的进程止息了。这不能被理解为仿佛自我的毁灭一般的消极义。相反,涅槃之寂灭意味着觉悟之后摆脱了欲求及其相伴随的失望。在最宽泛的意义上,涅槃指涤除一切欲求,尤其是对一个无待不变的个体之我的欲求。对这样一种自我的欲求本身无异于被奴役状态。作为获得这种解脱的个体,阿罗汉(arahant)既可以不断体验有条件之生命的方方面面又不为之所动(Kalupahana 1976:77)。阿罗汉所达致的理解水平超越对分别、永恒之自我的幻相。

佛陀逝世以后,佛教徒相信他已经涅槃。不难想象,佛陀教义,以及佛陀逝后往生何方引出了很多问题,对此的回答众说纷纭,其中一些经岁月的淘洗成为印度及后来东亚、东南亚不同佛教教派的根本学说。关于佛陀及佛性的问题也诱发了佛教教义的大分裂,即大乘(梵文:Mahayana)与小乘

（梵文：Hinayana）之间的分裂。佛陀逝世不久，便举行了第一次结集以校定佛说。这次结集或许可以看成是上座部的开端，而上座部正是小乘传统的重要特征（Kalupahana 1976:94）。同时，也出现了这样的问题：是否有面向普通信佛者的开示，因为他们也需要宗教的教诲（ibid.:95-96）。随着对普遍大众宗教伦理生活的关注，逐渐发展出了菩萨（梵文：bodhisattvas）学说：菩萨虽然已经成佛，却选择再次进入生死轮回以帮助他人成佛。菩萨的字面义为"智慧者"，它最初用来指称佛陀的前世肉身。按照这种看法，在生为佛陀的很多年之前，菩萨做了很多慈悲济世、自我牺牲的壮举。这些关于佛陀的故事被用来激励佛教的俗家弟子（Hurvitz and Tsai 1999:418）。

这种带有强烈利他主义色彩的学说后来逐渐演变为大乘佛教的基本特征。大乘号召普济众生，这一点不同于被蔑称为小乘的佛教旧义。通常认为，佛教旧义指的是上座部（巴利文：Theravada，意为"长老之道"）的教义。大乘将其称为小乘。因此，"上座部"与"小乘"同义。不过，我们用"上座部佛教"指称那种流布于斯里兰卡、传到现在最为古老的佛教教派，而"小乘佛教"则只是作为蔑称，指称非大乘的佛教。

从印度西北部传入中国的佛教基本上是大乘一系。佛教的传入让中国受益匪浅，在文学、哲学、艺术等方面尤为如此。在哲学上，佛教引入了中国思想家原本鲜加考量的因素，尤其是心的观念、时空观、心理现象和自觉的自我意识。因缘观念对于中国思想来说并非纯属外来，西汉开始就有中国思想家究心天人之际，即人与宇宙的关联。同样，大乘佛教出于利他主义考虑而暂不入涅槃的菩萨观跟儒家旨在促进人类之善的仁政观不乏共鸣之处。

第二节　佛教传入中国

公元1世纪，佛教文化的很多方面已经传入中国，这一点已有证据（Wright 1959:21-22），虽然现存文献对当时佛教文化的注意零零星星。这也清楚地表明，当时佛教对中国社会的影响微乎其微。大概公元3世纪之后，才有更多的人试图理解、解释佛教思想。大约从317年开始，佛教学说得到中国北方少数民族鲜卑族统治者的认可。鲜卑人后来建立了北魏王朝

(386—534年)。鲜卑人与汉人相互间充满敌意,冲突激烈(Wright 1959：55)。鲜卑人极力要保持自己不同于汉人的种族差异,对儒家意识形态穷追猛打。对他们来说,似乎有很多理由将佛教视为诱人的替代者。它起源于中国之外,带有神通的可能性,弘法高僧为胡人,这些都意味着鲜卑统治者在政治意识形态与政治策略方面不必依赖汉人(ibid.：56 - 57)。鲜卑统治者逐渐和弘法高僧及僧众建立起密切关系,他们相信,佛法将保佑支持它的君主。不过,佛教并没有普遍或长久地获得如此强大的国家庇护。一些君主警惕僧众不断增强的权力,并对他们进行了迫害。而且,在汉民族占据的中国南方,佛教徒与君主之间的关系显得更为模糊不明(ibid.：42 - 64)。

就更为宽广的层面上,中国社会对道教的宗教实践兴趣浓厚,追求长生不死的药方与方术在汉代及汉以后颇为发达,很多人转向佛教另觅成仙的线索(Hurvitz and Tsai 1999：421)。有一段时间,人们甚至普遍认为,道士与僧人本无二致(Fung 1953：240)。围绕佛教传入中国的各种问题影响了中国佛教及中国哲学随后的发展。此外,对佛教的早期回应——猜疑、译介、接收、检讨与采纳——揭示了中国思想家在转渡与理解佛教观念时所运用的哲学方法的重要方面。

在佛教翻译的早期,传法的印度僧人不谙华语,与他们共事的中国人又几乎不通印度或中亚语言,其困难可想而知(Wright 1959：35)。在这个公元3、4世纪的初始阶段,译笔过于简陋,只是采用汉语中现成的术语,似乎并没有用佛教思想本身的术语略加检点或评估。芮沃寿(Wright)描述了当时浅陋的翻译状况:

> 比如,人们深怀敬意的古语、道家哲学的核心术语"道",有时对译佛教术语"dharma"(法),有时用来翻译"bodhi"(菩提)或"yoga"(瑜伽)。道家指称不死者的术语"神人"(或"圣人")用来翻译佛教名词"Arhat"(阿罗汉,意为"彻悟者")。"无为"用来对译表示终极解脱的佛教术语"nirvana"(涅槃)。儒家所讲的"孝顺"则被用来翻译更一般、更抽象的梵语词"śīla"(戒律)(1959：36)。

这种"格义"的名相"拉郎配"反映出当时未能注意到佛教哲学背后的预

设及概念框架。它从根本上排除了佛教可能对中国有所贡献的任何新东西或任何有意思的东西。从我们对"道"、"无为"、"孝"这些中国观念以及佛教的了解来看,这显然会造成对佛教哲学及中国哲学双方面的严重误解。慢慢地,一种更精致的格义形式发展出来了——可能反映了某些学者将格义理解为"类比的方法"(Fung 1953:241 - 242)。运用这种更加发达的方法,人们更多地从佛教自身的术语思考佛教思想,而不是将它们归约为中国哲学的观念。换言之,所用的方法是类比,而不是过简的翻译。比如,用儒家的五种美德("五常")类比佛教居士行为的五个方面("五戒")(Wright 1959:37)。《高僧传》记述,慧远(334—416 年)运用格义颇见成效:

> 年二十四便就讲说,尝有客听讲,讲实相义。往复移时,弥增疑昧。远乃引庄子义为连类,于是惑者晓然。①

不过,格义这种方法利弊相参。它固然有助于中国思想家进入佛教思想,但很多类比还是流于牵强,很不准确,造成许多误解(Fung 1948:242)。至公元 5 世纪,经过一番大争论,格义才弃置不用。尽管这个时期的很多佛经翻译仍然沿用中国哲学尤其是道家术语,译经家已经更加注意用佛教本身的术语仔细检讨佛教概念的涵义,从而贡献出更加忠实稳靠的译本(Fung 1948:242)。

证明佛教渐渐在中国社会站稳脚根的另一类原始资料则是为佛教辩护的护法文字,它们试图捍卫佛教,向中国读者阐明佛教与中国本土观念的相通之处,或者进一步赞扬佛教的长处。护法文字的存在,显示出中国有更多的人开始了解佛教,而为佛教观念辩护已成为当务之急。佛教思想有很多特征与中国的文化和传统格格不入,这些方面只有得到充分的解释才会被人接受。主要的差异包括:中国人的世界观重家庭与家庭责任,重礼仪规范,提倡经济上要谨慎,相信人是有限存在;与此相反,佛教主张僧伽生活,提倡慷慨乐施,相信轮回(Wright 1959:38 - 39)。芮沃寿提到,护法文字对于研究两种传统的交涉具有特殊价值,因为"有必要进行辩护之处必定是两

---

① 慧皎:《高僧传》,转引自 Fung 1953:241。(慧皎卒于公元 554 年。)

种观念体系冲突最大之处"（ibid.:38）。《理惑论》这篇早期的护教文献涉及很多问题，包括中国经典何以没有提及佛教思想、沙门剃头、沙门独身不娶、佛教生死观与轮回观、佛教思想乃夷狄之术等。① 独身不娶不合中国人的想法，《理惑论》的作者牟子论证说，有些东西比家庭生活更重要：

> 牟子曰："……妻子财物，世之余也；清躬无为，道之妙也。《老子》曰：'名与身孰亲？身与货孰多？'……许由栖巢木，夷齐饿首阳，孔圣称其贤曰：'求仁得仁者也。'不闻讥其无后无货也。沙门修道德以易游世之乐，反淑贤以贸妻子之欢。"（De Bary and Bloom 1999:424）

中国社会接受佛教，另一重要迹象则是公元3、4世纪间出现了佛教思想的七大流派，即"七宗"。除本无宗在北方之外，其他六宗都在南方。② "七宗"的特点可以概括如下：

(1) 本无宗

此为道安(312—385年)所宣，谓一切诸法（包括色、受、想等五阴[five skandhas]③）本空。道安以为，其他六宗拘于格义，未能达佛之真谛；名相"拉郎配"的办法不能充分把握佛家空义，而空是一切存在的基础。(Chan 1963b:338)

(2) 本无异宗

此宗与本无宗极为相近，也强调空的先在性与重要性。二宗之别，在于本无异宗以《老子》"天地万物生于有，有生于无"之说解释空。（Fung 1953:248）

(3) 即色宗

当下我们所经验之色并无自性，因缘而成，故曰色空。即色宗进一

---

① 《理惑论》刻画了佛教教义捍卫者牟子的形象。《理惑论》的成书年代及作者均不详。该文部分文字收录于 De Bary and Bloom(1999:421-426)。
② 吉藏(549—623年)所著《中观论疏》及日本僧人安澄所著《中观疏记》记载了六家七宗的情况。可参见冯友兰《中国哲学史》中的概述(1953:244)。
③ 这是五种不断互相作用的要素或过程。汉语中的"阴"与"阳"相对。

步发展为两派。一派认为,有某些东西存在于我们直接经验到的事物背后,它们并不为空。这一看法建立在"粗色"(我们的经验对象)与"细色"的区分之上。另一派批评此说,认为粗色是空,不可见的细色也是空。(Fung 1953:248-252)

(4) 心无宗

借用当代哲学的术语来说,此宗着眼于"心与世界"二者的认识论区分。它主张,圣人之心是无,万物未尝无。事实上,它明确肯定色为真色,有为实有。所谓圣人心"无",是说圣人对天地万物无所算计。凭借这种完美的理解(全知者的品格之一),圣人之心摆脱了对物的迷执。心无宗在形上学与认识论之间灵巧腾挪,认为形上学陈述——诸如色空——实为细察人心的认识论问题。

(5) 识含宗

存在的一切现象皆为幻影,如梦中所见。梦觉时分,生出幻影的心识也就熄灭了。这时,心空,无所从生。(Fung 1953:256-257)

(6) 幻化宗

俗谛,即日常"真理"层面的一切法皆如幻化。不过,心神犹为不空,因为必须有理解和体现佛法的能力或接受者,真心才能获得第一义谛,即最高真理。(Fung 1953:257)

(7) 缘会宗

有,起自因缘的会合,这叫作世谛,即世俗的真理;因缘消散则无存在,这叫作第一议谛,即最高真理。(Fung 1953:257)

东晋时期(317—420年),中国佛教在士大夫之中已颇为风行。七宗所讨论的主要问题,即有无问题对随后佛教哲学的讨论影响甚巨。有关七宗的记载尽管只留下残篇断简,依然标识了中国思想史的重大转折点。中国本土哲学,尤其是道家哲学深刻影响了在中国的佛教思想。它表明,有别于印度佛教的中国佛教开始发展起来了。

中国佛教发展史上的另一桩大事,则是公元401年鸠摩罗什(Kumarajiva)法师抵达长安。有位王室施主支持鸠摩罗什译经。诸多俊彦专家参与了鸠摩罗什主持的事业。它的意义不止于翻译,因为译经事业还激发了诸多义理讨论,并促使人们对勘不尽完善的旧译同新译(Wright 1959:62 – 63)。芮沃寿认为,这项事业直接影响到佛教在中国的后续演化:

> 大乘佛教的观念以前所未有的清晰和准确在汉语中得到呈现。[比如,]龙树的"空"(śūnyatā)观摆脱了曾经遮蔽曲解它的道家术语。空观,以及关键的佛教教义变得可以理解了,从而为随后中国佛教独立发展的伟大时代奠定了充分的思想根基。(1959:63)

这项事业之所以影响深远,一方面是因为佛经的质与量大幅度提高,中国思想家得以探入佛教思想之堂奥,另一方面,很多与鸠摩罗什共事的僧人与思想家从中受益。他们进一步阐发已深受中国影响的佛教要义,但他们所受的影响不能化约为简单的同化。鸠摩罗什的两位弟子显得尤为出类拔萃。一位是僧肇(384—414年)。僧肇先前曾习过老庄。他提出独特的中道论来解决一系列问题,包括物不迁,不真空。他讨论色空,批评心无、即色、本无等七宗思想,指出它们执一偏之见,仅仅强调空或无。受道家哲学的启发,僧肇运用概念对子的辩证互动来说理:动静、因果、为无为、常断、今昔、迁不迁、有无、穷无穷、名实,等等。(Fung 1953:258 – 270)

鸠摩罗什另有高徒道生(355—434年),他讨论的话题更关乎修行,比如报应、觉悟。他最显著的贡献可能在于教法、语言与宗教开悟之关系的讨论:一旦了悟,须应忘言(符号)。这一看法带有道家色彩。跟道家一样,它关注语言文字的不完备和智慧的不可说。道生同样运用特见于《庄子》的喻象;他以言为"筌",得鱼则忘筌。这一修习理论贯通道生的顿悟说:真理既为确定的统一体,所谓"理归一极","一乘"之悟只能是一了百了的顿悟。此说颇受质疑,与渐悟相关的修习与戒行之意义在这里大打折扣。包括僧肇在内的其他僧人反对顿悟说。道生否定语言,强调直觉式的理解,在后来发展出来的禅宗那里我们不难找到类似的观点。

第三节　公元 5、6 世纪的中国佛教

佛教哲学在中国日渐风靡,不同思想家因所读佛经不同、对佛经解释不同,不免产生教义上的分歧。佛经卷帙浩繁,但既然都为佛说,理应融贯一致。① 中国思想家对大乘的兴趣远远超过小乘。上座部经典在印度经过数度集结得以确定,相形之下,大乘经典没有经过集体或正式的认定工作,不仅与小乘矛盾,彼此间亦龃龉不合(Hurvitz et al. 1999a:434)。大乘典籍性质如此,融贯义理的工作自然更加艰难。中国佛教思想家的处理办法是将佛教文献排序,宣称某一文本或某一组文本为最终或最高的佛说。此即所谓"判教",也就是对教法进行分类:

> 盖中国佛教经典,本非一人一时所作,其间不少冲突或不一致之处。中国宗教家既信所有佛教经典皆为佛说,故对于其所以有冲突或不一致之原因,设法解释。大约以为佛之施教,因时因人不同。(Fung 1953:284)

南北朝之后的隋代(581—618 年)佛法兴盛。至唐代(618—907 年),不同特色的教义发展出来了,与此相应,则可以区分出不同的宗派,它们或重义理,或重修行。既然本书主要研究佛教哲学,那么我们就把注意力集中在义理派。当然不应忘记,即便时至今日,重视修行的净土宗也许依然是中国及亚洲其他国家或地区流传最广的佛教。净土宗属于大乘,相信有一方净土,那里没有尘世的诱惑与污浊(Hurvitz et al. 1999b:482)。净土宗教义说,佛的世界在衰败,众生几乎不可能得涅槃。为了应对这个问题,净土宗提出一种基于阿弥陀信仰的解脱理论。阿弥陀在成佛前行菩萨道,发四十八愿,其中一愿便是,众生呼唤他的名字"阿弥陀佛"就可以往生净土获得解脱。

现在我们转向公元 5、6 世纪间发展出来的各家佛教学说,它们或多或少

---

① 赫尔维茨等人认为,中国的思想家并没有意识到,从印度传入的佛典本就充满宗派间的分歧,因此他们从佛典中寻找一致性的努力往往并不成功。

都受到了中国哲学论题或概念的影响。

三论宗

这一派宗奉龙树(Nagarjuna,150?—250年)的中观(Madhyamaka)学说,由鸠摩罗什引入中国。此宗得名于中观学派基本的"三论":《中论》、《十二门论》及《百论》。依中观学派,感官所认知的现象界并非实相。以现象界为实相,这种幻觉好比一僧病眼,无法准确"视"物,把事实上不存在的东西理解为实在之物(Hurvitz et al. 1999a:436)。实相即空,即涅槃,即佛性。与日常世界中的现象不同,空是绝对的、不变的。

吉藏(549—623年)是三论宗哲学最主要的代表。他的哲学因二谛义知名。二谛即世谛与真谛,是两种不同层级的真理。世谛属于这个世界,真谛属于本体界,为背后的实相。二者类似于现代形上学所区分的现象与实在。依吉藏,二谛有三重。第一重最简单,有为世谛,无为真谛。第二重同时考虑了有和无:肯定有或肯定无,都是世谛,既否定有又否定无才是真谛。在最复杂的第三重,肯定或否定都是粘滞于现象界的粘滞:肯定有或肯定无是世谛,既否定有又否定无也是世谛,只有对有、无皆不作肯定或否定才是真谛。卜德(Derk Bodde)曾做三重二谛图解如下:

三重二谛

世谛	真谛
(1)肯定有	(1)肯定无
(2)肯定有或无	(2)否定有和无
(3)肯定有无,或否定有无	(3)不肯定有无,不否定有无①

三重二谛以辩证的方式由低到高:由第一重世谛到第一重真谛,然后进入第二重;再由第二重世谛到第二重真谛,然后进入第三重,等等。卜德写道:"通过一系列不停的否定之否定,以至于无所肯定无所否定,最终达到最高层级的真理。"(in Fung 1953:295)不过,依三论宗,在更高的真理中发现

---

① 引自卜德的译者注,Fung 1953:295。

涅槃,同时又毋需从世谛的(有待)生活中抽身而出。慧由定生,禅定是洞见真理之途。三论宗在公元9世纪便衰落了。但吉藏的思想为后世佛教哲学所吸纳,他的很多著作得以保留,且影响了其他中国佛教学说。

唯识宗

唯识宗源自印度的瑜伽行派(梵文:Yogacara)。瑜伽行派与中观学派为大乘哲学两大分支。在唯识宗的发展史上,玄奘(602—664年)居功甚伟。他赴印度求法①,修习了世亲(Vasubandhu,约公元4—5世纪)的学说,后者与其兄一道在大乘经典的基础上创立了瑜伽行派。玄奘最重要的著作有《成唯识论》十卷。瑜伽行派认为,万物皆空,因为它们都是心识的产物,所谓万法皆空唯心所现。依此,玄奘提出一切感知对象仅是经验,由此否定物质具有根本的实在性。他以做梦的经验为喻,说明无法确证感觉经验的真实性。离开心识,对象无实在。或许我们相信存在园子、村落之类的"对象",玄奘论曰,它们在特定的时空——而非一切时空——中被看到,仅在此意义上可以说它们存在(Fung 1953:321 - 323)。也许可以这样表述玄奘的观点:我们对世间事物的感知"无法证明有任何独立存在的实体,一切感知都可以解释为在感知的心识的投射"(Hurvitz et al. 1999a:441)。

以认识论观之,这一学说主张,离开心识无物成立。意识的变化创造了我们所知的世界。对象是空的(没有内在的实质)。作为意识的创造物,对象也依赖于意识。玄奘主八识说。第八识即最高层级的一识叫作"藏识"(梵文:alaya-vijnana),为感知随时间而蓄积之处。一切行为,或善或恶,都在藏识中留下踪迹。藏识又名种子识,因它藏有世间出世间一切事物的种子。每一个体存在者都有各自的藏识,且不始于初生之顷。藏识如何"受熏",即如何受到经验的影响,唯识宗内部有不同的说法。藏识与个体的肉身存在不等同,它既先于个体的肉身存在,又在肉身消亡之后继续存在,这样便有藏识如何轮回的问题,对此唯识宗内部也有争论(Fung 1953:305 - 306)。藏识说还面临极端唯心论的困扰:如果存在藏识,那么一切事物是否归根到底都是主观的?这些问题类似于萦绕笛卡尔唯心论的那些问题,其

---

① 原文作"He journeyed to central Asia to study Buddhism",似误。——译注

中之一便是唯我论：一个人无法知道自己心灵之外的任何东西。主观性问题的一个解决方案，则是设置一个普遍藏识，它囊括了一切个体之藏识。然而，普遍藏识概念又会带来新的问题，因为有必要充分说明普遍藏识与非普遍藏识之间的互动与因果关联。有人提出交互主体概念，但其细节还有待阐明(Fung 1953:308-309)。

唯心论的唯识学试图以中道解决意识与日常经验之现象世界的关系(Fung 1953:319)。一方面，它主张只有意识存在，离开意识没有实在之物，另一方面它也肯定了现象界作为出于意识且不离意识的存在。当然，唯识学的中道理论有其限度。尽管它赞成现象界的存在（虽然只是作为意识的产物），但很显然现象最终应被消解，因为藏识中的印象须得净化。这样一种赞成极端唯心论的理论面临诸多无法解决的难题。很多问题似乎并没有得到充分解答，比如，人类感官能力与藏识之间的关系、普遍藏识与非普遍藏识（即藏识的个体表现形式）的区分、他心问题，等等(Fung 1953:309-310;326)。就修行而言，唯识论意味着要清空藏识。这样，一个存在者就达到了"如"（梵文:tathata）的境界。达此境界的途径在于修习瑜伽，唯识论的典籍对此有详细的指导。公元8世纪，唯识宗衰落，这或许是因为它的唯心论超出了中国人的想象力。①

天台宗

天台宗的影响力持续至今，在某些东亚国家与地区尤为如此。此宗因中国的天台山而得名，那是开创者智顗(538—597年)修行说法多年的地方。这一命名本身意味了非印度的起源，值得注意。当然，它的哲学根基在于《法华经》。②《法华经》这部大乘经流传甚广，它主要讲宗教修行，而不是系统讲义理。智顗注疏《法华经》，著有《法华玄义》、《法华文句》及《摩诃止观》"三大部"。

天台哲学强调"会三归一"，试图把下述三个主题和谐地统一起来：

---

① 冯友兰认为，唯识论乃是与常识极相违之说(1953:339)。
② 全称《妙法莲华经》。

（1）万法（梵文：dharma）皆空，依因待缘而起无自性故；
（2）万法为假，也就是说，在暂时假定的意义上，万物存在；
（3）既空又假才是万法的本性，才是中道。(Hurvitz et al. 1999a:444)

因为只有惟一的实在，所以空、假、中三者必须归入一。即三而一，即一而三，这里没有起点，或者说，究竟从哪里开始无关紧要，因为这是空、假、中三者的圆舞。与唯识宗不同，天台宗强调意识与现象相互关联：现象界为意识提供内容，另一方面，现象界又有赖于心识的认知，以便心知按照实相诠释现象。依此中道理论，意识与现象并非二元对立。这一点不同于唯识宗，后者把现象完全看成是意识的产物。智颢又以辩证的中道跨越止与观，或者说冥修的信仰与分析的智慧之间的鸿沟。智颢之世，中国南方佛教偏于哲学义理，中国北方佛教则热心于发展作为信仰与戒律的宗教面向。智颢既出身南方，又师从北方高僧，故能统合南北，主张冥修的面向与哲学的面向犹如鸟之双翼(Hurvitz et al. 1999a:444)。

就宗教与冥修的面向而言，天台教法设置了一个丰富多彩的现象界，它分为百界千如世间，包括地狱、饿鬼、畜生、人、天，以及佛、菩萨。天台主张，依《法华经》，佛有很多，众生皆具佛性。天台教法认为，每个人都具有开发佛性的内在能力，这一点颇近于孟子的人性论。但与后者不同的是，天台宗相信存在根本恶，即便是佛，恶也构成其本性的一个要素。智颢说，通过忏悔，以及一系列的净化过程可以对恶进行矫正(Hurvitz et al. 1999a:462–471)。

对于佛法内部的不一致之处，智颢解释说，不同的个体有不同的能力，因此佛法有必要适应不同层次的理解力。当然，他也说，最终只有唯一佛乘，人类尽管千差万别，却无不在它的范围之内。据鸠摩罗什译《法华经·方便品第二》，佛陀跟弟子舍利弗(Sariputra)对话，特别强调不同的论辩技巧，诸如经验性的例子(种种因缘)，类比(譬喻言辞)和义理阐发(演说诸法)等：

  舍利弗！诸佛随宜说法，意趣难解。所以者何？我以无数方便，种种因缘，譬喻言辞，演说诸法。是法非思量分别之所能解，唯有诸佛乃能知之……

  舍利弗！……[我]知诸众生有种种欲，深心所著。随其本性，以种种因缘,譬喻言辞方便力而为说法。舍利弗！如此皆为得一佛乘、一切种智故。(cited in Hurvitz et al. 1999a:447)

普遍佛性论拒斥了印度种姓制的假设。更要紧的是,它肯认了中国哲学中广泛存在乐观主义:每个人都可以修身。它把"佛"用作通名,也就是说,可以有很多佛。在此意义上,普遍佛性论强调了一切众生皆可成佛。

华严宗

华严宗的教法基于《华严经》。这部文辞素称华丽晦涩的经典描述了一种佛教宇宙观。依大乘传统,《华严经》为佛陀悟道之后初转法轮时所说之法(Hurvitz et al. 1999a:471),而且,佛陀意识到此经对于普遍大众来说过于深奥,随后就开始宣讲比较浅易的其他佛经。《华严经》很多基本思想跟大乘其他分支相近,比如,颂扬菩萨的慈悲心肠,倡导伦理上正确的行为。相同点还包括,对象无自性,没有独立的存在,所以是空的。这样的对象虚幻不实,乃是心识的创造物。世上无物持存。

中国华严宗有"五祖"之说,其中,杜顺(557—640年)被视为创立者,因为他奠定了这一宗派的独特品格。法藏(643—712年)则是最伟大的代表,他使华严教义更加完备,更加容易为俗家信徒所接受。他的《华严金师子章》以金师子为喻阐明佛法,用金狮子之金性和作为感知对象的狮子来例证一系列佛教观念。据说,《金师子章》撰于皇宫,当时,帝于佛法深义茫然不解(Fung 1953:340)。法藏于《金师子章》判教,将佛教诸派别整齐排列,每一派都是一整个真理的一方面(in Fung 1953:346 - 347)。其中,华严宗地位最高而小乘法最低。

第一层次,认识到对象无常无实在:"师子虽是因缘之法,念念生灭,实无师子相可得。"(Fung 1953:346)这是最基本的佛法,指的是小乘教义。第二层次,认识到"彻底唯空"(ibid.)。这是大乘始教。第三层次为大乘终教,认识到(实在或本体之)空并不妨碍现象之幻有,空有双存。第四层次,空有双泯,情伪(即错误的感官印象)不存,名言路绝。这是大乘顿教。第五层次,"情尽体露之法(即,一切感觉之事物呈现真实的本质),混成一块……起必全真"(ibid.)。一切即一,皆同无性。这是一乘圆教。

就哲学意蕴而言,华严宗似乎颇近于庄子的道家思想。它强调世界的多样性,万物之相待,非二元性,以及语言之可疑。唯识宗未能成功解释普遍意识与非普遍意识(个体意识)如何重合,相对于此,华严宗否认不同的精神构造物之间存在共同点。精神行为创造的多个"世界"各各相异。只存在惟一的真心,它是永恒的绝对者,括尽个体之心。法藏用大乘经典《起信论》说明"真如"是居于一切实相之核心的真正意识。不过,为了避免真如与现象界之间的二元对立,他把"多"纳入了思想体系之中。他用"一切即一"取代天台宗的"会三归一",主张宇宙的任一部分表现或反映整体:在每一存在者中,或者说,通过每一存在者,我们看到了一切其他存在者。① "一切即一"的思想在他那里得到了多方面的拓展,比如,用以肯定一切佛是一佛。尽管认为对象虚幻,法藏还是通过四法界说把它们整合进自己的觉悟理论。四法界包括:(1)理法界;(2)事法界;(3)理事无碍法界;(4)事事无碍法界。

在法藏看来,理法界为本体界,亦即实相。从哲学上看,他的"理"概念值得注意,在他之后,包括新儒家唯心论者王阳明(1472—1529 年)在内的中国思想家从这个佛教概念中吸收了很多东西。法藏强调理事(对象与事件)圆融,彼此相互渗透却无有妨碍。他以金狮子为例,说明对象无自性故空。狮子没有自己的存在,它的存在依赖于其他存在者(Fung 1953:342)。狮子固无自性,但它令人有一幻觉,即觉得它有种种性质,就这一点而言,狮子是有。所以,所谓空者,不是绝对的虚无,也不是在诸事物之外另有一物(Fung 1953:343)。法藏同时承认理与事,这跟一般的印度佛教倾向截然不同,后者认为,现象界是必须避开的幻相之源。法藏的无碍说把理与事带到一起。为了举例说明事事圆融无碍,法藏充分利用金狮子来论证整体之各部分相互依赖:

> 若师子眼收师子尽,则一切纯是眼;若耳收师子尽,则一切纯是耳。诸根同时相收,悉皆具足。(in Fung 1953:349)

---

① 在寻求统一和稳定的政治氛围之下,这种宗教—哲学观应该是很有吸引力的(Hurvitz et al. 1999a:475)。

这个类比或许不尽如人意。法藏意在证明一切现象（多）中的每一个都完整表现了一（绝对）心之总体。更吸引人的比喻是因陀罗网，见于《华严五教止观》：

> 然帝释天珠网者,即号因陀罗网也。然此帝网皆以宝成。以宝明彻递相影现涉入重重。于一珠中同时顿现。随一即尔,竟无去来也。
>
> 今且向西南边,取一颗珠验之。即此一珠能顿现一切珠影。此珠既尔,余一一亦然。既一一珠一时顿现一切珠既尔,余一一亦然。如是重重无有边际。有边即此重重无边际珠影皆在一珠中。炳然高现,余皆不妨此。(in Hurvitz et al. 1999a:473)

网上的宝珠即分即合,每一珠中现一切珠。对于一个包含多重实在的理论来说,圆融无碍这一观念非常重要。换言之,一个强调整体性、多元性的理论得以成立,必须涵括一个能够说明多者如何共存的秩序原则。危险在于两个极端:一个极端,多样性导致混乱无序,连表面上的整合或相待也没有;另一个极端,整体（或总体）可以主宰部分,万物丧失了自己独特的品质。在此意义上,"一切即一"的一乘教或许会将人引入歧途,因为它可能意味着同质而非多元的统一。也许,另一个说法"一却是多"可以更好地反映出,恰当的无碍应当是相待意义上的无碍。法藏特别提到承认并保持"多"的重要性:狮子的五官不同于整头狮子,它们都是独一无二的。它们皆因缘而起,就此而言是相似的。它们合在一起构成狮子,就此而言则属于一个整体。冯友兰①引出金狮之喻的一般涵义:

> 就现象世界中一事物而言,其事物之全体是总相;其中之各部分是别相。此事物及其各部分,皆由缘起,是同相;各部分是各部分,是异相。各部分会合成此事物,则此事物成;此是成相。各部分若不会合而

---

① 此处原文作"he",承上指代法藏。这可能是作者把下面冯友兰的解读误认作法藏思想了。——译注

只是各部分,则此事物坏;此是坏相。① (Fung 1953:355)

无论是在学说上还是在实践上,法藏都承诺了现象界的多样性。《宋高僧传》有一则轶事:

> [法藏]又为学不了者设巧便,取鉴十面,八方安排,上下各一。相去一丈余,面面相对,中安一佛像。燃一炬以照之,互影交光,学者因晓刹海涉入无尽之义。② (cited in Fung 1953:353)

在究竟义上,法藏强调佛教真理的理解是直觉式的顿然彻悟。顿悟超乎名言,拒斥分析,在根本之处乃是反语言的。顿悟说引起了不少争端,因为,如果它是对的,那么就意味着渐修无益于实现解脱。进而言之,如果觉悟主要靠直觉,那么,无论是行善的实践,还是遵守道德准则与清规戒律的生活似乎都是徒劳无益之举。这些问题,以及认为觉悟本质上是精神过程的看法都影响着禅宗的论争。

禅 宗

20世纪初,日本著名学者与翻译家铃木大拙(1870—1966年)把禅宗介绍到西方。因此,比起"Chan Buddhism"的称呼,英语世界更熟悉"禅"的日文发音"Zen"。"禅"是梵文词"dhyana"音译"禅那"的略称。在英语中,"dhyana"往往译成"meditation"(沉思),这个译法比较随意,因为更准确地说,"dhyana"指的是冥想,而非冷静的理论思考。关于禅宗的起源有很多传说,当中牵涉到直承佛陀的法统,传法的方法,在印度的起源等。按照流行的看法,佛陀曾以教外别传的方式传法于一位弟子,这种教法的后续传承主要也是靠口耳相传,从一代祖师传到下一代祖师,直到第二十八祖菩提达磨

---

① 冯友兰:《中国哲学史》,上海:华东师范大学出版社,2000年,163—164页。按,"各部分若不会合而只是各部分,则此事物坏,此是坏相",与这一节文字相应的英译原著未引。——译注

② 同上,163页。——译注

（Bodhidharma，？—536年）将教法传入中土。因此，他被尊为中国禅宗的始祖。五祖弘忍（605—675年）之后，禅宗南北分裂，各奉祖师，北方以神秀（606？—706年）为六祖，南方以慧能（638—713年）为六祖。大约经过一个世纪的对峙，慧能的弟子神会（668—760年）最终得到唐王朝的承认，成为禅宗之正统。

按照当代学者的看法，禅宗的印度传法统系虚构不真，是否有菩提达磨这样一个人在传说的那个年代将禅宗传入中国亦甚可疑（Fung 1953:386 - 388;De Bary and Bloom 1999:492 - 493）。不过，有神秀、慧能两派，则合乎历史实情（Fung 1953:388）。从哲学的角度看，两派的差异颇有意味，因为彼此的争论重演并抓住了中国佛教在教义上的诸多分歧。慧能的很多思想，包括他对神秀的回应载于《坛经》。这部著作权尚有争议的经典收有慧能传记，以及慧能施法的多篇记录。① 尽管关于慧能的信息以及其他历史细节有不确定之处，《坛经》仍是中国禅宗哲学的奠基之作。它展示了慧能哲学的诸多面向。为了阐明他的思想，我们将引用冯友兰对禅宗特质的五点概括（1953）。这一概括的确很好地总结了禅宗哲学，同时也非常有助于说明南北宗之间的差异。② 五个特点如下：（1）第一义不可说；（2）道不可修；（3）究竟无得；（4）"佛法无多子"；（5）"担水砍柴，无非妙道"（1953:390）。③

（1）**第一义不可说**：因第一义所拟说者，都在'攀缘之处，绝心之域'。"（Fung 390）无论是要展示慧能哲学，还是要说明它与北宗之别，第一义（第一原则）非常要紧。有二偈与第一义相关：

---

① 根据传统的看法，《坛经》由慧能的一位不知名的弟子所编。最近学界认为，它的编者是一位来自其他佛教学派、但对禅宗思想所有了解的僧人。《坛经》在流传过程中时有增补。1967年，菲利普·扬波斯基（Philip Yampolsky）出版了《坛经》敦煌本的权威译本。敦煌本是现存最早的版本。不过，敦煌抄本错谬颇多，可能由一位文化程度较低的人所抄录。
② 冯友兰说，禅宗中底人，无论对"无"的理解如何，都会主张他所说的五点（1953:390）。这一断言值得商榷，因为冯友兰接下来讨论的那些原则北宗可能都不会认可。
③ 冯友兰《中国哲学史》卜德英译本"禅宗"一章的主体内容与原本不同，系采自 Fung Yu-lan:*The Sprit of Chinese Philosophy*, trans. E. R. Hughes, London: Kegan Paul, 1947, pp. 157 - 174. *The Sprit of Chinese Philosophy* 即冯友兰《新原道》之英译。——译注

身是菩提树,心如明镜台,时时勤拂拭,莫使染尘埃。(《坛经》)
The Body is the *bodhi* tree,
The mind is like a clear mirror.
At all times we must strive to polish it,
And must not let the dust collect.
(*Platform Sutra*, trans. Yampolsky, in De Bary and Bloom 1999:496)

菩提本非树,明镜亦无台,佛性本清净,何处染尘埃?(同上)
The *bodhi* tree is originally not a tree,
The mirror also has no stand.
Buddha-nature is always clean and pure;
Where can it be stained by dust?

(ibid. :498)

第一偈相传为北宗神秀所作,它主张开悟的人心明如镜。据此第一义,它提倡不懈地逐步擦干净镜子。这个过程要求警惕和勤勉,不然镜子就会蒙尘。反对它的第二偈相传出自慧能。依此偈,本来无物,没有菩提树也没有明镜。吊诡的是:断言无物,这恰恰是对无物本身的确认,因而也就是表达不可表达者。慧能之偈认识到了这一点。慧能以本来无一物为第一义,由此主张无有尘埃。而且,无有尘埃则明镜不必擦拭,其隐喻之义则是说修身毫无意义。二偈鲜明表达了两种不同的觉悟观:依(北宗)第一偈,觉悟是(渐修)过程;依第二偈,觉悟是(瞬时)状态。① 前者更接近于中国尤其是儒家的修身理论。修身理论通常要求艰辛的身心努力以及克己之功。顿悟说并不承认有通往觉悟的渐进之路,相反,它主张,顿悟当下即是,或者说无时间性。顿悟不会改善过去,也不会积极影响未来,它只拥抱觉悟的时刻,即当下。

(2)**道不可修**。依北宗,修道是有心的作为,以"见"为核心观念。所谓"见",就是看到真理,看到无或空。相反,南宗之修——如果我们可以称之

---

① 冯友兰将顿悟说追溯至道生(1953:388)。

为"修"——以"观"为要义。"观"不如"见"积极,前者近乎冥修状态下的意识,而后者接近于感知与诠释过程。慧能讲,即便断定非一、非多、非存在,那也是在作判断,因此也是行。这将接着造更多的业,因为精神行为同样引发业。无也不要去肯定,因为以无修身、坚持无都意味着受缚于无。为了避免造更多的业,必须无修之修。无修本身即是修(Fung 1953:393-394)。

(3)**究竟无得**。慧能所主之顿悟没有对象,北宗则以心作为觉悟之心所寻求的终极实相。依北宗,终极实相需要寻求,寻求的目标就是真实的纯净之心。在《坛经》这部南宗经典看来,此种"坐禅"看心的法门甚为可笑,它会连带着"起心看净",即用本净之心寻求实相(in De Bary and Bloom 1999:501)。《坛经》明确拒绝实相的对象化,它用了非常哲学化的语言说道:

> 净无形相,却立净相,言是功夫。(《坛经》)
> Purity has no form, but nonetheless, some people try to postulate the form of purity and consider this to be Chan practice. (ibid.)

按照慧能哲学,知识的恰当对象不是外物——甚至也不是空或无——而是自己的心。北宗把心理解为实现觉悟的工具,与此不同,南宗的心被视为自我的根基。没有主体之心与客体之心的区别。这种顿悟没有对象。这里,我们可以看到一种早期中国哲学所没有的现象:模糊识(作为主体的心)与心(作为客体的心)的区分。祛除主客二分就不会有他心问题,也就避免了华严宗所碰到的困难。依慧能哲学,一切心相近相同,因为人人皆有同样的心,它在任何时候都可能开悟。觉悟者可以(不假思索)直接接近他者之心。既然每个人的心都是一样的,一个人就可以合理地谈及其他觉悟的心。当然,这并非积极的知识,因此也就无所得。

(4)"**佛法无多子**"。这是说,圣人的生活,跟平常人的生活无异。北宗既然只认无染的净心为真,自然也要求超越现象世界。就此而言,它颇近于唯识宗的极端唯心论。此外,北宗也认为,修心是艰辛的渐进过程。"佛法无多子"之说,把北宗的重修贬得一文不值。依慧能之说,并没有秘密;唯一的秘密在于,人们不明白觉悟很简单。

（5）"担水砍柴，无非妙道"。这是接着"佛法无多子"讲的。慧能认为，觉悟不需要脱离世俗活动。因此，所谓"净土"指的是心净，而不是任何"真实"的实体或地方。南宗没有对终极实在的玄玄之思。相反，它关注精神觉悟。《坛经》云：

> 东方人但净心无罪，西方人心不净有愆。迷人愿生东方、西方者，[悟人]所在处，并皆一种……何须更愿往生[西方]？
> ... people of the East [China], just by making the mind pure, are without crime; people of the West [the Pure Land of the west], if their minds are not pure, are guity of a crime. The deluded person wishes to be born in the East or West; [for the enlightened person] any land is just the same... Why should you seek rebirth [in the Western Land]? (in De Bary and Bloom 1999:502)

南宗同时还否定了大多数佛教派别所坚持的净心与现象界之二分。像天台宗一样，慧能及其追随者没有拒斥现象界。在他们看来，拒斥现象界的做法跟实际的精神觉悟不相容。砍柴吃茶不碍觉悟。悟道之士也像常人那样做平常事，只是做事对于悟道之士的意义不同于平常人。活动本身无善无恶。如果给它们贴上善恶的标签，即便用了反习俗的方式，也要受到这些价值的束缚。慧能用二元论的术语描述了判断与区分的危险：

> 内外不迷，即离两边。外迷著相，内迷著空。(《坛经》)
> If within [the mind], and without [in the activities of the phenomenal world] you are not deluded, then you are apart from duality. If on the outside you are deluded, you attach to form; if on the inside you are deluded, you attach to emptiness. (in De Bary and Bloom 1999:503)

南宗的影响逐渐盖过北宗。南宗思想更接近道家尤其是庄子，比如空无只可默契，又比如道不离世间。(《庄子·知北游第二十二》载，有人问道何在，庄子回答说道在屎溺。)跟庄子一样，禅宗同样需要解决以精神觉悟为旨向的交流活动所面临的悖论,因为在究竟义上,精神觉悟拒斥语言。禅宗在唐代得到进一步发展。而且,跟顿悟说相应,发展出了名为公案(日文词及英文新词:koan)的吊诡式言说。公案用来挑战日常逻辑,具有"冲击价值"。著名的公案包括"狗子有佛性无?"之类的谜语,一僧因被要求斋后洗碗(暗示禅的易简)而开悟之类的故事,风动还是幡动(慧能回答说心动)之类的质问,等等。① 这些公案与其说是知识性的,倒不如说是暗示性的,它们引发读者或听者的反思。它们的启悟功能让我们想起前面提到过的语言悖论:如果语言与真理两不相谐,那又何必费心读经或思量公案?② 随着禅宗的演变,一系列公案被设计为开导程序,这一点看起来有悖于慧能祖师的无修之训。此外,禅宗另有作惊人之举以便顿悟的法门,有些还很暴力,比如棒打鞭策:

> 这些公案往往无法口头回答,这可以部分解释,为什么这些故事中时有棒喝或手势。故事中的徒弟常常感觉敏锐,领会能力极强,所以师傅的一句呵责、一声训斥或一记棒打都会促使他们觉悟真理。(De Bary and Bloom 1999:492)

一个有意思、但同时令人遗憾的现象是,禅宗本来应该大大发展它的哲学之思,但它现在却主要以修行见称。禅宗究竟是哲学还是修行,当代学界对此有不同的看法。③ 慧能没有考虑外在于自我的形而上学实在,而它却是哲学的根本问题。禅宗通过公案实现精神觉悟,这一点在现代语境下发展出了一些类似于心灵自助的东西,帮助个体从日常生活的操心中解脱出来

---

① 这些例子出自中国僧人无门 1228 年所编的《无门关》(日文名为 *Mumonkan*)。另一个有名的公案集是《碧岩录》,编撰于 1125 年北宋年间,之后由圆悟克勤禅师(1063—1135 年)扩充成现在的规模。
② 成中英的论文《论禅宗语言和禅宗悖论》('On Zen Language and Zen Paradoxes')提出禅悟公案中的悖论问题(1973)。他的讨论激发了很多对于悖论的回应。
③ 可参见罗思文《禅宗是哲学吗?》('Is Zen Buddhism a Philosophy?')一文的讨论。在 De Bary and Bloom 所编的原始资料集中(1999),禅宗被归为"佛教修行派"而非"佛教义理派"。

以获得安宁。如果这些公案可以促使凡夫俗子进行反思——不管是否能达到禅悟——它们就在事实上推进了哲学运思的一个核心目标。

第四节　中国佛教

至唐代,中国佛教在伦理、宗教、思想等层面都已经和印度大相径庭。中国佛教整合了很多作为中国哲学有机组成部分的思想观念,从而形成了自身鲜明的特色。比如,现时代中国很流行的净土宗认为,净土也有人伦关系。中国人对大乘佛教更感兴趣,因为大乘宣扬菩萨为了救助其他人开悟而推迟涅槃回到尘世。这反映出,在中国人的意识中,涅槃最重要的方面在于觉悟者就是伦理—社会意义上的领袖,就好像儒家的典范人格或道家的圣人。① 中国佛教如何发展出自己鲜明的特色,我们也可以从前面提到的很多方面看到,比如,修身的概念与途径、有无的对立、关注人的不死、不同宗派的辩证方法。当然,这不是说这些论题不见于印度佛教,而是说,中国佛教教义在阐述它们的时候吸取了中国哲学很多概念与方法。

当然,另一方面,中国佛教形成自己的特色始于综合印度哲学与中国哲学的要素。我们可以从中国佛教不同宗派如何处理二元性这一重要问题来看这种综合达到了怎样的程度。二元性是佛教哲学一个基本的概念问题,它涉及佛教义理的诸多方面,比如,真心与假有、实相与虚妄、解脱与痛苦、有与无、存在与非存在、心识与肉身、恒常与无常、善与恶,以及无待与因缘。总体上看,中国佛教一大特色是,不同的宗派都采取中道的方式解决二元性问题。明显偏好绝对真理的三论宗是唯一一个坚持两种真理,即世谛与真谛截然二分的宗派。其他宗派都采用中道策略来涵摄相对立的二元。唯识宗在比较弱的意义上采用中道。它虽然贬低现象界,但还是承认其在人类生活中的位置。天台宗试图融通心识与现象界,就此而言,它的中道进路更加明显。华严宗不仅以中道处理心识与现象界,同时像庄子的视角主义那样强调万法相待。采取辩证与中道的进路,不寻求抛弃此岸生活,此可谓中

---

① 陈荣捷在《中国佛教的演变》('Transformation of Buddhism in China')(1957 – 8)中探讨了中国佛学的显著特征。

国佛教的一般倾向。就其影响中国哲学的后续发展而言,中国佛教在中国思想传统中占有独特的位置。佛教的许多论题出现在韩愈(768—824年)和李翱的哲学中,也出现在两宋新儒家的学说之中(Lai 2003:18)。这些观点又进而推动了宇宙论的形成,而宇宙论主导了公元9至11世纪中国的思想争论(Fung 1953:407-433)。这些观点甚至也促进了后来新儒家哲学的建立。

延伸阅读建议

Chan, Wing-tsit (1957-8) 'Transformation of Buddhism in China', *Philosophy East and West*, vol. 7, no. 3/4:107-116.

Fung, Yu-Lan (1953) 'Buddhism and Its Critics During the Period of Disunity', in *A History of Chinese Philosophy* (translated by Derk Bodde), vol 2. Princeton: Princeton University Press: pp. 237-292.

Hurvitz, Leon and Tsai, Heng-Ting (1999) 'The Introduction of Buddhism' in Wm Theodore De Bary and Irene Bloom (eds.) *Sources of Chinese Tradition: From Earliest Times to 1600*, vol. 1, 2nd edn. New York: Columbia University Press: pp. 415-432.

Hurvitz, Leon et al. (1999) 'Schools of Buddhist Doctrine', in Wm Theodore De Bary and Irene Bloom (eds.) *Sources of Chinese Tradition: From Earliest Times to 1600*, vol. 1, 2nd edn. New York: Columbia University Press: pp. 433-480.

Lai, Whalen (2003) 'Buddhism in China: A Historical Survey', in Antonio Cua (ed.) *Encyclopedia of Chinese Philosophy*, New York: Routledge: pp. 7-19.

后　记

在本书中,我们默认"中国哲学"是一个明确的研究领域。不过,"中国哲学"究竟有何含义,当代学者不无争论。① "中国哲学"一词之所以引起争议,原因有很多,我们讨论其中三点。第一,汉语中用来指称"philosophy"的"哲学"一词,系日本学者在 19 世纪新造出来的。② 因此,"中国哲学"以回溯的方式应用于公元前 5 世纪左右中国的思辨与探究领域,而当时的思想家并不知道有这么一个词。第二,"哲学"是一个明确的学科领域,它起源于古希腊,在历史发展中已经形成自己特定的课题、探究模式、论说及推理方式,这些都决定了这门学科的性格。"哲学"与"宗教"不同,后者并不必然地关联着某个文化的特定面向。"哲学"无论是从起源,还是从概念理解上讲,都有更加严格的所指。第三点是历史原因,它关系到像胡适(1891—1962 年)、冯友兰(1895—1990 年)这样的中国现代思想家如何使用"中国哲学"一词。胡、冯等人都研究过西方哲学,并且迫切想把中国思想传统呈现为"哲学"。他们利用所学过的西方哲学的观念、范畴和方法书写中国哲学史。不过,这些哲学史家都以不同的方式忽略了中国哲学中那些不能纳入他们框架的面向(Cua 2005:317 - 347)。他们的开创性工作影响深远,奠定了中国哲学作为一门学科的基础,也塑造了它现在的形式。

从以上几点中可以了解到很多重要的东西。如果我们希望中国哲学成为一个合法的研究领域,那么,我们可能需要走一条中间道路。这包括:一方面,不要过分扩张"哲学"一词的用法,不要把任何带有反思的东西都界定为哲学;另一方面,不要因为急于把中国思想论争纳入现有的西方哲学概念

---

① 可参见 Defoort 2001,Cua 200:317 - 347。
② 西周(Nishi Amane,1829—1897 年)把"哲"与"学"这两个字放在一起造出"哲学"(日文发音:tetsugaku)一词。参见 Defoort 2001:394。

框架而对它们做出错误的诠释。早期中国思想可以称之为"哲学",一个可能的基础或许不在于它的内容或风格与西方哲学接近,恰成对比。本书探讨了古代中国不同思想学派的观念,它们的起源、分歧与交叉影响,其中某些观念或许在塑造中国社会及其制度与实践方面应记一功,它们在当代仍有意义。这些探讨表明,早期中国思想家都在不同程度上从事系统的、反思性的探究工作。思想家思考伦理问题、政治的本性、社会善的概念、元伦理学问题、形而上学观点、语言的作用、说服与论辩的策略,等等。这些都是哲学活动的核心工作。基于这些反思性活动,我们有理由说,中国哲学是一种"哲学"。再者,对于英美哲学与当代欧陆哲学而言,中国哲学的内容及探究方法在某些方面是独一无二的;它们有助于中国哲学成为一个有着鲜明特色的学科领域。

中国哲学的鲜明特征遍布传统西方哲学所划定的各个标准领域:伦理学与政治哲学、形而上学、认识论与逻辑学等。然而,中西方哲学的主导范式不尽相同,换言之,它们对自我、共同善、存在、因果关系、语言与实在之关联、知识与智慧诸方面的理解并非总是相同。在某些情况下,中国哲学的概念及概念框架对西方传统哲学的界线提出了挑战。接下来,我们举一些重要例子来理解中国哲学的价值。

处理伦理思虑问题时,中国哲学提供了一种动态的、现实主义的自我图景。中国哲学的自我观既复杂又深刻。它把自我理解为由关系所构建的、坐落于文化与历史情境之中的人。从中国哲学传统汲取洞见以阐明当代伦理学问题,这方面已经有了不少研究成果。我们挑几个有意思的问题简单讨论一下,从中一窥中西伦理学交流的消息。如果我们认为,对关系和情境的理解构成人格的本质方向,那么,无论是伦理决定,还是行动或行为,它们都不是孤立的事件。伦理境况既非凝固于特定时间,也非独立于活生生的实在,因此,我们不能抽象地评价它们,仿佛它们与个人生活的其他方面不相连续。所以,对伦理问题的思考必须顾及特定事件相关的因果联系,道德主体在其中的作用及其反应。这些都是道德层面特别重要的因素,只不过平时我们认为重要的因素通常是指一个人的性格、态度、情感及其同重要他者的关系、义务、责任、忠诚及后果等等。人是特定历史与文化的特定产物,这一点也增加了伦理学的复杂性。这里所讨论的中国式伦理学表明,超越不同伦理情境的系统化或普遍化是有限度的。这并不是说,中国哲学中的伦理学只注重个别,是完全情境性的。实际上,情境因素只是诸种相关因素之一。

上文既简述了中国哲学的一个伦理学特色,我们可以从中引出三个重要洞见。首先,对伦理学的恰当理解必须和现实生活中的伦理思虑相应。伦理问题必须置于情境之中并根据道德主体具体的现实情况加以理解。规范准则对于引导人们的伦理思虑和决定来说很重要,但是,情境的周边因素有助于决定人们可以如何恰当地运用这些规范。其次,有必要更加宽泛地理解伦理学,也就是说,不是理解为先定、超越的理想,而是理解为特定文化历史传统的产物。早期中国思想家非常清醒地意识到,随着诸如人口增减、社会流动、个人财富积累、家庭结构和其他群体结构等社会各方面因素的变化,规范、价值、信念和理想也会随之发生改变。这意味着,我们对伦理学的讨论也应当考虑个人的预设,比如,他如何理解社会、政治、自我与身份、个人幸福、个体善与集体善之间的关系、人生目标等。第三,自我在伦理思虑中处于中心位置。按照中国哲学,个体品性较之其正确实行道德标准更加重要。例如,善于体察照顾别人的情感比起做出正确的行动更加重要。再者,既然道德规范较之个体品性与发展处于次要地位,伦理要求可能因人而异。按照这样的看法,伦理学强调动态;对于伦理学来说,重要的不是规范是什么,而是规范的运用应当考虑到哪些因素以及如何运用规范。简言之,中国哲学的伦理学概念考虑到了非常多的对伦理决定有影响的因素。虽然有点复杂,但它毕竟呈现了在伦理思虑中的人的真实图景。

庄子的认识论反思体现了这样一个人的思想:他困惑于世界的多样性,寻思着应对之方。我们已经看到,那些自称掌握真理的人令庄子感到气恼。和庄子同样对绝对或普遍真理失望的,还有其他各派道家、辩者与后期墨家。从春秋时期中国出现反思性思维以来,早期中国思想家很早就卷入各种思想争论。或许,面对诸多不同的观点,早期中国思想家同时也看到了其他学说的价值。不同观点精彩纷呈,这或许已经促使中国思想家的性情倾向于会通综合而非分析界划。宽泛地说,综合的方法寻求调和,乐于从不同的——有时是不相容的——学说吸取思想元素。相形之下,分析的进路(这是西方哲学的重要方法)试图理解每一学说的组成要素及其如何构成论证。

这一进路另一个关注点则是系统化。现代科学离不开系统化,而中国思想传统却似乎缺乏这个东西。综合的方法仍然是现代中国学者的主导思维方式,它欣赏不同的视角,以务实的态度利用一系列可资利用的观点,从而将不同要素融合而成一个贯通的观点。分析与综合都是获得知识的重要进路。特别重要的是,在日趋全球化的背景之下,我们不仅要学会仔细考察来自不同文明的思想观念,而且要学会向不同文明的洞见学习。

早期中国思想家注意到,语言不足以把握生活与思想的复杂性与多样性。然而,他们也认识到,语言是一种强大的社会力量,能够被用作政治控制的手段。儒家尤其热心于将语言纳入其伦理—政治计划。根据正名说,儒家认为,名(比如父、兄)作为规范来使用应当有助于塑造人们的行为。后期墨家与名家试图把语言的方方面面加以系统化。不过,名实之间的错配让他们感到困惑。他们的思考促使人们进一步思考汉语的本质。在汉语中,每个字符都有明确的意义。因此,在达义的时候,字符的位置就不是特别重要。这不同于像英语那样基于句法的语言。在英语中,意义部分地取决于语法结构(例如,"Jane, I am"和"I am Jane"这两个句子意义不同)。不同的语言有不同的表义方式,这会不会影响到这些语言的使用者的思维方式?早期中国思想家对于汉语的特点富有洞见,我们应当把他们的考察推进一步,更一般地思考语言与思想之间的关联。一些从事比较哲学研究的学者已经指出,语言和逻辑之间有着重要关联:特定语言的"结构"塑造了其使用者的思想。换言之,操不同语言的人,他们"看"世界的方式也不一样。这一点在跨文化交流的背景之下尤其要紧,而且特别是因为语言在人类生活中占重要位置。

从以上三个例子不难看出中国哲学的鲜明特点及其洞见的深度与广度。这些例子亦揭示了中国哲学的当代意义。从整体上看,中国哲学的世界观并非由理论构筑而来,而是由观察世界所指导。因此,它更注重经验,更加具体,注重复杂多样性,注重世上万物如何相待互依。这一点进而关联到它对变易、对复杂的因果联系的看法,关联到它对过程而非事件的关注。这意味着,尽管早期中国哲学的不成系统不时让人感到沮丧,但它却提供了一幅涵盖面更广、拒绝把多样性加以简单化的生活图景。本书所讨论的内容指出广泛比较研究的必要,包括跨学科的比较研究。或许这些研究有助于我们更好地理解中国哲学相对于其他思想体系的特点,以及更好地理解人类幸福。

征引文献

原初文本

Analects of Confucius, trans. Dim-cheuk Lau(1979a), Harmondsworth: Penguin Books.

Analects of Confucius: A Philosophical Translation, trans. Roger Ames and Henry Rosemont Jr(1998a), New York: Ballantine Publishing Group.

Basic Writings of Han Fei Tzu, trans. Burton Watson(1964), New York: Columbia University Press.

Book of Lieh Tzu, trans. Angus C. Graham(1960), London: John Murray.

Book of Lord Shang: A Classic of the Chinese School of Law, trans. J. J. L. Duyvendak(1928), London: Arthur Probsthain.

Chinese Classics: with a Translation, Critical and Exegetical Notes, Prolegomena, and Copious Indexes, trans. James Legge(1893-5), Taipei: SMC Publishing Inc.; reprinted from the last edition by Oxford University Press in 1991; vol. 1: *Confucian Analects, The Great Learning, The Doctrine of the Mean*(3rd edn), with a Biographical Note by. L. T. Ride; vol. V, *The Ch'un ts'ew, with the Tso chuen*, 2nd edn, with minor text corrections.

Chuang Tzu: Basic Writings, trans. Burton Watson(1964), New York: Columbia University Press.

Chuang-Tzu: The Inner Chapters, trans. Angus C. Graham(2001), Indianapolis: Hackett Publishing Co.

Classic of Changes: A New Translation of the I Ching as Interpreted by Wang Bi, trans. Richard J. Lynn(1994), New York: Columbia University Press.

Commentary on the Lao Tzu by Wang Pi, trans. Ariane Rump in Collaboration with Wing-tsit Chan(1979); monograph no. 6 of the Society for Asian and

Comparative Philosophy; Honolulu: University of Hawai'i Press.

Complete Works of Han Fei Tzu: A Classic of Chinese Political Science, trans. W. K. Liao(1939), vols. I and II, London: Arthur Probsthain.

Daodejing: "Making This Life Significant", trans. Roger Ames and David Hall(2003), New York: Ballantine Books.

Ethical and Political Works of Mo Tzu, trans. Yi-pao Mei(1929), London: Arthur Probsthain.

Ho-Shang-Kung's Commentary on Lao-Tse, trans. Eduard Erkes(1950), Ascona, Switzerland: Artibus Asiæ

Hsün Tzu: Basic Writings, trans. Burton Watson(1963), New York: Columbia University Press.

Hsüntze: The Moulder of Ancient Confucianism, trans. Homer H. Dubs (1966), Taipei: Ch'eng-Wen Publishing Co.; originally published in 1927 by Arthur Probsthain, London.

Lao Tzu and Taoism (translated from the French by Roger Greaves), trans. Max Kaltenmark(1969), Stanford: Stanford University Press.

Lao Tzu Tao Te Ching, trans. Dim-cheuk Lau(1963), Harmondsworth: Penguin Books.

Mencius, trans. Dim-cheuk Lau(1979b), revised edition, Hong Kong: Chinese University Press.

Mo Tzu: Basic Writings, trans. Burton Watson(1963), New York: Columbia University Press.

Platform Sutra of the Sixth patriarch, trans. Philip B. Yampolsky(1978)6th edn., New York: Columbia University Press.

Records of the Grand Historian of China (*Shiji*), trans. Burton Watson (1971), 2 vols., New York: Columbia University Press.

Sacred Books of China: The Texts of Confucianism, trans. James Legge (1879), vol. 3, *The Shu King*(*Shujing*); reprinted 1970, Delhi: Motilal Banarsidass.

Sayings of Lao Tzu, trans. Lionel Giles(1959), London: John Murray.

Shen Tzu Fragments, trans. Paul M. Thompson(1979), London Oriental Series, vol. 29, Oxford: Oxford University Press.

Shiji(*Records of the Historian*: *Sima Qian*), trans. Burton Watson(1961), New York: Columbia University Press.

Shuowen Jiezi Zhu / Xu Shen zhuan; Duan Yucai zhu(Shuowen Lexicon by Duan, Yucai(1735 - 1815)), Shanghai: Shanghai gu ji chu ban she, 1981; reprinted from the original(1815), China: Jing yun lou.

A Source Book in Chinese Philosophy, trans. Wing-tsit Chan(1963a), Princeton: Princeton University press.

Sources of Chinese Tradition: *From Earliest Times to 1600*, compiled by Wm Theodore De Bary and Irene Bloom(1999) vol. 1, 2nd edn., New York: Columbia University Press.

Tao Te Ching: *The Book of the Way and Its Virtue*, trans. J. J. L. Duyvendak(1954), London: John Murray.

'The *Gongsun Longzi*: A Translation and an Analysis of its Relationship to Later Mohist Writings', trans. Ian Johnston(2004), *Journal of Chinese Philosophy*, vol. 31, no. 2:271 - 95.

'The *Kung - sun Lung Tzu* with a Translation into English', trans. Yi-pao Mei (1953), *Harvard Journal of Asiatic Studies*, vol. 16, no. 3/4, December:404 - 37.

The Original Analects: *Sayings of Confucius and His Successors*, trans. Brooks, E. Bruce and Brooks, A. Taeko(1998), New York: Columbia University Press.

The *She King*(Book of Poetry), trans. James Legge, *The Chinese Classics*, vol. IV, 2nd edn. (1935), with minor text correctins, Taipei: SMC Publishing Inc.

The Way and Its Power: *A Study of the Tao Te Ching and Its Place in Chinese Thought*, trans. Arthur Waley(1958), New York: Grove Press.

The Way of Lao Tzu(*Tao-te ching*), trans. Wing-tsit Chan(1963b), New Jersey: Prentice Hall, Library of Liberal Arts.

Xunzi: *A Translation and Study of the Complete Works*, trans. John Knoblock, Stanford: Stanford University Press, vols. 1 – 3; vol 1 (1998), books 1 – 6; vol 2 (1990), books 7 – 16; vol 3 (1994) books 17 – 32.

Yi King (*Yijing*), trans. James Legge (1899), *The Sacred Books of the East*, vol. 16, Oxford: The Clarendon Press.

Yuan Dao: Tracing Dao to its Source, trans. D. C. Lau and Roger Ames (1998) New York: Ballantine Books.

二手文献

Ahern, Dennis (1980) 'An Equivocation in Confucian Philosophy', in *Journal of Chinese Philosophy*, vol. 7: 175 – 86.

Allan, Sarah (1997) *The Way of Water and Sprouts of Virtue*; SUNY Series in Chinese Philosophy and Culture; Albany: State University of New York Press.

Allinson, Robert E. (1985) 'The Confucian Golden Rule: A Negative Formulation', *Journal of Chinese Philosophy*, vol. 12: 305 – 15.

——(1989) *Chuang-tzu For Spiritual Transformation*, Albany: State University of New York Press.

Ames, Roger (1986) 'Taoism and the Nature of Nature', *Environmental Ethics*, vol. 8: 317 – 50.

——(1998b) 'Knowing in the *Zhuangzi*: "From Here, on the Bridge, over the River Hao"', in Roger Ames (ed.) *Wandering at East in the Zhuangzi*, Albany: State University of New York Press: pp. 219 – 30.

Ames, Roger and Hall, David (2001) *Focusing the Familiar: A Translation and Philosophical Interpretation of the Zhongyong*, Honolulu: University of Hawai'i Press.

Bodde, Derk (1963) 'Basic Concepts of Chinese Law: The Genesis and Evolution of Legal Thought in Traditional China', *Proceedings of the American Philosophical Society*, vol 107, no. 5: 375 – 98.

——(1986) 'The State and Empire of Ch'in', in Denis Twichett, and Michael Loewe (eds.) *The Cambridge History of China*, vol. 1: The Ch'in and Han Empires,

221 B. C. – A. D. 220, Cambridge: Cambridge University Press, pp. 21 – 102.

Chan, Alan (1991) *Two Visions of the Way: A Study of the Wang Pi and Ho-shang Kung Commentaries on the Lao-tzu*, Albany: State University of New York Press.

——(ed.) (2002) *Mencius: Contexts and Interpretations*, Honolulu: University of Hawai'i Press.

Chan, Wing-tsit (1955) 'The Evolution of the Confucian Concept *Jen*', *Philosophy East and West*, vol. 4: 295 – 319.

——(1957 –58) 'Transformation of Buddhism in China', *Philosophy East and West*, vol. 7, no. 3/4: 107 – 16.

——(1975) 'Chinese and Western Interpretations of *Jen* (Humanity)', *Journal of Chinese Philosophy*, vol. 2: 107 – 29.

Ch'en, Ta-chi (1953) *Mengzi xingshan shuo yu Xunzi xinge shuo de bijiao yaniiu* (*A Comparative Study of Mencius' Theory that the Nature of Man is Good and Hsun Tzu's Theory that the Nature of Man is Evil*), Taipei: Zhongyang wenwu gong yin she.

Cheng, Chung-ying (1973) 'On Zen (Ch'an) Language and Zen paradoxes', *Journal of Chinese Philosophy*, vol. 1: 77 – 102.

——(1977) 'Toward Constructing a Dialectics of Harmonization: Harmony and Conflict in Chinese Philosophy', *Journal of Chinese Philosophy*, vol. 4: 209 – 45.

——(1986) 'On the Environmental Ethics of the Tao and the Ch'i', *Environmental Ethics*, vol. 8, Winter: 351 – 70.

——(2003) 'Philosophy of Change', in Antonio Cua (ed.) *Encyclopedia of Chinese Philosophy*, New York: Routledge: pp. 517 – 24.

Chong, Kim-chong (1998) 'Confucius's Virtue Ethics: *Li*, *Yi*, *Wen* and *Chih* in the *Analects*', *Journal of Chinese Philosophy*, vol. 25: 101 – 30.

Ch'u T'ung Tsu (1965) *Law and Society in Traditional China*, The Hague: Mouton and Co.

Clarke, J. J. (2000) *The Tao of the West: Western Transformations of Taoist Thought*, London and New York: Routledge.

Creel, Herlee (1953) *Chinese Thought from Confucius to Mao Tse-Tung*, Chicago: University of Chicago Press.

——(1974) *Shen pu-hai: A Chinese Political Philosopher of the Fourth century B. C.*, Chicago and London: University of Chicago Press.

Cua, Antonio S. (1971) 'The Concept of Paradigmatic Individuals in the Ethics of Confucius', *Inquiry*, vol. 14:41-55.

——(1973) 'Reasonable Action and Confucian Argumentation', *Journal of Chinese Philosophy*, vol. 1:57-75.

——(1978) *Dimensions of Moral Creativity*, University Park: Pennsylvania State University Press.

——(1979) 'Tasks of Confucian Ethics', *Journal of Chinese Philosophy*, vol. 6:55-67.

——(1981) 'Opposites as Complements: Reflections on the Significance of Tao', *Philosophy East and West*, vol. 31, no. 2:123-40.

——(1984) 'Confucian Vision and Human Community', *Journal of Chinese Philosophy*, vol. 11:227-38.

——(1988) 'Reflections on Moral Theory and Understanding Moral Traditions', in Gerald James Larson and Eliot Deutsch (eds.) *Interpreting Across Boundaries*, Princeton: Princeton University Press.

——(1989) 'The Status of Principles in Confucian Ethics', *Journal of Chinese Philosophy*, vol. 16:273-96.

——(1996a) 'The Conceptual Framework of Confucian Ethical Thought', *Journal of Chinese Philosophy*, vol. 23:153-74.

——(1996b) 'The Nature of Confucian, Ethical Tradition', *Journal of Chinese Philosophy*, vol. 23:133-51.

——(1998) *Moral Vision and Tradition: Essays in Chinese Ethics*, Washington, D. C.: Catholic University of America Press.

——(ed.) (2003) *Encyclopedia of Chinese Philosophy*, New York: Routledge.

——(2005) *Human Nature, Ritual, and History: Studies in Xunzi and Chinese Philosophy* (Studies in Philosophy and the History of Philosophy), Washington, D.

C.:Catholic University of America Press.

De Bary, Wm Theodore (1991) *The Trouble With Confucianism*, Cambridge: Harvard University Press.

——(1998) *Asian Values and Human Rights:A Confucian Communitarian Perspective*, Cambridge:Harvard University Press.

——and Tu, Weiming (eds.) (1998) *Confucianism and Human Rights*, New York:Columbia University Press.

Defoort, Carine (2001) 'Is There Such a Thing as Chinese Philosophy? Arguments of an Implicit Debate', *Philosophy East and West*, vol. 51, no. 3, July: 393–413.

Fang, Thomé H. (1981) *Chinese Philosophy:Its Spirit and Its Development*, 2nd edn., Taipei:Linking Publishing.

Fingarette, Herbert (1972) *Confucius:The Secular as Sacred*, New York:Harper and Row.

——(1979) 'The Problem of the Self in the *Analects*', *Philosophy East and West*, vol. 29, no. 2:129–40.

——(1983) 'The Music of Humanity in the *Conversations* of Confucius', *Journal of Chinese Philosophy*, vol. 10:331–56.

Fox, Alan (1996) 'Reflex and Reflectivity: *Wuwei* in the *Zhuangzi*', *Asian Philosophy*, vol. 6:1:59–72.

Fraser, Christopher (2003) 'Introduction: Later Mohist Logic, Ethics, and Science After 25 Years', from the reprint edition of Angus C. Graham (1978) *Later Mohist Logic, Ethics, and Science*, Hong Kong:Chinese University Press.

Fu, Charles Wei-hsun (1973) 'Lao Tzu's Conception of Tao', *Inquiry*, 16 (1973 Winter):367–94.

Fung, Yu-Lan (1947) *The Spirit of Chinese Philosophy* (trans. E. R. Hughes), London:Routledge and Kegan Paul.

——(1948) *A Short History of Chinese Philosophy* (ed. Derk Bodde), New York:Free Press.

——(1952) *A History of Chinese Philosophy*, vol. 1 (trans. Derk Bodde), Princeton：Princeton University Press.

——(1953)*A History of Chinese Philosophy*,vol. 2(trans. Derk Bodde),Princeton：Princeton University Press.

Graham,Angus C. (1967)'The Background of the Mencian Theory of Human Nature',reprinted(2002)in Xiusheng Liu(ed.)*Essays on the Moral Philosophy of Mengzi*,Indianapolis：Hackett Publishing,pp. 1 – 63.

——(1978)*Later Mohist Logic*,*Ethics*,*and Science*,Hong Kong：Chinese University Press.

——(1983)'Taoist Spontaneity and the Dichotomy of "Is" and "Ought"',in Victor Mair(ed.)*Experimental Essays on the Chuang–tzu*,Honolulu：University of Hawai'i Press：pp. 3 – 23.

——(1986)*Yin–Yang and the Nature of Correlative Thinking*,IEAP Occasional Paper and Monograph Series no. 6,Singapore：Institute of East Asian Philosophies.

——(1989)*Disputers of the Tao*：*Philosophical Argument in Ancient China*,La Salle：Open Court Press.

——(1990a)'Three Studies of Kung–sun Lung',in Angus C. Graham(ed.)*Studies in Chinese Philosophy and Philosophical Literature*,Albany：State University of New York Press：pp. 125 – 215.

——(1990b)*Studies in Chinese Philosophy and Philosophical Literature*,Albany：State University of New York Press(first published in 1986 by Institute of East Asian Philosophies,Singapore).

——(2003a)'How much of *Chuang Tzu* did Chuang Tzu Write?',in Harold Roth(ed.)*A Companion to Angus C. Graham's Chuang Tzu*,Monograph no. 20,Society for Asian and Comparative Philosophy,Honolulu：University of Hawai'i Press,pp. 58 – 103. Originally published in 1980,in Henry Rosemont,Jr and Benjamin Schwartz(eds.)*Studies in Classical Chinese Thought*,Journal of the American Academy of Religion Thematic Studies,Chico：Scholars Press.

——(2003b)"Chuang Tzu's Essay on Seeing Things as Equal," in Harold Roth(ed.)*A Companion to Angus C. Graham's Chuang Tzu*,Monograph no. 20,

Society for Asian and Comparative Philosophy, Honolulu: University of Hawai'i Press(pp. 104 – 129). Originally published in 1969, in *History of Religions*, vol. 9, no. 2/3: pp. 137 – 159.

Grange, Joseph(2004) *John Dewey, Confucius and Global Philosophy*, SUNY Series in Chinese Philosophy and Culture, Albany: State University of New York Press.

Guan Feng(1952) *Zhuangzi Zhexue Taolun Ji (Collected Discussions on the Philosophy of Zhuangzi)*, Beijing: Zhonghua shu ji.

Guha, Ramachandra(1995) 'Radical American Environmentalism and Wilderness Preservation: A Third World Critique', in Andrew Brennan (ed.) *The Ethics of the Environment*, International Research Library of Philosophy series, London: Dartmouth publishing: pp. 239 – 52.

Hall, David(1987) 'On Seeking a Change of Environment: A Quasi-Taoist Proposal', *Philosophy East and West* 37, no. 2: 160 – 71.

Hall, David and Ames, Roger(1997) *Thinking Through Confucius*, Albany: State University of New York Press.

—(1998) *Thinking from the Han: Self, Truth, and Transcendence in Chinese and Western Culture*, Albany: State University of New York Press.

—(1999) *The Democracy of the Dead: Dewey, Confucius, and the Hope for Democracy in China*, La Salle: Open Court Publishing Company.

Hansen, Chad(1983a) *Language and Logic in Ancient China*, Ann Arbor: University of Michigan Press.

—(1983b) '*A Tao of Tao* in Chuang-tzu', in Victor Mair(ed.) *Experimental Essays on the Chuang-tzu*, Asian Studies at Hawai'i no. 29, Center for Asian and Pacific Studies, Honolulu: University of Hawai'i Press: pp. 24 – 55.

—(1992) *A Daoist Theory of Chinese Thought*, New York: Oxford University Press.

—(2003) 'The Relatively Happy Fish', *Asian Philosophy*, vol. 13, nos. 2/3: 145 – 64.

Harbsmeier, Christoph(1998) *Science and Civilization in China*, vol. 7, part

1, *Language and Logic*, Cambridge: Cambridge University Press.

Henderson, John B. (1984) *The Development and Decline of Chinese Cosmology*, New York: Columbia University Press

——(2003) 'Cosmology', in Antonio Cua (ed.) *Encyclopedia of Chinese Philosophy*, New York: Routledge: pp. 187 – 94.

Henricks, Robert (1989) *Lao-tze Te-tao ching: A New Translation Based on the Recently Discovered Ma-Wang-Tui Texts*, New York: Ballantine Books.

Ho Hwang, Philip (1979) 'What is Mencius' Theory of Human Nature?', *Philosophy East and West*, vol. 29, no. 2: 201 – 9.

Hsu, Cho-Yun (1965) *Ancient China in Transition: An Analysis of Social Mobility 722 – 222 B.C.*, Stanford: Stanford University Press.

——(1999) 'The Spring and Autumn Period', in Michael Loewe and Edward Shaughnessy (eds.) *The Cambridge History of Ancient China: From the Origins of Civilization to 221 B.C.*, Cambridge: Cambridge University Press.

Hu, Shih (1928) *The Development of the Logical Method in Ancient China*, Shanghai: The Oriental Book Company.

Hurvitz, Leon and Tsai, Heng-Ting (1999) 'The Introduction of Buddhism' in W. T. De Bary and Irene Bloom (eds.) *Sources of Chinese Tradition: From Earliest Times to 1600*, vol. 1, 2nd edn., New York: Columbia University Press: pp. 415 – 32.

Hurvitz, Leon et al. (1999a) 'Schools of Buddhist Doctrine', in W. T. De Bary and Irene Bloom (eds.) *Sources of Chinese Tradition: From Earliest Times to 1600*, vol. 1, 2nd edn. New York: Columbia University Press: pp. 433 – 80.

Hurvitz, Leon et al. (1999b) 'Schools of Buddhist Doctrine', in W. T. De Bary and Irene Bloom (eds.) *Sources of Chinese Tradition: From Earliest Times to 1600*, vol. 1, 2nd edn. New York: Columbia University Press: pp. 481 – 536.

Ip, Po-Keung (1983) 'Taoism and the Foundations of Environmental Ethics', *Environmental Ethics* 5, 335 – 43.

Ivanhoe, Philip (1990) 'Thinking and Learning in Early Confucianism', *Journal of Chinese Philosophy*, vol. 17, no. 4: 473 – 93.

——(1993)'Zhuangzi on Skepticism, Skill, and the Ineffable Dao', *Journal of the American Academy of Religion*, vol. 61, no. 4:639 – 54.

——(1996)'Was Zhuangzi a Relativist?', in Philip Ivanhoe and Paul Kjellberg(eds.) *Essays on Skepticism, Relativism and Ethics in the Zhuangzi*, Albany: State University of New York Press: pp. 196 – 214.

Ivanhoe, Philip and Kjellberg, Paul(eds.)(1996) *Essays on Skepticism, Relativism and Ethics in the Zhuangzi*, Albany: State University of New York Press.

Johnston, Ian(2004)'The *Gongsun Longzi*: A Translation and An Analysis of Its Relationship to Later Mohist Writings', *Journal of Chinese Philosophy*, vol. 31, no. 2:271 – 95.

Jullien, François(1999) *The Propensity of Things: Toward a History of Efficacy in China*, trans. Janet Lloyd, New York: Zone Books.

——(2004) *Treatise on Efficacy: Between Western and Chinese Thinking*, Honolulu: University of Hawai'i Press.

Kalupahana, David J. (1976) *Buddhist Philosophy: A Historical Analysis*, Honolulu: University of Hawai'i Press.

Kohn, Livia (1993) *The Taoist Experience: An Anthology*, SUNY Series in Chinese Philosophy and Culture, Albany: State University of New York Press.

——(1996)'*Laozi*: Ancient Philosopher, Master of Immortality, and God', in Donald S. Lopez, Jr(ed.) *Religions of China in Practice*, Princeton: Princeton University Press.

Lai, Karyn(1995)'Confucian Moral Thinking', *Philosophy East and West*, vol. 45, no. 2:249 – 72.

——(2000)'The Daodejing: Resources for Contemporary Feminist Thinking', *Journal of Chinese Philosophy*, 27:2, June:131 – 53.

——(2003a)'Conceptual Foundations for Environmental Ethics: A Daoist Perspective', *Environmental Ethics*, vol. 25:247 – 66.

——(2003b)'Confucian Moral Cultivation: Some Parallels with Musical Training', in Kim-Chong Chong, Sor-Hoon Tan and C. L. Ten(eds.) *The Moral Circle and the Self: Chinese and Western Perspectives*, La Salle: Open Court

Press: pp. 107 – 39.

——(2006) *Learning from Chinese Philosophies: Ethics of Interdependent and Contextualised Self*, Aldershot: Ashgate Publishing.

Lai, Whalen (2003) 'Buddhism in China: A Historical Survey', in Antonio Cua (ed.) *Encyclopedia of Chinese Philosophy*, New York: Routledge: pp. 7 – 19.

Lau, Dim-cheuk (1958) 'The Treatment of Opposites in Lao-tzu', *Bulletin of the School of Oriental and African Studies*, 21: 344 – 60.

Li, Chenyang (ed.) (2000) *The Sage and the Second Sex*, La Salle: Open Court Press.

Liu, Xiaogan (1994) *Classifying the Zhuangzi Chapters*, trans. William E. Savage, Ann Arbor: University of Michigan, Center for Chinese Studies.

——(1999) 'An Inquiry into the Core Value of Laozi's Philosophy', in Mark Csikszentmibalyi and Philip Ivanhoe (eds.) *Religious and Philosophical Aspects of the Laozi*, Albany: State University of New York Press.

Mair, Victor (ed.) (1983) *Experimental Essays on the Chuang-tzu*, Honolulu: University of Hawai'i Press.

Major, John S. (1993) *Heaven and Earth in Early Han Thought: Chapters Three, Four and Five of the Huainanzi*, SUNY Series in Chinese Philosophy and Culture, Albany: State University of New York Press.

Makeham, John (2003) 'School of Names (*Ming Jia, Ming Chia*)', in Antonio Cua (ed.) *Encyclopedia of Chinese Philosophy*, New York: Routledge: pp. 491 – 7.

Marshall, Peter (1992) *Nature's Web: Rethinking Our Place on Earth*, New York: Paragon House.

Munro, Donald J. (1969) *The Concept of Man in Early China*, Stanford: Stanford University Press.

Neville, Robert C. (1986) 'The Scholar-Official as a Model for Ethics', *Journal of Chinese Philosophy*, vol. 13: 185 – 201.

Nivison, David (1980) 'Two Roots or One?', *Proceedings and Addresses of the American Philosophical Association*, 53:6 (August 1980): 739 – 61.

——(1999) 'The Classical Philosophical Writings', in Michael Loewe and Edward Shaughnessy (eds.) *The Cambridge History of Ancient China: From the Origins of Civilization to 221 B. C.*, Cambridge: Cambridge University Press.

Nylan, Michael (2001) *The Five "Confucian" Classics*, New Haven: Yale University Press.

Peerenboom, Randall P. (1991) 'Beyond Naturalism: A Reconstruction of Daoist Environmental Ethics', *Environmental Ethics* 13:3 - 22.

Raphals, Lisa (1996) 'Skeptical Strategies in the *Zhuangzi* and *Theaetetus*', in Philip Ivanhoe and Paul Kjellberg (eds.) *Essays on Skepticism, Relativism and Ethics in the Zhuangzi*, Albany: State University of New York Press:26 - 49. Reprinted, with minor revisions, from *Philosophy East and West*, vol. 44, no. 3 (1994):501 - 26.

Robinet, Isabelle (1997) *Taoism: Growth of a Religion* (trans. Phyllis Brooks): Stanford: Stanford University Press.

Rosemont, Jr, Henry (1970) 'Is Zen Buddhism a Philosophy?', *Philosophy East and West*, vol. 20, no. 1:63 - 72.

——(1988) 'Against Relativism?', in Gerald James Larson and Eliot Deutsch (eds.) *Interpreting Across Boundaries*, Princeton: Princeton University Press: pp. 36 - 70.

Rosenlee, Li-Hsiang Lisa (2006) *Confucianism and Women: A Philosophical Interpretation*, SUNY Series in Chinese Philosophy and Culture, Albany: State University of New York Press.

Roth, Harold D. (1991a) 'Who Complied the Chuang Tzu?', in Henry Rosemont, Jr (ed.) *Chinese Texts and Philosophical Contexts*, La Salle: Open Court Press.

——(1991b) 'Psychology and Self-Cultivation in Early Taoistic Thought', *Harvard Journal of Asiatic Studies*, vol. 51:599 - 650.

——(1999) *Original Tao: Inward Training (Nei-yeh) and the Foundations of Taoist Mysticism*, New York: Columbia University Press.

——(2003) 'An Appraisal of Angus Graham's Textual Scholarship on the

Chuang Tzu'; in Harold D. Roth (ed.) *A Companion to Angus C. Graham's Chuang Tzu*, Society for Asian and Comparative Philosophy Monograph, Honolulu: University of Hawai'i Press.

Ryle, Gilbert(1946)'Knowing How and Knowing That', *Proceedings of the Aristotelian Society*, XLVI: 1 – 16.

Sartwell, Crispin (1993) 'Confucius and Country Music', *Philosophy East and West*, vol. 43: 243 – 54.

Schwartz, Benjamin (1985) *The World of Thought in Ancient China*, Cambridge: Belknap Press of Harvard University Press.

Shaughnessy, Edward(1997) *Before Confucius: Studies in the Creation of the Chinese Classics*; SUNY Series in Chinese Philosophy and Culture; Albany: State University of New York Press.

Shun, Kwong-loi(1993) '*Jen* and *Li* in the *Analects*', *Philosophy East and West*, vol. 43, no. 3: 457 – 79.

——(1997) *Mencius and Early Chinese Thought*, Stanford: Stanford University Press.

Sivin, Nathan (1999) 'The Springs and Autums of Mr. Lü (Lüshi chunqiu)', in Wm Theodore De Bary and Irene Bloom(eds.) *Sources of Chinese Tradition: From Earliest Times to* 1600, vol. 1, 2nd edn. New York: Columbia University Press: pp. 236 – 41.

——(1995a) *Medicine, Philosophy and Religion in Ancient China: Researches and Reflections*, Aldershot: Variorum(Ashgate Publishing).

——(1995b) 'The Myth of the Naturalists', *in Medicine, Philosophy and Religion in Ancient China: Researches and Reflections*, Aldershot: Variorum (Ashgate Publishing) ; Section IV, pp. 1 – 33.

Skaja, Henry G. (1984) 'Li(Ceremonial) as a Primal Concept in Confucian Spiritual Humanism', in Chang Chi Yun *et al.* (eds.), *Chinese Philosophy*, vol. 3, *Confucianism and Other Schools*, Taiwan: Chinese Culture University Press: pp. 47 – 71.

Slingerland, Edward(2000) 'Effortless Action: The Chinese Spiritual Ideal of Wu

-wei', *Journal of the American Academy of Religion*, vol. 68, no. 2:293 - 328.

——(2003) *Effortless Action: Wu-wei as Conceptual Metaphor and Spiritual Ideal in Early China*, New York: Oxford University Press.

Tan, Sor Hoon(2004) *Confucian Democracy: A Deweyan Reconstruction*, SUNY Series in Chinese Philosophy and Culture, Albany: State University of New York Press.

Teng, Norman Y. (2006) 'The Relatively Happy Fish Revisited', *in Asian Philosophy*, vol. 16, no. 1:39 - 47.

Tu, Weiming(1968) 'The Creative Tension Between *Jen* and *Li*', *Philosophy East and West*, vol. 18, no. 1 - 2:29 - 40.

——(1972) '*Li* as Process of Humanisation', *Philosophy East and West*, vol. 22:187 - 201.

——(1976) *Centrality and Commonality: An Essays on Chung-yung*, Monograph of the Society for Asian and Comparative Philosophy, no. 3, Honolulu: University of Hawai'i Press.

——(1985) *Confucian Thought: Selfhood as Creative Transformation*, Albany: State University of New York Press.

Tucker, Mary Evelyn and Berthrong, John H. (eds.) (1998) *Confucianism and Ecology: The Interrelation of Heaven, Earth, and Humans*, Cambridge: Harvard University Press.

Twitchett, Denis and Loewe, Michael(eds.) (1986) *The Cambridge History of China*, vol. 1: The Ch'in and Han Empires, 221 B. C.-A. D. 220, Cambridge: Cambridge University Press.

Van Norden, Bryan(1996) 'Competing Interpretations of the Inner Chapters of the *Zhuangzi*', *Philosophy East and West*, vol. 46, no. 2:247 - 68.

Watson, Burton(1999) 'The Great Han Historians', in Wm Theodore De Bary and Irene Bloom(eds.) *Sources of Chinese Tradition: From Earliest Times to 1600*, vol. 1, 2nd edn. New York: Columbia University Press: pp. 367 - 74.

Wilhelm, Hellmut(1977) *Heaven, Earth, and Man in the Book of Changes*, Seven Eranos Lectures, Publications on Asia of the Institute for Comparative and Foreign Area Studies, no. 28, Seattle and London: University of Washington Press.

Wright, Arthur (1959) *Buddhism in Chinese History*, Stanford: Stanford University Press.

Wu, Kuang-ming (1982) *Chuang Tzu: World Philosopher at Play*, American Academy of Religion Studies in Religion, no. 26, New York: Crossroad Publishing Co.

——(1990) *The Butterfly as Companion: Meditations on the First Three Chapters of the Chuang Tzu*, SUNY Series in Religion and Philosophy, Albany: State University of New York Press.

——(1996) *On Chinese Body Thinking: A Cultural Hermeneutic*, Leiden: Brill Academic Publishers.

Yearley, Lee (1996) 'Zhuangzi's Understanding of Skillfulness and the Ultimate Spiritual State', in Philip Ivanhoe and Paul Kjellberg (eds.) *Essays on Skepticism, Relativism and Ethics in the Zhuangzi*, Albany: State University of New York Press: 152-82.

译者感言

在翻译工作即将完成之际,译者要感谢很多人。有缘译介此书,离不开陈赟兄的推荐和张鹏兄的信任。王芳义、刘建芳、刘玉琼、李妮娜耐心查找、录入引文,吴闻仪、李广骁、张恬细致校核初译、校补注释,王芳义录入征引文献,崔雅琴通校译稿,吴晓番博士、宋锡同博士、俞喆博士和魏小巍博士帮助解答了翻译过程中碰到的若干疑难,所有这些都给予译者莫大的帮助。原作者赖蕴慧教授更于百忙中指导一位优秀的研究生通校译稿,订正讹误,润色文字,提升了译文在达意准确、措辞典雅等方面的品质。面对原作者的斧正,译者可谓百感交集,羞愧、庆幸者有之,敬佩、感激者有之。杨国荣师曾赐译一篇,可惜最终没有随书刊出,多少有点遗憾。

赖蕴慧所著《中国哲学导论》为"剑桥哲学导论"(Cambridge Introductions to Philosophy)之一种。翻译此书,感受颇多。撮其要有二:中国思想的世界性问题,翻译问题。

译事非易事。对临译文,反观翻译过程,译者于羞愧之余,反躬自省,略有所思。理论翻译的好坏,一是态度问题,二是水平问题。就目前的学术生态而言,似乎连认真的翻译态度也很难培养,更不必谈信徒翻译圣典般的虔诚。现行的学术评价体制几乎没有给理论翻译工作留出位置,生存压力下的学人倘若要干翻译的活儿,顶多腾出万分之一的精力。何况躬逢高铁时代,无事不匆匆,无事不计日程功,翻译自然也免不了马虎开场,草草收尾。至于水平问题,合格的理论翻译工作者除了要有扎实的专业知识和良好的理论素养之外,还要懂点翻译的技艺,更要有提升汉语表达能力的自觉。相对说来,后两者已经成为制约译文质量的关键因素,因为一般说来,从事哲学翻译的往往是懂外语的哲学专业人士而非外语专业人士。一个普遍的误解:汉语是我们的母语,汉语水平自然不成问题。然而,从能够用汉语说话,到可以用典雅的汉语确切地书写,其间还有相当的距离。另有一点也不容忽视:从懂外语,到能够翻译,其间亦有相当的距离。翻译是一项专门的技艺,需要专门的修习才能掌握。修习之法,亦有多端。如遇师长为己批改翻译习作,切不可轻轻放过。前贤之精译,更是学习之典范,需要从翻译的角度细加琢磨钻研。另一捷径,则是从名家的翻译体会悟入。严复《〈天演论〉译例言》仍不失为经典。西文理论著述为求严谨,往往多用限定语,故长句、复句屡见。这是翻译的一个难点。严复对此颇有经验:

> 西文句中名物字,多随举随释,如中文之旁支,后乃遥接前文,足意成句。故西文句法,少者二三字,多者数十百言。假令仿此为译,则恐必不可通,而删削取径,又恐意义有漏。此在译者将全文神理融会于心,则下笔抒词,自善互备。(赫胥黎著,严复译:《天演论》,北京:商务印书馆,1981年,xi页。)

断句的翻译技巧,其运用之妙,存乎断续之间:形虽断而神相续,语意绵绵,不绝如缕。关于断句,杨绛先生说得好,西文冗长的复句

> 可以包含主句、分句、形容词组、副词组等等。按汉文语法,一个句子里容纳不下许多分句和词组。如果必定要按原著一句还它一句,就达不出原文的意义;所以断句是免不了的。可是如果断句不当,或断成的一句句排列次序不当,译文还是达不出原文的意义。怎样断句,怎么组合(即排列)断成一句句,没有一定的规律,不过还是有个方法,也有个原则。
>
> 方法是分清这一句里的主句、分句,以及各种词组;并认明以上各部分的从属关系。在这个基础上,把原句断成几句,重新组合。……
>
> 原则是突出主句,并衬托出各部门之间的从属关系。……在组合这些断句的工序里,不能有所遗漏,也不能增添。(杨绛:《失败的经验——试谈翻译》,《杨绛作品集》第三卷,北京:中国社会科学出版社,1993年,230—231页)

杨绛先生在文学翻译上的经验之谈,于理论翻译不无启发。当然,与文

学翻译不同,理论翻译之难,首在术语之厘定,严复所谓"一名之立,旬日踟蹰"者:

> 新理踵出,名目纷繁,索之中文,渺不可得,即有牵合,终嫌参差。译者遇此,独有自具衡量,即义定名。……此以见定名之难,虽欲避生吞活剥之诮,有不可得者矣。他如物竞、天择、储能、效实诸名,皆由我始。一名之立,旬月踟蹰,我罪我知,是在明哲。(赫胥黎著,严复译:《天演论》,xii 页)

术语,尤其是关键术语结晶着一种理论的核心。术语的厘定,便直接决定了译者以何种方式实现跨语际的理论转渡。不同语言及思想的互镜与新义生成在这里发生,这里便是文化交流互动的前哨。中西交流有日,很多术语已有定译,今天的译者可能不必时时如严复那般筚路蓝缕以启山林。然而,今日译者面临的一重新任务,却是对定译的反思。这既是翻译的任务,更是思想的任务。就现代汉语世界而言,情况很复杂,既有以本国之义理拟配外来思想的格义问题,更有以外来思想拟配本国之义理的反向格义问题。后者引发的,则是中国思想的主体性危机:约定俗成的定译承载着过多习焉不察的西方近代思想因素,这些定译偏偏又已经成为我们赖以思考、赖以看世界的说理词(参见陈嘉映:《说理》,北京,华夏出版社,2011,110—122 页)。蓦然回首,我们竟发现自己置身于如此尴尬的境地:不得不通过西方近代思想理解中国思想。抛开人种学、政治学的层面不谈,我们在多大意义上是"中国"人?换个问法:我们的思想在何种意义上是中国思想?

赖著《中国哲学导论》大量引述英语世界对于中国哲学的最新研究成果。从中不难看出,英语世界的中国哲学研究已经形成自己的传统,它有自己的汉籍英译经典,自己的研究经典,以及大致自足的成熟而活跃的学术研究共同体。海外的中国哲学研究虽然时有新奇另类之弊,但它的独特价值自不容忽视。通过开显中国传统哲学在当下西方语境中的新义,它将中国带向世界。

另一方面,向汉语世界译介海外中国哲学研究成果,于中国思想之生发,意义何在?海外学者对中国哲学的精深讨论将世界带到我们面前。中国哲学不是中国人——人种学或政治学意义上的中国人——的私产。人种学或政治学意义上的资格不但不能合法证成我们是中国思想的继承人资格,相反,它所诱发的错觉与自负容易让我们忘记:我们需要努力成长为中国思想的继承者,并且,不在世界之外,而在世界之中。德国汉学家瓦格纳说了一句大实话:

> 当以汉语、英语、日语和法语等三或四种语言从事研究在海外中国学研究者中已经相当普及之时,在中国大陆,即使对于年轻一代学者,这也仍属罕见。其结果是,他们的大多数讨论被割离于国际学术的主流之外。(瓦格纳:"《王弼〈老子注〉研究》中文版序",载瓦格纳著,杨立华译:《王弼〈老子注〉研究》,南京:江苏人民出版社,2008年)

探测思想的距离,我们发现,世界,很遥远,中国,并不更近。这是我们的处境。贞下起元依然是中国人尚未完成的使命。

辛卯岁末记于太行东洼村,窗外雪茫茫
壬辰年金秋改定

出版后记

为什么要引进一部外国人写作的中国哲学导论？

本书自出版以来，迅速得到了外国读者的欢迎和认可，仅次于冯友兰的经典著作《中国哲学简史》(A Short History of Chinese Philosophy)，而这已经是半个多世纪前的作品了。究其原因，本书在它所讨论的范围——中国轴心时代的诸子学说以及中国佛教——内，做到了以自身的问题意识为框架，广泛吸收世界最新研究成果，为读者展现了近几十年中国哲学研究在国际上的发展概貌，以及以西方哲学和比较哲学视野关注中国哲学所产生出的新见解。

用西方哲学的概念和体系来考察中国哲学，会不会南辕北辙？作者深知这种做法可能造成误解，因此特别说明此举只是为了凸显中国哲学的特质。正如黑格尔所说："在纯粹的光明中如同在纯粹的黑夜中一样，什么也看不见。"单纯只以中国哲学或西方哲学视野做阐释框架，很难将中国哲学的特点呈现出来。读者在阅读本书时将会不断发现，中国哲学典籍在转译为英语时，很多术语都很难找到十分恰当的对应语词，恰恰是在这种格义的过程中，生发出了许多有趣且有意义的哲学问题，而对这些存在于罅隙之中的问题的追问和解答，正如使用一个放大镜来观察中国哲学的细部，以前习焉不察的地方又重新焕发出吸引智趣的诱人光芒。因此，书中引用经典原文的地方均附上了英译，以供读者玩味琢磨。

在我们经历了反传统，追随西方现代、后现代，然后又逐渐认识到需要回归经典的过程后，引进这样一部认真讨论中国哲学的著作，也许能为读者带来一个返本开新的新契机、新角度。

服务热线：139-1140-1220　133-6631-2326
服务信箱：reader@hinabook.com

后浪出版咨询（北京）有限责任公司
2012 年 12 月

图书在版编目(CIP)数据

中国哲学导论/(新加坡)赖蕴慧著;刘梁剑译. ——北京:世界图书出版公司北京公司,2012.12

书名原文:An Introduction to Chinese Philosophy

ISBN 978-7-5100-5473-0

Ⅰ.①中… Ⅱ.①赖… ②刘… Ⅲ.①古代哲学—研究—中国 Ⅳ.①B210.5

中国版本图书馆 CIP 数据核字(2012)第 291128 号

An Introduction to Chinese Philosophy (978-0-521-60892-3) by Karyn L. Lai, first published by Cambridge University Press 2008

All rights reserved.

This simplified Chinese edition for the People's Republic of China is published by arrangement with the Press Syndicate of the University of Cambridge, Cambridge, United Kingdom.

ⓒ Cambridge University Press & Beijing World Publishing Corporation 2013

This book is in copyright. No reproduction of any part may take place without the written permission of Cambridge University Press or Beijing World Publishing Corporation.

This edition is for sale in the mainland of China only, excluding Hong Kong SAR, Macao SAR and Taiwan, and may not be bought for export therefrom.

此版本仅限中华人民共和国境内销售,不包括中国香港、澳门特别行政区及中国台湾。不得出口。

北京市版权局著作权合同登记号图字 01-2010-7774

中国哲学导论

著　者:(新加坡)赖蕴慧	译　者:刘梁剑	策划出版:银杏树下	出版统筹:吴兴元
责任编辑:张鹏	营销推广:ONEBOOK		装帧制造:墨白空间

出　　版　世界图书出版公司北京公司
出 版 人　张跃明
发　　行　世界图书出版公司北京公司(北京朝内大街 137 号　邮编 100010)
销　　售　各地新华书店
印　　刷　北京鹏润伟业印刷有限公司(北京市大兴长子营镇李家务村委会南 200 米　邮编 102615)
(如存在文字不清、漏印、缺页、倒页、脱页等印装质量问题,请与承印厂联系调换。联系电话:010-61252412-8021)
开　　本　690×960 毫米　1/16
印　　张　19.5　插页:4
字　　数　300 千
版　　次　2013 年 3 月第 1 版
印　　次　2013 年 4 月第 2 次印刷

读者服务　reader@hinabook.com 139-1140-1220
投稿服务　onebook@hinabook.com 133-6631-2326
购书服务　buy@hinabook.com 133-6657-3072
网上订购　www.hinabook.com (后浪官网)

ISBN 978-7-5100-5473-0　　　　　　　　　　　　　定　价:35.00 元

后浪出版咨询(北京)有限公司法律顾问:北京市大成律师事务所　周天晖　copyright@hinabook.com

版权所有　翻印必究

中国哲学简史
（插图修订版）

著　者：冯友兰
ISBN：978-7-5100-1794-0/B·20
出版日期：2011年2月
定　价：35.00元

订正市面上所有赵译本的错误
百余幅精美插图完美呈现中国古代思想世界

作者简介

冯友兰，字芝生，河南唐河人。1912年入上海中国公学大学预科班，1915年入北京大学文科中国哲学门，1919年赴美留学，1924年获哥伦比亚大学博士学位。回国后历任广东大学、燕京大学教授、清华大学文学院院长兼哲学系主任。抗战期间，任西南联大哲学系教授兼文学院院长。1946年赴美任客座教授。1947年任清华大学校务会议主席。曾获美国普林斯顿大学、印度德里大学、美国哥伦比亚大学名誉博士学位。1952年后为北京大学哲学系教授、中科院哲学社会科学部委员。

内容简介

中国现代哲学家冯友兰先生于1947年在美国宾夕法尼亚大学担任讲座教授，讲授中国哲学史，其英文讲稿经整理写成《中国哲学简史》，于1948年由美国麦克米伦出版公司出版。此书一出，立即成为西方人了解和学习中国哲学的最佳入门书，其后又有多种外国语种的译本出版，五十多年来，一直是世界许多大学中国哲学的通用教材。

此书"冶哲学史经验与哲学心得于一炉，以二十万字述几千年中国哲学史，简明，生动，出神入化"，但直到二十世纪八十年代，才由冯友兰的学生涂又光先生第一次根据英文本译成中文，由北京大学出版社于1985年出版，首版印刷十万册，很快售罄，成为当时学术界的畅销书。

我国当代著名学者赵复三先生于21世纪初重新翻译了此书，译文准确、通俗地传达了冯先生原著的精神。此插图修订版即以赵先生译文为底本，参照英文原版和涂译修订了明显的错误，并配以大量图片以期作为正文的延伸与补充，希望这些插图能够帮助读者理解书中的内容，增进阅读的乐趣。

哲学导论
综合原典阅读教程
（第9版）

著　　者：（美）罗伯特·C·所罗门
译　　者：陈高华
ISBN：978-7-5100-4861-6
出版日期：2012 年 12 月
定　　价：78.00 元

2500 年智慧长河钩沉 8 大哲学问题
国内首部引进以原典为核心的哲学教材

　　本书是罗伯特·所罗门编著的著名哲学教材，它以实在、宗教、知识、自我、心灵与身体、自由、伦理学、正义八个哲学核心议题为经，以历代哲学家对这些问题的回答为纬，以作者自己对议题和文献背景的细致评注和解释为引导，使之成为一部以哲学经典文献为核心、以强调通过阅读原典学习哲学为特色的优秀哲学导论。

　　这无疑是本最好的哲学教材之一。它的覆盖范围极其广阔，它将材料沿着历史顺序和议题发展天衣无缝地整合起来，它把对每一位哲学家的选文的介绍和阐释与一种对比的视角完美无瑕地融合起来。

——Christian Coseru，查尔斯顿学院

伦理学与生活
（第9版）

著　　者：（美）雅克·蒂洛　基思·克拉斯曼
译　　者：程立显　刘建　等
审阅者：周辅成
ISBN：978-7-5062-9302-0
出版日期：2008 年 9 月
定　　价：58.00 元

比《沉思录》更系统　比《道德情操论》更现代

　　作者兼采古典与现代伦理学之精华，汲取儒家伦理的中庸、和谐与仁义合一的道德理论，为读者奉上了一堂贯通古今、融汇中西的道德伦理课。

西方哲学史：从苏格拉底到萨特及其后
（修订第8版）

著　　者：	（美）撒穆尔·伊诺克·斯通普夫
	詹姆斯·菲泽
翻译策划：	邓晓芒
译　　者：	匡　宏　邓晓芒　丁三东　张传有
	张离海　郝长墀　郝长墀　张建华
	何卫平　等
ISBN：	978-7-5062-8710-4
出版日期：	2009年2月
定　　价：	68.00元

　　考究源流、辨析史实，其重点在于哲学思想的历史发展过程、源流、传播、演变及影响。……对于一般读者来说不失为一部精炼而又明白易晓的哲学史教本，尤其是书中最后部分（即有关20世纪的西方哲学）是过去一般哲学史教本甚少涉及的，对读者颇为便利。

——何兆武，著名翻译家、思想文化史学家

西方哲学史：从苏格拉底到萨特及其后
（影印第8版）

著　　者：	（美）撒穆尔·伊诺克·斯通普夫
	詹姆斯·菲泽
ISBN：	978-7-5100-5404-4
出版日期：	2013年1月
定　　价：	60.00元

英语世界最畅销的哲学史入门教材

　　斯通普夫和菲泽所著《西方哲学史》至今已出第八版，看来颇受欢迎。作者避免了一般哲学写作的弊端，结合时代与当今哲学的发展，利用其对哲学敏锐而深刻的思考，成就了这样一本长达500余页、详尽但不失情趣的哲学读本。

——赵汀阳，中国社会科学院哲学研究所研究员

简明逻辑学导论
（第10版）

著　　者：（美）帕特里克·赫尔利
翻译策划：陈　波
译　　者：陈　波　宋文淦　熊立文　谷振诣等
ISBN：978-7-5100-2353-8
出版日期：2010年7月
定　　价：78.00元

《简明逻辑学导论》是美国最受欢迎的逻辑学教科书，2008年已出至第10版，大有取代柯比的《逻辑导论》之势。第10版进行了实质性的修订：新增了"杰出的逻辑学家"简介，简述了历史上14位杰出逻辑学家的生平和贡献；书末的"逻辑学和研究生入学考试"也经过完全重写和扩充。

哲学经典：从柏拉图到德里达
（影印第6版）（上下册）

著　　者：（美）福里斯特·E·贝尔德
ISBN：978-7-5100-4865-4
出版日期：2012年12月
定　　价：128.00元

这是该领域我见过的最好的合集……我当然会更喜欢一本书里收全了我要用的所有材料，而不是得让学生购买好几本书，还要再加上补充资料。我想不出还有更好的作品选集或者更好的形式安排，能让我舍弃这部合集。

——特德·透德维，俄勒冈大学哲学系主任

对于影响了西方文化的众多大哲学家，这是很好的研究资料。读起来很有趣，也不费力，当然在思想上也非常有刺激性……我喜爱极了这本书！

——亚马逊网站读者评论